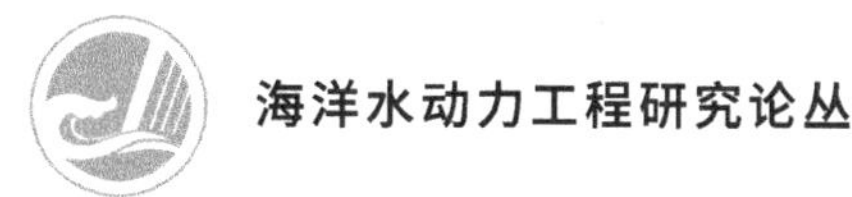

Test Technical Manual of Large Scale Model Experiment on Failure Mechanism of Wave, Structure and Foundation Interacted for Port Engineering

港口工程波浪—结构—地基耦合作用破坏机理研究大比尺模型试验技术手册

戈龙仔　孟祥玮　刘　针　姜云鹏　孙百顺　著

人民交通出版社股份有限公司
北　京

内 容 提 要

我国沿岸海域广泛分布着软土地基,在软土地基上建造防波堤是港口海岸工程建设面临的现实问题。本书以2002年12月的一次寒潮大浪侵袭,长江口深水航道治理二期工程半圆形防波堤在波浪等循环荷载作用下破坏事例为背景。采用大比尺波浪水槽物理模型试验,利用交通运输部天津水运工程科学研究院内长450m、宽5m、深8~12m的大比尺试验水槽建立了比尺为1:5模型,模拟了波浪作用下软土地基上防波堤的真实工作状态,并在此基础上,开展了大比尺波浪水槽波浪模拟技术试验研究、软土地基模拟技术试验研究,以及港口工程波浪—结构—地基耦合作用破坏机理的物理模型和数值模型技术等系列试验研究,得到失稳破坏规律,形成了成套大比尺水槽试验模拟技术手册。

本书适用于从事波浪、防护建筑物与地基相互作用工程研究的科研人员和港口、海岸及近岸工程专业高校学生学习参考。

图书在版编目(CIP)数据

港口工程波浪—结构—地基耦合作用破坏机理研究大比尺模型试验技术手册/戈龙仔等著.—北京:人民交通出版社股份有限公司,2020.6

ISBN 978-7-114-15547-5

Ⅰ.①港… Ⅱ.①戈… Ⅲ.①港口—软土地基—防波堤—波浪模型试验—技术手册 Ⅳ.①U656.2-62 ②TV139.2-62

中国版本图书馆CIP数据核字(2019)第096789号

海洋水动力工程研究论丛

Gangkou Gongcheng Bolang—Jiegou—Diji Ouhe Zuoyong Pohuai Jili Yanjiu Dabichi Moxing Shiyan Jishu Shouce

书　　名:港口工程波浪—结构—地基耦合作用破坏机理研究大比尺模型试验技术手册
著 作 者:戈龙仔　孟祥玮　刘　针　姜云鹏　孙百顺
责任编辑:崔　建
责任校对:赵媛媛
责任印制:张　凯
出版发行:人民交通出版社股份有限公司
地　　址:(100011)北京市朝阳区安定门外外馆斜街3号
网　　址:http://www.ccpress.com.cn
销售电话:(010)59757973
总 经 销:人民交通出版社股份有限公司发行部
经　　销:各地新华书店
印　　刷:北京虎彩文化传播有限公司
开　　本:720×960　1/16
印　　张:14.75
字　　数:264千
版　　次:2020年6月　第1版
印　　次:2020年6月　第1次印刷
书　　号:ISBN 978-7-114-15547-5
定　　价:48.00元

前　言

由于受气候变化的影响，超越设计标准的海洋灾害条件出现概率增大，“百年一遇”“千年一遇”的水文条件频频出现。随着社会发展，沿海港口已经成为我国经济的重要枢纽和城市建设的人口聚居地。港口一旦发生灾害就可能造成无法估量的重大损失。波浪—结构—地基相互作用的研究是我国水运工程科学研究领域的重要方向，建立在软土地基之上的防波堤安全则是水运科技工作者关心的最前沿课题。我国经济发达的渤海湾、长江三角洲和珠江三角洲沿海，广泛分布着软黏土地基，给港口水工建筑物的结构安全带来很大的潜在威胁。在极端波浪荷载作用下，建造于软土地基上的防波堤失稳破坏事故偶有发生。如2002 年12 月的一次寒潮大浪侵袭，长江口深水航道治理二期工程已经安装完成的16 个半圆形防波堤，部分产生了1 ~5m 沉降，有的甚至滑移了近20m。长江口深水航道治理工程半圆形防波堤破坏事例表明在波浪等循环荷载作用下防波堤的稳定特性、破坏模式尚不明确，软土地基的承载机理有待深入揭示。国内外学者开展了软黏土在循环荷载作用下的变形和强度特性等方面的研究工作，取得了一些研究成果，对于软黏土特性的认识不断深入，在指导工程实践中发挥了一定作用。但现有的研究主要通过室内静、动三轴在软黏土不排水试验条件下研究软黏土强度弱化特性，波浪循环动荷载是通过模拟不同振动频率的方法实现的，还不能真实反映波浪—结构—地基相互作用的实际情况。为此交通运输部组织开展了“恶劣水文条件下港口水工结构的破坏机理和设计参数优化研究”项目，分为两个研究方向。研究方向一为“波浪作用下结构与地基失稳机理及改善措施技术”，含三个专题，分别从技术手段、破坏机理、优化设计三个方面进行研究。研究方向二为“海冰对北方沿海港口的影响和对策研究”,含三个专题,针对港口平面布置、结构物抗冰措施和船舶海冰标准三个问题进行研究。本书主要为研究方向一的内容,即港口工程波浪—结构—地基耦合作用破坏机理的物理模型试验和数值模拟技术研究部分,通过研究大比尺波浪水槽波浪模拟技术、软黏土地基模拟技术等,为波浪—结构—地基相互作用研究中的软黏土地基破坏机理和破坏模式提供技术基础。

本书在充分调研国内外大比尺波浪水槽和造波机建设技术的基础上,进一步考察了现有大比尺波浪水槽的研究方向和具体科研项目,提高对波浪模拟现状水平认识。软黏土模拟技术研究,通过取自天津滨海临港工业区的土样进行室内试验。经基于软土触变性、固化作用以及低位真空预压作用超软土制备三种方法来研究超软地基土制作技术。对利用触变性及固化作用制备的超软土进行力学特性与微观结构参数分析,利用低位真空预压作用制备的超软土进行力学特性与数值模拟分析,为大比尺水槽超软地基土制作提供理论依据及技术支持。

本书是对软黏土地基模型试验过程和方法的总结,利用长 450 m、宽 5 m、深 8 ~ 12 m 的大比尺试验水槽建立了模型比尺为 1∶5 的模拟波浪—结构—地基实际工作状态的物理模型试验系统,并开展了相关试验研究工作,形成了一套完整的试验模拟技术手册。由于软黏土地基的波浪水槽试验模拟文献很少,对于在大比尺波浪地基水槽试验更是空白,因此手册中对于试验每一步均配有相应的操作流程照片,突出其实用性,力求更贴近实际操作过程。为了防止过度总结出现以偏概全的文字,手册中在总结方法和思路的基础上,保留了试验的真实细节和流程,以期读者能够从中得到最直观的知识,从而为今后的类似研究提供可参考的试验思路和方法。

本书的出版得到了同事和领导的帮助和支持,在此表示衷心感谢!由于土体是复杂的弹塑性体,模型土与原型土的相似性问题还需要进一步进行理论研究和试验验证。大比尺波浪水槽波浪模拟技术是基于机电技术、控制理论、水动力学以及波浪理论等多学科的综合技术，在主动吸收造波以及特殊波浪模拟方面需开展更深入的研究，波浪—结构—地基耦合作用是一个复杂过程，因此非常有必要进一步完善回访已建成和跟踪在建的港口工程，调整与优化数值模拟参数和提高物理模型试验手段等工作。

限于作者的学识及写作水平，错误和疏漏之处在所难免，请读者不吝赐教。

作者于天津市滨海新区

2018 年 9 月 10 日

目　　录

1 概　　述

1.1 研究背景及意义

《公路水路交通中长期科技发展规划纲要(2006—2020年)》提出,国家将重点支持交通防灾减灾技术、恶劣气候和海况条件下人命快速搜救技术、水上安全保障技术、交通设施保安技术、交通应急处理技术、交通安全风险评价与管理技术等,要求从技术上能够支撑建立一个更安全可靠的公路水路交通系统。波浪作用下结构与地基失稳机理研究,是目前世界上的一个研究难点,对于港口的安全来说非常重要。尽管各国众多学者在这方面已开展了大量的研究工作,但基于波浪—结构—地基三者耦合的复杂性以及试验条件和理论认识的局限性,尚有许多问题需要解决。同时由于受气候变化的影响,超越设计标准的海洋灾害条件出现概率增大,"百年一遇""千年一遇"的水文条件频频出现。随着社会发展,沿海港口已经成为我国经济的重要枢纽和城市建设的人口聚居地。港口一旦发生灾害就可能造成无法估量的重大损失。我国经济发达的渤海湾、长江三角洲和珠江三角洲沿海地区,广泛分布软黏土地基,给港口水工建筑物的结构安全带来很大的潜在威胁。波浪—结构—地基耦合作用研究是我国水运工程科学研究领域的重要方向,建立在软弱地基之上的防波堤安全则是水运科技工作者关心的最前沿课题之一。20世纪90年代以来,我国开展了大规模的港口与海岸工程建设,至2016年底,我国沿海港口生产用码头泊位超过7000个,其中万吨级及以上泊位超过2300个。随着沿海优良的建港岸线资源基本开发利用,新建港口及防波堤的选址面临水深、浪大、地基软弱等问题,给港口与海岸工程的安全建设及运营带来了较大挑战。波浪等海洋动力荷载的作用贯穿于防波堤整个生命周期,在波浪等海洋动力荷载作用下防波堤结构会发生长期持续振动,并将长期循环荷载传递给软土地基。在极端波浪荷载作用下,建造于软土地基上的防波堤失稳破坏事故偶有发生。如2002年12月的一次寒潮大浪侵袭,长江口深水航道治理二期工程已经安装完成的16个半圆形防波堤,部分产生了1~5m沉降,有的甚至滑移了近20m。长江口深水航道治理工程半圆形防波堤破坏事例表明在波浪等循环荷载作用下防波堤的稳定特性、破坏模式尚不明确,软土地基的承载机理有待深入揭示。国内外学者开展了软黏土在循环荷载作用下的变形和强度特性等方面的研究工作,取得了一些研究成果,对于软黏土特性的认识不断深入,在指导工程实践中发挥了一定作用。但现有的研究主要通过室内静、动三轴在软黏土不排水试验条件下研究软黏土强度弱化特性,波浪循环动荷载是通过模拟不同振动频率的方法实现的,还不能真实反映波浪—结构—软黏土地基相互作用的实际情况。

为此由交通运输部组织开展了"恶劣水文条件下港口水工结构的破坏机理和设计参数优化研究"项目。项目由两个研究方向组成,研究方向一为"波浪作用下结构与地基失稳机理及改善措施技术",含三个专题,分别从技术手段、破坏机理、优化设计三个方面进行研究。研究方向二为"海冰对北方沿海港口的影响和对策研究",含三个专题,针对港口平面布置、结构物抗冰措施和船舶海冰标准三个方面进行研究。本书主要为研究方向一内容,即港口工程波浪—结构—地基耦合作用破坏机理的物理模型试验和数值模拟技术研究部分,通过研究大比尺波浪水槽波浪模拟技术、软黏土地基模拟技术等,为波浪—结构—地基相互作用研究中的软黏土地基破坏机理和破坏模式提供技术基础。

采用大比尺物理模型试验方法,模拟波浪作用下软土地基上结构破坏的真实工作状态,揭示波浪荷载及软土地基条件下结构的承载机理及稳定特性,具有重要的科学意义和实用价值。

1.2 研究现状

1.2.1 大比尺波浪水槽波浪模拟现状

世界上已经建成的大比尺波浪水槽主要有日本港湾空港技术研究所(PARI)大规模波动地基水槽(LHGF)、德国汉诺威大学水槽(GWK)、中国台湾成功大学水槽、荷兰代尔夫特研究所水槽、中国天科院(交通运输部天津水运工程科学研究院的简称)大比尺波浪水槽等,其主要尺度可参见表1.2-1。

世界著名大比尺波浪水槽的尺度一览表　　表1.2-1

水槽名称	长度(m)	最大深度(m)	宽度(m)	造波能力(m)
德国汉诺威大学	330	7.0	5.0	2.5
中国台湾成功大学	300	5.0	5.0	1.5

续上表

水槽名称	长度(m)	最大深度(m)	宽度(m)	造波能力(m)
荷兰代尔夫特研究所	233	7.0	5.0	2.5
日本港湾空港研究所	185	11.0	3.5	3.5
日本东京电力研究所	180	6.0	3.4	2.0
美国俄勒冈州立大学	104	4.6	3.7	1.3
俄罗斯彼得堡水力研究所	110	7.5	4.0	2.0
西班牙 Calalonialigong 大学	100	5.0	3.0	1.6
中国天科院大比尺波浪水槽	450	12.0	5.0	3.5

从规模上看,天科院大比尺波浪水槽尺度和造波能力综合排名世界第一,长度450m,宽度5.0m,最大深度12.0m,造波能力3.5m。

目前,利用大水槽进行科学研究在国际上已有较为广泛的应用,德国、荷兰、美国以及中国台湾地区的相关学者均利用大水槽进行了大量的试验。研究的内容主要包括:波浪基础理论的研究;波浪作用结构受力、稳定性和破坏机理研究;泥沙运动方面的研究;新型防浪结构物的开发等。

我国大比尺波浪水槽,主要是天科院的大型水动力试验室的大比尺波浪水槽(大水槽),其建设2010年项目进入施工阶段,到2014年7月开始试运行。按照规划,大水槽将建设成为具有国际领先水平的水运工程基础理论研究设施,突破港口航道建设中涉及波浪特性、结构安全、波浪—结构—地基相互作用及防灾减灾等基础理论技术制约,形成强大的自主创新能力,成为我国水运交通、海洋、水利和国防等相关领域基础理论研究基地。

与常规的小型波浪水槽相比,大水槽可以模拟的模型比尺范围为1:1~1:5,因此模型更接近于原体,在模型的相似率、结构的变形、环境荷载的真实性等方面具有小水槽不可比拟的优势。对于很多小水槽不适宜解决的问题,比如波浪—结构—地基之间的相互作用、防波堤结构及护面块体的稳定性以及海洋能源的开发利用等方面,日本PARI的相关研究项目表明,这些都可以借助大水槽进行模拟研究。

规划的研究方向:

(1)开展波浪—结构—地基之间的相互作用问题研究。主要包括地基的稳定性、波浪作用下砂质地基的液化问题、不同地基上防浪结构的破坏以及地基基础的冲刷等。

(2)风、浪、流荷载与结构物的作用问题。主要利用大比尺优势研究极端环境下防波堤等结构的损伤和变形,另外海上风电场的发展使得风机结构的安全成为日益突出的问题。

(3)破坏性试验。主要包括弹性结构在外部荷载作用下的破坏模式、结构物(防波堤、深水桥墩等)在波浪等荷载作用下的失稳和破坏、越浪和爬高对岸上结构物的破坏。尤其可针对核电厂相关设施的破坏试验、大型水利结构的断面破坏试验等。

(4)深海结构及大型浮体的模拟试验。主要包括深水港建设相关技术、浮式码头等结构的建设等。针对日益突出的南海问题,我国开发南海已是大势所趋,该海域的一些建设也必将掀起一轮高潮。

(5)海洋能的开发利用。主要包括波浪能发电装置及技术的研究、海上风机结构的安定性等。

(6)利用造流设施实现水利工程中坝体的溢流、冲刷等试验的模拟。

天科院大水槽的应用不仅体现在可以完成的试验方面,更应起到带动理论研究进步的作用。在理论研究方面,目前海洋和海岸工程学界所关心的问题已经不再是单纯的波浪与结构相互作用问题,而是更注重于结构的变形和破坏以及流体的形态变化,这在数学模型的相关研究方面尤为突出(流固耦合模型的研究)。由于小水槽受到比尺的限制,部分数学模型科研结果无法得到验证,因此很多科研成果急需使用大比尺波浪水槽进行检验。天科院大水槽在发展的过程中,也应该积极抓紧机遇参与国际间的科技合作和交流。

1.2.2 大比尺波浪水槽软黏土地基的模拟现状

通过基于软土触变性、固化作用以及低位真空预压作用超软土制备三种方法来研究超软地基土制作技术。三种方法研究现状分别如下。

1)触变性研究现状

“触变(Thixotropy)”一词最早是由 Peterfi 于 1927 年提出的。Mitchell 将软土触变重新定义成土的成分、体积、性质不发生改变的情况下由重塑扰动引起的等温、可逆的软化过程,在这个过程中,外界扰动使土体软化或结构破坏,静置使土体强度逐渐增长。

一般而言,在岩土工程学科中,触变性是土体受到外力扰动,土的结构遭到破坏,强度下降,甚至转变为液体形态,停止扰动后又随时间逐渐形成结构,强度增长的现象。1949 年 Boswell 进行沉积物触变性试验发现,大多材料都呈现出触变性。

研究触变性对深入了解土的力学性质,解决由触变性导致的地基土体强度降低、失稳滑坡、工后沉降等工程灾害具有重要的指导意义,对此不同学者开展大量研究。

1957 年 Seed 和 Chan 对经过压实的黏土进行了触变性试验,研究指出,含水率和原始结构对触变影响较大。Mitchell 的研究也发现,土的含水率通过改变粒间力,从而对土的触变产生很大影响。Skempton 和 Northey 的研究指出,触变黏土恢复时间等于该类土体形成的地质年龄,触变硬化是造成低至中等灵敏性的主要原因,同时对过敏性黏土的灵敏性有一定影响。

Diaz-Rodriguez 等利用电导率法对墨西哥土的触变性进行研究。冯秀丽等对黄河三角洲粉土进行旁侧声纳图像与室内试验分析对比,证明粉土具有触变性。李丽华、王亮等利用微型十字板剪切仪分别对翠湖湿地软土、太湖与白马湖疏浚淤泥的触变性进行了试验研究,主要测试湿地软土扰动后不同静置时间的抗剪强度,从三个方面分析了软土的触变性。刘娟娟针对粉土触变强度恢复特征进行研究,通过无侧限抗压强度试验反映强度变化得出,扰动程度越大的土体,其无侧限抗压强度越小;采用原状土进行室内振动试验,模拟现场土体振动,研究不同扰动程度下土体,对不同扰动程度的试样进行相同时间的静置,分析表明不同扰动程度的试样强度均有所恢复。

有些学者也建立了相应的触变本构模型。徐永福等基于多维虚内键(VMBI)模型研究了超灵敏土的触变性、触变破坏和强度恢复与扰动形式和扰动时间的关系,并研究触变后强度恢复特性,很好地模拟了软土触变的强度恢复过程;计算软土触变过程中的沉降量,从本质上揭示了灵敏海相软土地基工后沉降变化规律。

在工程实际中,很多研究表明软土触变性对打桩有较大影响,如在静载打桩时,打桩后,一般恢复桩承载力大概需要 2.5 ~ 3 个月,此时桩的承载力增加比打桩 7 d 时多 1.7 倍。徐永福对施工扰动作用下的湿喷桩下沉现象展开研究,试验结果表明,在施工初期,施工扰动引发湿喷桩下饱和粉土强度减小;施工扰动停止后,随着静置时间的延长,粉土强度逐渐提高,甚至大于初始强度。

李丽华等对国外软土的触变性研究现状进行了总结,对触变强度比率及相关试验成果进行了介绍,研究表明,温度对触变强度增长有很大影响,阐述了国外学者研究的软土触变作用机理,对于解决工程实际问题,具有重要的实践意义。刘科对触变性的机理进行了统一的解释,将触变性主要归结为正、负和复合触变性,并从分散相、外加电解质、剪切速率及 pH 值等方面对此进行了分析总结。

2)固化土研究现状

水泥土是一种多相混合体系,通常是由一定比例的土、水泥、水以及外加剂掺和而成的,在固化剂水泥土作用下,使水泥和软土发生一系列反应,使软土强度提高,具有一定水稳性。水泥土具有强度高、压缩性低和渗透性低等特点,同时又有低费用、方便施工、作业面较小等优点,因此广泛应用于许多工程领域中。

20 世纪初,国外就开始了对水泥土的研究和应用,Bahar 等研究了水泥土强度随不同含水率的变化关系; Saitoh 等研究发现,水泥固化土强度主要来源为水泥水化硬化反应的胶结作用。

我国于 20 世纪 70 年代前期在水利工程上开始应用和研究水泥土,并取得了较为迅速的发展。郝巨涛从水泥土的弹性性质、屈服及应变总量等角度研究了水泥土的力学特性,并提出了水泥土的塑性模型;宁宝宽等利用土力学三轴系统、冻融循环系统和数码相机完成了正常条件下水泥土的环境侵蚀效应,探讨了水泥土在侵蚀环境下的损伤破裂试验;王星华分析了黏土固化浆液的水化反应过程和固化剂的催化机理,从微观角度研究了固结过程中的中间产物和反应产物的微观结构;张虎元等认为在冻融过程中针状、纤维状结晶体提高了水泥黄土的强度,但结晶又形成连续冰层,冰层附近的水泥水化结晶网络被破坏,强度降低,从而解释了在反复冻融的条件下水泥黄土强度的衰减机理。

最近几年,有关水泥土力学特性、物理力学特性、结构形成及强度增长机理、工程特性以及工程设计和应用的相关研究较多,相关预测模型也已经建立起来。

范晓秋等在水泥土中掺入少量的砂,对水泥砂浆固化土的掺砂量与强度之间的关系进行了研究,指出在一定水泥掺入比下,存在一个最佳掺砂量,可得到最大强度水泥砂浆固化土,且变形系数最大。杨廷玉等着重分析了水泥固化土强度特性,结果表明,在一定应变条件下,水泥固化土应力随着围压的增加不断增加,说明水泥对土体起到很好的加固作用。

黄新等针对粉砂土进行了研究,分析了水泥在固化土结构形成过程中所起不同作用及其与水泥土抗压强度增长规律的相互关系。试验分析表明,固化土结构形成分别由固化剂胶结土颗粒与填充孔隙两部分组成,不同水泥含量时水泥在固化土结构形成过程中所起的作用不同,水泥固化土抗压强度增长规律也不相同。宁建国和黄新根据固化土结构提出了固化土结构模型,分析了孔隙之间的填充和土颗粒互相胶结对形成固化土结构及强度增长的作用,并指出孔隙填充是影响固化土抗压强度的重要因素。

刘顺妮等探讨了不同黏土含水率时,外加剂对水泥稳定土的作用效果,指出在高含水率黏土中增加外加剂含量有利于形成较多的钙矾石,提高水泥土强度;当黏土含水率较低时,需要适当控制硫酸盐含量,以避免过多的钙矾石造成土体体积膨胀而引起试样强度的降低。叶观宝等通过对在水泥土中分别添加 SN-Ⅱ高效减水剂、$CaCl_2$和 $Al(OH)_3$早强剂以及不添加任何添加剂的试样进行不同龄期的微观结构参数试验,分析验证,SN-Ⅱ对水泥土水化速度有重要影响,同时影响水化产物空间结构的形成,而早强剂 $CaCl_2$ 和 $Al(OH)_3$ 对水泥土的影响既体现在水化反应上,又表现在水化速度和空间结构上。

盛岱超等通过重新定义有效应力的概念,依据是否会产生新的冰透镜体,从而提出简化的冻胀模型。这个模型是通过设置几个相应的土的参数,计算土体的冻结深度及冻胀量,以此分析所建立不同土模型的冻胀敏感性。试验结果表明,随着温度梯度的递增,使冻结缘厚度不断减小,为冰透镜体的生长提供了充足的空间,从而有利于冻胀发展。

汤怡新等通过大量试验,指出了水泥固化土工程特性,得出了水泥土的应变、强度和渗透率等参数随水泥用量和含水率的变化关系,表明水泥的用量对水泥固化土的抗压强度起主要影响作用,然后是原状土的含水率。宫必宁和李淞泉论证了水泥对软土的加固机理,在软土中掺入水泥,使软土物理性质改变,加强了颗粒相互之间的联结作用,从而使原土孔隙率和含水率降低,减小颗粒间孔隙,削弱结合水膜,使软土密度提高,因而强度提高;不同物理参数的改变,是水泥土力学性质变化的本质原因,水泥土强度主要受水泥掺入比、粉煤灰作用较小;一般以 8% 的水泥掺入比为界限,最佳配比为 10% ~15%,过低对软土强度提高效果不明显,过高则增加了费用;软土含水率对水泥土强度影响明显,含水率过高,水泥上强度较低,反之,水泥土强度高。

3)低位真空预压研究现状

瑞典皇家地质学院杰尔曼(W. Kjellman)在 1952 年最早提出使用真空预压加固软土地基的方法,揭示了其作用机理,并在现场展开了小型试验。高志义等于 20 世纪 80 年代用离心机模拟了真空预压加固试验,证实了真空联合堆载时,应力叠加效果明显,且 20m 长的砂井底部仍有一定的加同效果,并从机理上指出真空预压加固过程即 u(势)分布从不平衡到新的平衡形成的全过程。彭劼等探讨了真空联合堆载法的加固机理,指出真空预压的直接影响范围可以达到地面 18m 以下,真空度随加固深度逐渐递减,且土体加固效果要优于堆载预压。闫澍旺利用简易模型阐述了加固软黏土地基的真空预压方法的作用机理,研究表明真空预压的有效加固深度与真空度的传递效果有关,并证明真空预压法的加固深度可以达到 10m 以上。黄生文、董志良从真空及联合堆载预压加固的机理与深度的角度进行了分析,得出真空预压对软黏土的加固深度可达 20m。

龚晓南、胡士兵等论述了研究真空预压加固软土地基机理,提出了真空渗流场理论,认为抽真空的真空渗流在土体较大孔隙通道中形成,孔隙通道中流动的"真空流体"在压力差作用下排出,土体产生固结现象。张仪萍等利用 Hansbo 砂井地基固结理论和真空预压方法的边界条件，考虑真空度的衰减情况，对真空预压加固软土变形和固结度的计算方法进行了分析。

李青松等探讨了真空渗流场作用机理，将“有效应力”分解成水平方向和竖直方向两个有效应力，揭示真空预压以“降落漏斗”的形式进行渗透固结，真空度从顶部沿竖向排水通道向下传递，产生许多动态完整井，土体渗透固结以各个完整井为中心产生，并改善土体整体强度。

徐宏等运用有限元模拟了真空预压全过程，并结合工程试验现场十字板剪切测试结果，分析了真空预压不排水软土强度的变化规律，二者结果较吻合，都表明软土强度呈非线性增长，真空预压前期软土强度增长快，后期较为缓慢。刘润等针对塑料排水板对地基承载力及工后沉降的影响进行了研究，认为塑料排水板对地基可以起加筋作用，对地基的极限承载力有一定程度的提高，当地基承受超载时，塑料排水板可以进一步提高地基的极限承载力，但地基相应的沉降量也会增大。

基于真空预压技术的发展，为解决沿海地区建设用土不足的问题，许多学者逐渐着眼于低位真空预压技术的研究。冯伟骞采用室内模拟试验与现场原位试验相结合的方法，对低位真空预压法加固软土地基进行了研究，同时加固吹填软土地基和其上覆泥封层，可解决部分地区土地资源稀缺问题，在工程设计时使用太沙基的比奥固结理论，并考虑气候条件的影响，施工前进行小型的吹填土模拟加固试验，反推吹填软土的固结参数。黄宗燈在温州围涂造地项目工程中应用了低位真空预压法，从设计、施工、主要质量控制技术参数、现场监测数据以及加固效果等方面进行了全面的探讨，讨论了在温州吹填造陆及软基处理中应用低位真空预压法的相关问题，解析了施工过程中存在的问题，同时提出改进措施，并从正、负压固结机理角度说明了真空预压法在加固软土地基中的作用机理。

朱建中阐述了在真空预压施工中应用水平排水板的相关问题，分别从孔隙水压力、膜下真空度、沉降均匀度以及周围土体的水平位移等方面与竖向排水板进行了对比，水平排水板在土体均匀性和经济效益方面都优于竖向排水板。

4)模型土研究现状

土工模型试验可以解决理论计算中土性指标及简化假定后与实际不相符合等问题，有效避免了现场原型试验的耗资、费时以及试验条件难以控制的不足，具有更大的实用性，为工程实践提供数据支持。

李岳、姜忻良对土和结构互相作用模型土的设计方法进行了总结，主要存在单一指标无法描述地基土的全部动力特性、有限的模型空间容纳不下足够的配重以及惯性力效应的损失等方面的问题，对于模型土的设计须从整体上把握原型地基土的相关特性，不必追求具体相似参数的统一，进而使理论分析与试验研究更接近切合。

王志佳等将基于土体动力特性骨干曲线方程推导出的控制原型土与模型土相似关系的指标、剪切模量比 G/G_{max} 和参考应变 r 的相似比作为模型土设计的主要控制因素，在试验中，模型土与原型土的变形特性吻合度较高，很好地重现了原型地基土在地震动作用下的动力响应特性。

魏宝华等进行了动力试验模型土的配制，探讨了初始剪切模量与试样干密度和含水率之间的关系，基于动力模型试验的相似关系指出在模型土配制时应选择与原型土相比含水率较高与干密度较小的配制方案，以使试验中的相似性尽量满足需求。

1.2.3 波浪荷载作用下软基与结构物作用的模拟现状

国内外在波浪荷载作用下结构物与软基相互作用方面开展了相关研究，并取得了一些研究成果。

De Groot 等利用试验研究了直立式平台基础和直立堤在波浪荷载作用下地基土体发生液化现象，并探讨了液化机理。Bea 采用室内试验开展了加载速度对土体不排水抗剪强度影响和反向应力对土体循环弱化效应的影响研究，分析了作用在软基上的桩基平台在风暴潮作用下的承载特性。Mostafa 等利用有限元数学模型对波浪、防波堤和地基相互作用进行了计算分析，并研究了防波堤和地基的动力响应问题。

徐光明等采用离心模型试验研究了软黏土地基防波堤结构稳定性，通过试验研究得出软黏土地基防波堤结构稳定性的主要控制因素是软黏土层的承载力，提出了有效的加固软黏土地基的措施。王建华等研究了竖向静荷载和水平动荷载对地基承载力的影响，指出竖向静荷载对地基破坏的动荷载和循环周次产生影响。杜政模拟了地震荷载作用下沉箱结构地基土体的动力特性，从残余变形、地基土体液化区等方面分析了地基加固的效果。刘振纹等分析了在静、动力组合荷载作用下，海洋平台地基基础土体的应力状态，依据动三轴试验结果分析，提出了计算桶形基础软黏土地基循环承载能力的拟静力弹塑性模型。范庆来等建立了考虑软黏土循环弱化效应的深埋式大圆筒结构有限元模型，研究大圆筒结构承载特性，结果表明考虑软基循环弱化影响的大圆筒结构承载力明显低于不考虑软基弱化效应的大圆筒结构承载力。肖忠利用有限元模型分析了考虑软黏土循环弱化影响的软黏土地基箱筒形基础和半圆形防波堤的稳定性。张馨竹通过天津港软黏土试验研究，得出软黏土在动荷载作用下强度衰减，以此建立了考虑软土地基循环弱化的动力有限元模型，分析了软基上插入式大圆筒结构稳定性。封晓伟通过对软黏土动、静三轴试验结果进行归一化分析，建立了软黏土强度软化与环境、荷载等因素的关系，确定了软黏土动力软化的判别标准。利用室内试验软黏土强度弱化的成果，对半圆形防波堤软土地基加固前、后的稳定性进行了有限元分析，提出在强度发生软化的情况下半圆形防波堤的稳定性分析方法。王元战等利用有限元数值方法对软黏土地基上箱筒型基础防波堤进行了静力、动力的稳定性分析，提出了大型圆筒结构和筒型基础防波堤稳定性简化计算方法；建立了波浪荷载作用下筒型基础防波堤结构的弹塑性有限元分析模型，分析了地基土强度、基础宽度、加固深度等因素对防波堤结构地基承载力的影响。

上述研究多为利用室内三轴试验研究软黏土弱化或采用数学模型计算分析软黏土地基防波堤结构的稳定性，尚不能完全真实揭示波浪荷载作用下软黏土地基承载特性及对防波堤稳定性影响。因此，亟需开展波浪作用下软黏土地基防波堤稳定性大比尺物理模型试验，深入研究波浪—结构—地基相互作用问题，探求波浪作用下软黏土地基孔隙水压力变化规律及其对土体强度弱化的影响，理清软黏土地基承载特性。

循环荷载作用下软黏土强度试验研究，涉及的荷载类型有交通流引起的动荷载与波浪荷载等。例如赵广辉的硕士学位论文“交通荷载作用下饱和软黏土的孔压特性研究”(20090610)，认为孔隙水压力的增长是影响饱和软黏土的动力反应的主要因素。因此，为了准确地描述饱和软黏土在交通荷载作用下的性状，进行了室内模型试验以及现场原位监测试验。通过不同循环加载条件下的模型模拟试验、现场原型监测试验及理论分析，研究在交通荷载条件下，超静孔隙水压力累积特性及发展规律，探讨路基软土在循环荷载下产生累积特性的原因和主要影响因素。

龚云强的硕士学位论文“交通荷载作用下结构性黏土动本构关系试验研究”(20080601)，以天津地区软黏土为研究对象，着重开展反映交通荷载作用下结构性黏土动力特性的本构模型研究。通过室内动三轴试验，研究了结构性软土的动变形、孔隙水压力及动强度和动应力应变特性。鉴于该软土具有结构性的特点，提出考虑土体结构性破损过程的损伤参量。为了考虑软土结构性的逐渐破损过程，提出反映结构损伤的损伤参量，并建立适应于动荷载作用下结构性软土的边界面损伤模型，易于在土工数值分析时采用。通过比较理论计算与三轴试验结果，验证了其模型的合理性和有效性。

茅加峰等“波浪荷载对箱筒型基础防波堤作用的拟静力模拟研究”(中国港湾建设，2010 年 10 月，增刊 1 总第 169 期)一文，采用拟静力法等效模拟波浪荷载对箱筒型基础防波堤作用，研制了能够在离心机高速运转条件下施加水平力荷载的作动器,进行了箱筒型基础防波堤离心模型试验,观测了箱筒型基础防波堤的水平位移、沉降和倾斜以及地基中孔隙水压力等反应。结果表明,当水平荷载力大于某一临界值后,荷载位移曲线表现出类似“屈服”的现象,背浪侧和迎浪侧的地基中分别出现正的和负的超静孔压。而修建于软弱地基上的箱筒型基础防波堤主要位移破坏模式为防波堤倾斜过度而失稳。

蔡正银等“波浪荷载作用下箱筒型基础防波堤性状试验研究”(中国港湾建设,2010 年 10 月,增刊 1 总第 169 期),针对箱筒型基础防波堤,开展了土工离心模型试验,探讨了波浪荷载强度、波浪作用持续时间、结构下筒长度和压载等因素对防波堤结构位移模式的影响。试验在离心机高速运转条件下模拟了周期性循环波浪荷载,观测了箱筒型基础防波堤的水平变位、沉降和倾斜以及地基中孔隙水压力等反应。结果发现,修建于给定条件地基上的箱筒型基础防波堤能够很好地抵抗设计荷载强度波浪作用,所发生的沉降、水平变位和倾斜度均不会超出相应的控制值,其主要位移破坏模式为防波堤倾斜过度而失稳或水平变位超出容许值而发生侧向滑动破坏。

波浪—结构—地基相互作用的研究在国内外都是一个热门的课题。例如《波浪—结构—地基相互作用理论及应用》一书(范庆来,2011 年,海洋出版社),详细介绍了大圆筒结构在软土地基和恶劣海洋环境条件下的工程应用及其科研情况。其研究实例为长江口导堤试验段工程和曹妃甸大圆筒码头方案。研究的手段是采用 ABQUAS 有限元分析软件,利用有限元原理建立数学模型,对工程方案进行计算分析。该书主要从数值计算的角度对波浪—结构—地基相互作用理论及其在大圆筒结构中的应用进行了探讨,特别是对于波浪循环荷载作用下软基上大圆筒结构力学响应的数值模拟。书中的研究工作没有设计专门模型试验进行验证。该书认为,将数值计算、理论分析与模型试验验证相结合,将是本领域一项非常有意义的工作。

1.3 研究内容和技术路线

本书为“港口工程波浪—结构—地基耦合作用破坏机理研究大比尺模型试验技术手册”。涉及主要内容为:大比尺波浪水槽波浪模拟技术试验,大比尺波浪水槽软土地基模拟技术试验,主要解决软黏土地基波浪模型试验当中的模拟技术问题。通过研究大比尺波浪水槽的造波技术、软黏土地基模拟技术等,为港口工程波浪—结构—地基耦合作用研究中的软黏土地基破坏机理和破坏模式、物理模型试验和数值模拟研究提供技术基础。本书主要包括如下几部分:

(1)阐述研究背景及意义。论述大比尺波浪水槽波浪、软黏土模拟技术试验和波浪荷载作用下地基与结构物作用研究的国内外现状，提出本书的主要研究内容。

(2)大比尺波浪水槽波浪模拟技术试验研究。即在充分调研国内外大比尺波浪水槽和造波机建设技术的基础上，进一步考察了现有大比尺波浪水槽的研究方向和具体科研项目，了解大比尺波浪水槽波浪模拟现状水平认识，对其造波机的造波原理、造波能力和无反射造波技术进行不同组次论证，为循环荷载作用下软黏土地基强度弱化物理模型试验提供了技术上的保证。

(3)大比尺波浪水槽软黏土模拟技术试验研究。通过对取自天津滨海临港经济区的土样进行室内试验，经基于软土触变性、固化作用以及低位真空预压作用超软土制备三种方法来研究超软地基土制作技术。同时对利用触变性及固化作用制备的超软土进行力学特性与微观结构参数分析，利用低位真空预压作用制备的超软土进行力学特性分析，为大比尺水槽超软地基土制作提供理论依据及技术支持。

(4)开展了港口工程波浪—结构—地基耦合作用的大比尺物理模型试验研究。按照模型与原型为1∶5的比尺制作防波堤模型。采用重塑软土制作软黏土地基、铺碎石基础，利用大比尺波浪水槽开展波浪作用下软黏土地基建筑物试验，研究不同水深、波高和波浪持续作用时间条件下地基基础孔隙水压力变化，分析变化规律；测试试验前和波浪长时间作用后土体强度变化，分析其软化原因。

(5)采用数值模拟，结合物理模型试验结果验证。建立波浪—半圆形防波堤结构—软黏土地基土体相互作用动力有限元模型，进一步验证软黏土强度弱化效应对半圆形防波堤稳定性的影响。且基于OpenFOAM建立了三维黏性数值波浪水槽，对波浪作用下结构与波浪相互作用时的波面过程进行分析，研究成果为进一步的物理模型试验积累了必要的数据，并为物理模型设计提供了可借鉴的经验。

(6)项目经济效益分析。试验通过采用大比尺波浪水槽模型设计、波浪模拟、软土地基制备实现波浪—结构—地基三维动力耦合，建立波浪—结构—地基实际工作状态模拟系统及稳定性试验方法。研究成果可为工程设计提供技术支撑。

(7)最后对本书的主要研究成果进行总结，提出下一步研究的思路和建议。

本次所进行的波浪—结构—地基模拟技术试验研究，为首次开展波浪作用下软土地基港口工程稳定性大比尺模型试验研究工作。利用天科院内长450m、宽5m、深8～12m的试验水槽建立了比尺为1∶5的模型，模拟波浪—结构—地基实际工作状态的物理模型试验系统，并开展了相关试验研究工作，形成了一套完整的试验模拟技术手册。

2　大比尺波浪水槽波浪模拟技术试验

2.1　概　　述

天科院大比尺波浪试验水槽于 2014 年 7 月建成并投入使用。试验水槽长 450.0m,宽 5.0m,深度 8.0 ~ 12.0m,是世界上尺度最大、造波能力最强的波浪试验水槽之一。按照试验功能不同,水槽分为造波机段、造波段、试验段和消波段。水槽试验段深度为 12.0m,其他区域深度为 8.0m。大比尺波浪试验水槽示意图见图 2.1-1。

图 2.1-1　大比尺波浪试验水槽示意图

水槽内的造波装置是大比尺波浪试验水槽的核心设施,造波装置采用活塞式推板造波机,采用交流伺服电机(260kW ×6 台)带动齿轮和齿条工作的驱动方式。造波板的前面和后面都有水,采用背面平衡方式运行。造波板的中心位置可移动,背面距离取波长的 1/4 左右,造波板背面受力单纯,受到波能量的影响较小。造波装置的最大冲程为 ±4.0m,采用位移进行控制,利用造波板前面的波高计采集的波高信息进行吸收式造波。造波板深 11.0m,宽 5.0m,可生成规则波和常见谱型的不规则波,其设计造波能力为规则波最大波高 3.5m, 波浪周期范围为 2.0 ~ 10.0s。

大比尺波浪试验水槽的造波原理为:造波试验时,由计算机根据输入的造波参数计算出目标波浪的板前波浪信号,并按一定算法将其转换成相当于造波板运动速度和位置的数据,输入到 D/A 转换器中,D/A 转换器将数字量信号转换为伺服驱动器所需要的模拟电压信号,由伺服驱动器输出脉冲信号控制伺服电机的转速和转动的角度,通过履带驱动直线运动单元带动推波板在水中按照预定的运动规律运动,从而实现所期望的波浪;伺服驱动器直接对电机编码器反馈信号进行采样,内部构成速度闭环控制以提高控制精度与运动速度的稳定性;同时,控制采集卡接收电机编码器的反馈信号,实时跟踪造波板的运动位置,外部构成位置闭环以提高推波板的定位精度;所有控制系统均采用计算机自动调节控制完成。水槽两端均设有消波装置,同时水槽侧面设有连通管,以使造波过程中模型两侧的水位保持不变。大比尺波浪水槽见图 2.1-2。

a)大比尺波浪水槽造波机

b)大比尺波浪水槽造波段

c)大比尺波浪水槽尾端消浪块体

d)大比尺波浪水槽消波装置

图 2.1-2　大比尺波浪水槽

大比尺波浪试验水槽的顶部两侧铺设有轨道,观测台车在轨道移动,并设置升降机,升降机可以降到水面,为试验人员开展各种观测提供方便。试验人员也可以利用升降机进行试验测量仪器如波高仪、压力计、位移计、流速计等的布置。试验段安设有20.0t轨道门机,用于试验模型的吊装和安放。试验厅设有控制室,测量数据通过电缆传输至控制室,数据自动记录存储在电脑内。试验人员在控制室内可以实时读取测量数据并进行分析,根据试验情况,通过给予程序指令对试验过程进行控制。

2.2 造波技术路线

2.2.1 资料收集

搜集整理已有相关研究成果,结合大比尺波浪水槽造波系统的设计,对大比尺波浪水槽非线性特征大波和海啸波模拟的方法进行研究。先以椭圆余弦波为组成波模拟不规则波列,针对该波列按照上跨零点法对不规则波列中的波高进行统计,从不规则波波面中挑出波高大小为前10的波面序列进行随机组合,该10个波即为本次研究定义的特征大波。在造波时,采用该10个波的造波信号进行造波的模拟方法。对于海啸波的模拟,则采用改进的Goring造波方法,采用波峰在前的LEN波形作为目标波形进行模拟。

2.2.2 模拟方法设计

依据前期理论分析确定的大比尺波浪水槽非线性特征大波和海啸波模拟的方法,采用VC++语言编写造波程序,并将其嵌入整个造波控制系统。同时开展大比尺波浪水槽非线性特征大波和海啸波测试技术研究。采用本次研究得到的大比尺波浪水槽非线性特征大波和海啸波模拟造波控制软件,在天科院大比尺波浪水槽中进行非线性特征大波和海啸波的测试。

2.2.3 吸收式造波技术研究

大比尺波浪水槽试验,关键技术之一是波浪的模拟测试技术。利用大型造波机在大水槽中模拟出满足要求的波浪是物理模型试验的前提条件。项目开展期间,大比尺波浪水槽处于建设过程当中,项目组针对波浪模拟和测试技术投入了大量的精力。

2.3 传统造波技术

板前波浪示意图如图2.3-1所示。

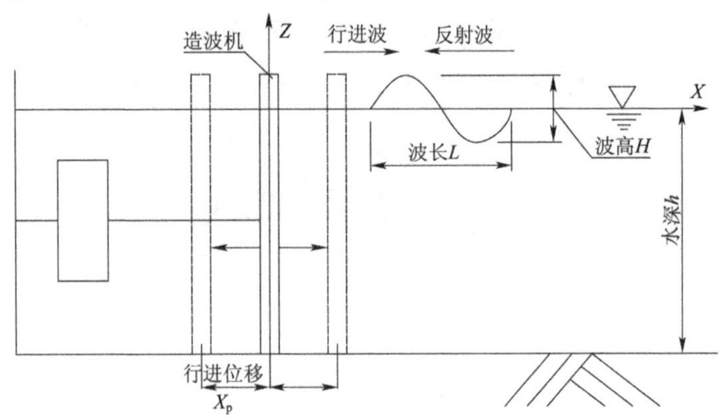

图2.3-1 板前波浪示意图

假定流体无黏性、不可压缩、无旋,造波机的运动相对于波浪的传播为小量,则造波机产造波浪的控制方程为Laplace方程,波浪的运动过程为 x-z 平面内的二维运动:

$$\Phi_{xx}+\Phi_{zz}=0 \qquad (0\leqslant x<\infty\ ,\ -h\leqslant z\leqslant 0) \tag{2.3-1}$$

式中:$\Phi(x,z,t)$——速度势函数。Φ 满足以下边界条件:

$$\Phi_{z}=0 \qquad (z=-h) \tag{2.3-2}$$

$$\Phi_{tt}+g\Phi_{z}=0 \qquad (z=0) \tag{2.3-3}$$

$$\Phi_{x}=x_{t} \qquad (x=0) \tag{2.3-4}$$

$$\eta_{\mathrm{t}}=-\frac{1}{g}\Phi_{\mathrm{t}} \qquad (z=0) \tag{2.3-5}$$

式中:x_t——造波机的运动位移过程;

η_{t}——水面相对于静水面的高度变化过程。

$\Phi(x,z,t)$ 在无限远处满足散射条件:

$$\Phi\rightarrow\text{行进波} \qquad (x\rightarrow\infty) \tag{2.3-6}$$

以上 x、z 表示 X、Z 方向上的变量,t 为时间变量,g 为重力加速度。

在没有反射波存在的情况下,为了产生频率为 ω 的波浪,假定造波机的运动为一简谐运动 $X_I(t)$,即:

$$X_I(t)=A\exp(i\omega t) \tag{2.3-7}$$

其中，A 为造波机运动的振幅，采用线性波理论，式(2.3-1)～式(2.3-6)的解为：

$$\Phi(x,z,t) = -AQF(z)\exp[-i(kx-\omega t)] + \sum_{1}^{\infty} iAD_n G_n(z)\exp(-k_n x + i\omega t) \tag{2.3-8}$$

其中：

$$Q = \frac{4\sinh^2 kh}{2kh + \sin 2kh} \tag{2.3-9}$$

$$F(z) = \frac{g}{\omega}\frac{\cosh k(z+h)}{\cosh kh} \tag{2.3-10}$$

$$D_n = \frac{4\sin^2 k_n h}{2k_n h + \sin_2 k_n h} \tag{2.3-11}$$

$$G_n(z) = \frac{g}{\omega}\frac{\cos k_n(z+h)}{\cos k_n h} \tag{2.3-12}$$

式中，h 为水深，波速 k 和虚波数 k_n 满足下列色散公式：

$$\frac{\omega^2}{g} = k\tan kh = k_n \tan k_n h \tag{2.3-13}$$

式(2.3-8)中右边第二项，当 x 很大时，相应虚部即水面变化趋于零，转化可得造波机行进波 η_I 为：

$$\eta_I(x,t) = \frac{1}{g}\frac{\partial\Phi}{\partial t} = iAQ\exp[-i(kx-\omega t)] \tag{2.3-14}$$

可见，函数 Q 为行进波的振幅与造波板运动振幅的比值，称为造波机系统的水动力传递函数。

2.4 吸收式造波原理

吸收式造波技术的基本原理是通过在造波板前设置波高传感器，实时采样水面过程，进行入反射分离，针对反射波产生一个相位相反、幅度相等的“负波”，以消除二次反射波。因此需要对造波板的运动与水面过程进行分析。

现假定水槽中存在着一列向造波机推进的反射波 η_r，造波机的动作就是要消除该列波，可见造波机要产生一与 η_r 相位相反、幅值相等的波浪。

造波板用于吸收 η_r 对应产生的运动为：

$$X_r(t) = A_r\exp(iwt) \tag{2.4-1}$$

$$\Phi_r(x,z,t)=AQF(z)\exp[i(kx+\omega t)]+\sum_{n=1}^{\infty}iA_rD_nG_n(z)\exp(-k_nx+i\omega t) \tag{2.4-2}$$

考虑吸收波的同时,产生一期望的推进波 η_I,则造波机的运动:

$$X(t)=X_I(t)+X_r(t)=(A_I+A_r)\exp(i\omega t)=A\exp(i\omega t) \tag{2.4-3}$$

此时:

$$\Phi(x,z,t)=QF(z)\{A_r\exp[i(kx+\omega t)]-A_I\exp[-i(kx-\omega t)]\}+\sum_{n=1}^{\infty}iAD_nG(z)\exp(-k_nx+i\omega t) \tag{2.4-4}$$

则在 $x=0,z=0$ 处造波机前的水面波动 η 为:

$$\eta=\left(-\frac{1}{g}\frac{\partial\Phi}{\partial t}\right)_{x=0,z=0}=iQ(X_I-X_r)\exp(i\omega t)+DX \tag{2.4-5}$$

$$D=\sum_{n=1}^{\infty}D_n$$

由于产生所需波浪的造波运动 X_I 是已知的,可用 X_I 与 X 表达式(2.4-5),得:

$$\eta_m(t)=iQ(zX_I-X)+DX \tag{2.4-6}$$

造波机处 $x=0$,并由式(2.3-14)和式(2.4-3)得:

$$\frac{\partial X}{\partial t}=i\omega X \quad 和 \quad \eta_I=iQX_I \tag{2.4-7}$$

代入式(2.4-6)得:

$$\frac{\partial X}{\partial t}=\frac{\omega}{Q}(2\eta_I-\eta_m+DX) \tag{2.4-8}$$

式中 η_I 已知,η_m 可通过固定在造波机上的波高仪测定,可见通过求解该方程,可得到每时刻(实时)用于产生预期波浪并同时吸收反射波浪的造波机信号。

在初值为零的基础上,造波板的位移为:

$$X(t)=\int_0^t\frac{\partial x}{\partial t}\mathrm{d}t=\int_0^t\frac{\omega}{Q}[2\eta_I(t)-\eta_m(t)+DX]\mathrm{d}t \tag{2.4-9}$$

由于 Q、D 都是频率 f 的函数,因而处理包括无穷数量的不同频率组分的 DX 需要特别的处理技术,在我们的研究范围内 D 与 ω^2 成比例,因而通过导数得到:

$$DX=(-D/\omega^2)X_{tt}=\widehat{D}\mathrm{X}_{\mathrm{tt}} \tag{2.4-10}$$

当模拟不规则波时,式(2.4-9)中的 Q 也是由不同频率组分组成的,如果我们的水槽模拟的是0.1~1.0Hz 范围内的波浪,就应对该频率范围的波浪都有较好的吸收,此时采用某一个频率是不合理的,通过分析,可以得到 ω/A 在频率范围内处于一个相对稳定的数值,因此可将式(2.4-8)写为:

$$\frac{\partial X}{\partial t}=\left(\frac{\omega'}{Q'}\right)(2\eta_I-\eta_m+\widehat{D}X_{tt}) \tag{2.4-11}$$

同样式(2.4-9)可写为：

$$X(t)=\int_0^t\frac{\partial x}{\partial t}\mathrm{d}t=\int_0^t\frac{\omega'}{Q'}[2\eta_I(t)-\eta_w(t)+\widehat{D}X_{tt}]\mathrm{d}t \tag{2.4-12}$$

进一步分析式(2.4-12)有：

$$X=\int_0^t\frac{\omega'}{Q'}[2\eta_I(t)-\eta_m(t)]\mathrm{d}t+\int_0^t\frac{\omega'}{Q'}\widehat{D}X_{tt}\mathrm{d}t \tag{2.4-13}$$

式(2.4-13)右边第一项$\frac{\omega'}{Q'}$为常数，η_I、η_m 均为已知项，其求解是简单的。式(2.4-13)右边第二项，同样$\frac{\omega'}{Q'}$为常数，$\widehat{D}=-D/\omega^2$ 也近似为一常数，则：

$$\int_0^t\frac{w'}{A'}\widehat{D}X_{tt}\mathrm{d}t=k\int_0^t X_{tt}\mathrm{d}t=KX_t+C \tag{2.4-14}$$

$$K=\frac{\omega'}{Q'}\widehat{D}$$

由于 X_t 为该时刻的速度，我们用上一时刻的 X_t 来表达，取前时刻：

$$X_{t\ 0}=\frac{\omega'}{Q'}(2\eta_I^0-\eta_m^0) \tag{2.4-15}$$

同时在积分过程中，常数 C 将表现为一个误差积累过程，该误差主要是初值的误差以及过程中多种误差的积分，对于一个相对无限长的时间 T，有$\frac{X}{T}\to 0$，亦即：

$$\frac{1}{T}\int_0^T\eta_I\mathrm{d}t=0\quad\frac{1}{T}\int_0^T\eta_m\mathrm{d}t=0 \tag{2.4-16}$$

同样，用 AV 表达有限时间的$\frac{X}{T}$，即：

$$AV=\frac{X}{T} \tag{2.4-17}$$

则：

$$\int_0^T(X-AV)\mathrm{d}t=0 \tag{2.4-18}$$

由此，取过程系数：

$$e_i^n=e_0+\sum_{i=1}^n P^{n-i} \tag{2.4-19}$$

则：

$$(DX)^n=(DX)^{n-1}[e_i^n(1-\beta)]+k_n'\beta \tag{2.4-20}$$

$$k'_n = \frac{\omega'}{Q'}\widehat{D}(2\eta_l^{n-1} - y_m^{n-1}) \tag{2.4-21}$$

2.5 造波系统组成与工作原理

造波系统主要由机械装置、驱动系统、控制系统、波高仪、造波水槽及消波装置五部分组成。

机械装置主要包括推波板及其框架、推波板连接架、机体、支撑横梁、防尘盖等,这部分是产造波浪的金属结构件,是依据波浪理论和拟实现波浪的技术指标来设计的。波浪的产生是靠推波板的往复运动来实现的,波高取决于推波板的行程和速度,波长则取决于往复运动的频率。

造波机工作中的惯性力是有害的,应尽量减少惯性力。由于水深和造波机运动参数是由试验项目决定的,故只有降低运动部件的质量和转动惯量才能减小惯性力。为此,在结构的设计中采用了刚度强、结构尺寸小、容易保证加工精度的结构。

驱动装置由交流伺服电机、齿轮齿条直线运动单元组成,直线运动单元的直线往复运动,由伺服电机直接驱动滚珠丝杠旋转,经丝杠螺母转化为直线运动来实现。

交流伺服电机的主要优点是体积小,重量轻,无碳刷,转动惯量小,动态响应快,传动精度高,运行可靠,能很好地满足规则波及不规则波的造波要求。交流伺服驱动系统为闭环控制,驱动器直接对电机编码器反馈信号进行采样,内部构成位置环和速度环,因此不会出现电机的丢步或过冲的现象,控制性能更为可靠,使得造波机能够十分精确地控制波浪的周期。交流伺服电机的加速性能好,能很好地满足不规则波的波浪谱的要求。

齿轮齿条的优点:传动效率高、运动平稳、高精度、高耐用性、同步性好、高可靠性。采用交流伺服电机的直线运动单元,较之液压驱动有多方面的好处:控制精度更高,随动性更好;可靠性更好,维护简单,没有漏油问题,运行中无环境污染;结构更紧凑,占地面积小;效率高、节省能源,只有在电机运行时才能耗电,等待执行时间不耗费能源。

控制系统是造波机系统的核心,其控制交流伺服电机转动,伺服电机带动推波板做水平往复直线运动,推波板推动水槽中的水体产造波浪。当伺服电机的转速和转向改变时,推波板的运动幅度和频率也随之改变,因此波浪的幅值和频率同时改变,从而达到调频调幅的目的。伺服电机轴上的旋转编码器与伺服驱动器组成闭环控制。在推波板前设置波高传感器,实时采样板前水面过程,进行入反射分离,提取反射波以进行吸收式造波。

造波机部分照片参见图2.5-1～图2.5-5。

图2.5-1 造波机正面图

图2.5-2 造波机背面图

图2.5-3 造波机滑轨图

图2.5-4 造波机齿轮齿条图

图2.5-5 造波机伺服电机和齿轮箱图

2.6 造波能力计算、功率需求和总力论证

在给定水深范围、周期范围、要求的最大波高等水工条件下，计算出理论上该造波机所需的最大行程、最大速度、最大加速度、总力（最大机械惯性力＋最大水作用力）和最大功率，为造波机的元件选型和结构设计提供必要的理论依据。

由理论计算出的数据一般偏大，根据理论数据，结合实际工程需要和伺服电机的规格，首先要确定一个合理的伺服电机功率（或者扭矩），以及导轨的长度等参数，然后根据结构设计中初步确定的运动部件质量、传动比等参数，推算出该造波机可以产生的最大推力，由此推力再计算出该造波机可以实现的造波范围，并根据计算的结果，进一步优化和修改设计。

2.6.1 设计（理论）参数的计算方法

（1）给定水深 h 和周期 T。

（2）计算波长：$L=L_0\text{th}\left(\dfrac{2\pi h}{L}\right)$，其中：$L_0=\dfrac{gT^2}{2\pi}$。

（3）计算传递函数 A：$A=\dfrac{H}{S}=\dfrac{4\text{sh}^2(kh)}{\text{sh}(2kh)+2kh}$，其中：$k=\dfrac{2\pi}{L}$。

（4）计算 m_A：$m_A=\sum\limits_{n=1}^{\infty}\dfrac{4\rho\sin^2(k_nh)}{k_n^2[\sin(2k_nh)+2k_nh]}$，其中 k_n 由 $\omega^2=-gk\tan k_nh$ 得出。

（5）计算 D_A：$D_A=\dfrac{4\omega\rho\text{sh}^2(kh)}{k^2[\text{sh}(2kh)+2kh]}$，其中：$k=\dfrac{2\pi}{L}$。

（6）最大波高 H 的计算。

①不同水深周期下的理论波高（破碎波高）：

$$H_{\text{b}}=q\cdot L_0\cdot\text{th}\left(\frac{2\pi}{L}h\right)=qL$$

式中：$q=\dfrac{H}{L}$——波浪陡度，$q=\dfrac{1}{30}\sim\dfrac{1}{7}$，这里取 $q=\dfrac{1}{7}$。

②受水深限制的波高：

$H_{0.55h}=0.55h$——某一水深下的最大波高，单位：m。

③实际使用的最大波高 $H_{用}$ 的计算：

$$H_{用}=\min\{H_{\text{b}},H_{0.55h},H_{要}\}$$

式中：$H_{要}$——要求达到的最大波高，这里取 $H_{要}=3.5\text{m}$。

(7)最大行程 S_m 的计算：$S_m = \frac{H_{用}}{A}$

(8)推波板最大运动速度 V_m 的计算：$V_m = \frac{\pi}{TA}H_{用}$

(9)最大加速度 a_m 的计算：$a_m = \frac{2\pi^2}{TA}H_{用}$

(10)最大总力 F_m 的计算：

①最大机械惯性力 F_{im} 的计算：$F_{im} = \frac{2m\pi^2}{T^2A}H_{用}$

式中：m——运动部分的质量。

②最大水体惯性力 F_{lm} 的计算：$F_{lm} = \frac{4\pi^2 m_A l}{T^2A}H_{用}$

③最大波压力 F_{pm}：$F_{pm} = \frac{2\pi D_A l}{TA}H_{用}$

④最大总力 F_m 的计算：

$$F_m = \sqrt{(F_{im} + F_{lm})^2 + F_p^2} = H_{用}\sqrt{\left(\frac{2\pi^2 m}{T^2A} + \frac{4\pi m_A l}{T^2A}\right)^2 + \left(\frac{2\pi D_A l}{TA}\right)^2}$$

(11)最大功率 P_m 的计算：

$$P_m = \frac{V}{2}(F_m + F_{Pm}) = H_{用}\frac{\pi}{2TA}\left[\sqrt{(F_{im} + F_{lm})^2 + F_{Pm}^2} + F_{Pm}\right]$$

2.6.2 造波能力的计算方法

上述的计算是为造波机的设计、元件选型提供依据，是为了确定合适的最大行程(导轨长度)、合理的最大速度(电机选型)和最大功率(电机选型)、结构设计而进行的。待设计和选型完成后，还要计算造波机的造波能力，并绘制出该造波机可实现的波高范围的曲线。

(1)给定水深 h 和周期 T。

(2)计算 L_0、L、A、m_A、D_A。

(3)破碎波高 H_b 的计算：$H_b = q \cdot L_0 \cdot \text{th}(kh) = qL$

(4)在限定最大行程下可实现的最大波高 H_s：

$$H_S = AS_m$$

这里 S_m 为限定值，即为常数，取 $S_m = 10\text{m}$。

(5)在限定最大速度下可实现的最大波高 H_v：

$$H_v = \frac{T \cdot A \cdot V_m}{\pi}$$

这里 V_m 为限定值，即为常数，取 $V_m = 1.8\text{m/s}$。

(6)在限定最大推力下或限定最大功率下可实现最大波高的计算方法。

①在限定最大功率下可实现的最大波高 H_P 的计算。

由电机功率计算波高 H_P：

$$H_P = \sqrt{\frac{P_m}{\frac{\pi}{TA}\left[\sqrt{\left(\frac{2\pi^2 m}{T^2 A} + \frac{2\pi m_A l}{TA}\right)^2 + \left(\frac{2\pi D_A l}{TA}\right)^2} + \left(\frac{2\pi D_A l}{TA}\right)\right]}}$$

由 H_b、H_S、H_V、H_P 确定一个造波机可以实现的波高区域，即：$H = \min\{H_b, H_S, H_V, H_P\}$。

再将这个波高带入最大力公式：

$$F_m = H\sqrt{\left(\frac{2\pi^2 m}{T^2 A} + \frac{4\pi m_A l}{T^2 A}\right)^2 + \left(\frac{2\pi D_A l}{TA}\right)^2}$$

计算出该造波机可实现波高区域所需的最大力 F_m。

②在限定最大力下可实现的最大波高 H_F 的计算。

在给定 S_m 或 V_m，或者在某一个条件下，算出各个水深周期下的 F_m 序列，在此序列中找出某个水深周期下的力 F_m，用此力作为限定值，计算出在力限定下的波高序列 H_F。

或者：因为伺服电机输出的是扭矩，其功率只是一个推算值，因此用伺服电机扭矩来计算更为合理。根据机械传动结构，可由伺服电机的最大输出扭矩计算出该造波机可产生的最大推力，由最大(推)力可计算出在限定最大力下可实现的最大波高 H_F，公式为：

$$H = \frac{F_m}{\sqrt{\left(\frac{2\pi^2 m}{T^2 A} + \frac{2\pi m_A l}{TA}\right)^2 + \left(\frac{2\pi D_A l}{TA}\right)^2}}$$

再由 H_b、H_S、H_V、H_F 确定一个造波机可以实现的波高区域，即：

$$H = \min\{H_b, H_S, H_V, H_F\}$$

再将这个波高带入最大功率公式：

$$P_m = H^2 \frac{\pi}{TA}\left[\sqrt{\left(\frac{2\pi^2 m}{T^2 A} + \frac{2\pi m_A l}{TA}\right)^2 + \left(\frac{2\pi D_A l}{TA}\right)^2} + \left(\frac{2\pi D_A l}{TA}\right)\right]$$

计算出该造波机可实现波高区域所需的最大功率 P_m。

(7)造波曲线的绘制。

在某一水深下,以周期为横坐标,将 H_b-T、H_S-T、H_V-T、H_P(或 H_F)-T 绘制在同一坐标中,这四条曲线所共有的下方,即为该造波可以实现的造波区域。

2.6.3 造波机参数的计算与参数的确定

1)理论参数计算结果

给定水深范围为3.2~8.0m。

大水槽造波机安装处的设计最大水深为8.0m,试验段的最大水深为5.0m,有3.0m的升波段,因此计算3.0m以下水深时的造波情况无意义,故给定的计算水深范围为3.2~8.0m。

给定周期范围为0.5~10s(还可扩大)。经计算,在造规则波情况下,理论参数如下:所需最大行程6.6m,所需最大速度2.0m/s,所需最大推力1234430N,所需最大功率2262710W。

2)设计参数的确定

因在满足理论参数的情况下所造出的波远大于工程要求,因此可根据实际情况来确定更为合理的参数。

(1)最大行程的确定:计算结果为6.6m,考虑不规则波的造波和吸收式造波,最大行程取10m(±5m),因该造波机造波零点可调,这只是造波机在两端的极限位置的情况,当造波零点和机械零点重合时,其可用行程范围会远远大于10m(±5m),以满足特殊情况下的要求。

(2)最大速度的确定:结合机械结构的实际情况,取1.8~2.0m/s。

(3)电机功率的确定:根据招标文件要求,结合实际情况,造波机总功率不超过1560kW。

综合考虑各方面性能要求,选择电机功率为251kW×6=1506kW。

3)造波能力的计算

在1506kW的总功率条件下,可产生107t的总推力,用107t的总推力计算,得出的该造波机的造波能力曲线见图2.6,该曲线是8m水深的。

该电机输出的扭矩可达3196N·m,折算成总推力为135t。按此力再画一条 H_F 曲线,再画一条最大限定速度改为2m/s下(电机可达到)的波高 H_v 曲线。

各种情况下的造波参数的范围见表2.6-1。

各种情况下的造波参数范围　　表 2.6-1

条　件	可实现 3.5m 波高的周期范围(s)
$h=8.0$m、$F=107$t、$V=1.8$m/s、$S=10$m	4.1 ~ 6.1
$h=8.0$m、$F=107$t、$V=2.0$m/s、$S=10$m	4.1 ~ 6.1
$h=8.0$m、$F=135$t、$V=1.8$m/s、$S=10$m	4.1 ~ 8.4
$h=8.0$m、$F=135$t、$V=2.0$m/s、$S=10$m	4.1 ~ 10

板水深 4.0m、5.0m、6.0m、7.0m 和 8.0m 情况下的造波能力曲线见图 2.6-1 ~ 图 2.6-5。

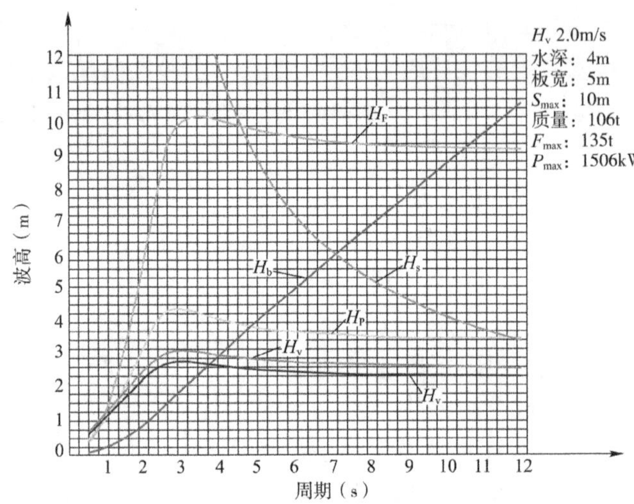

图 2.6-1　造波机的造波能力曲线($h=4$m)

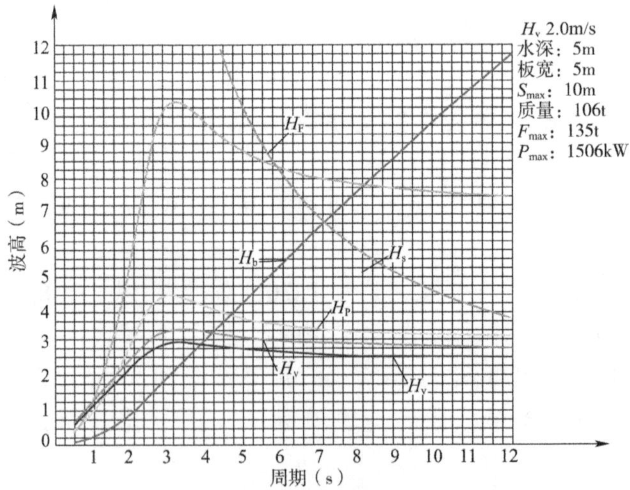

图 2.6-2　造波机的造波能力曲线($h=5$m)

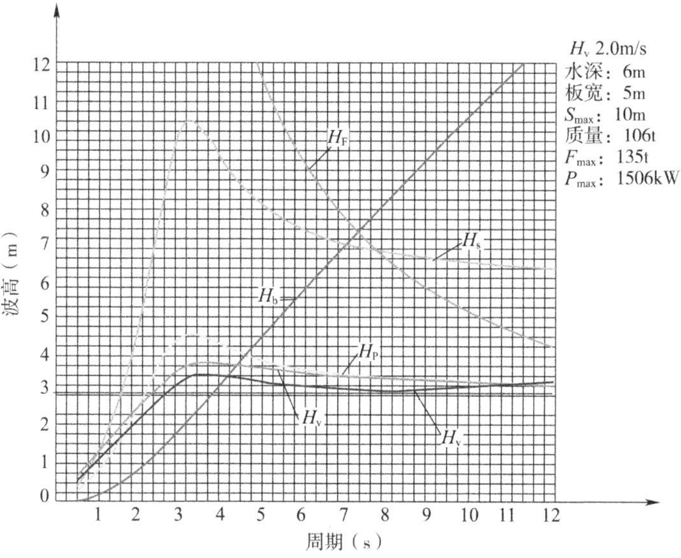

图 2.6-3 造波机的造波能力曲线($h=6$m)

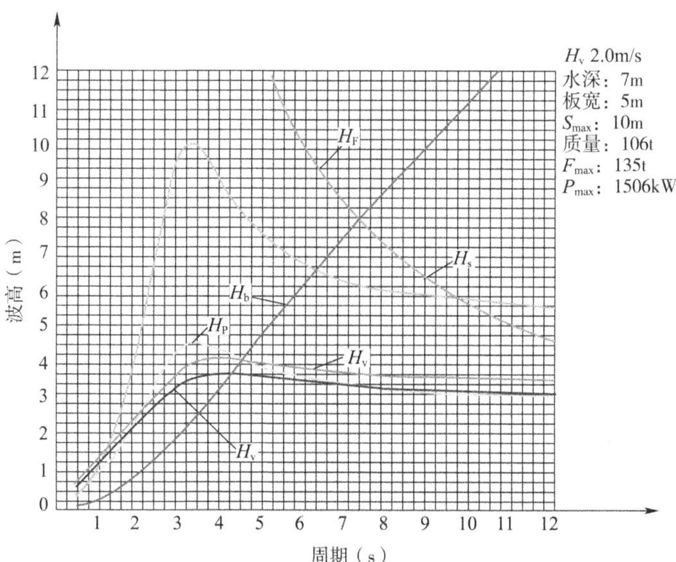

图 2.6-4 造波机的造波能力曲线($h=7$m)

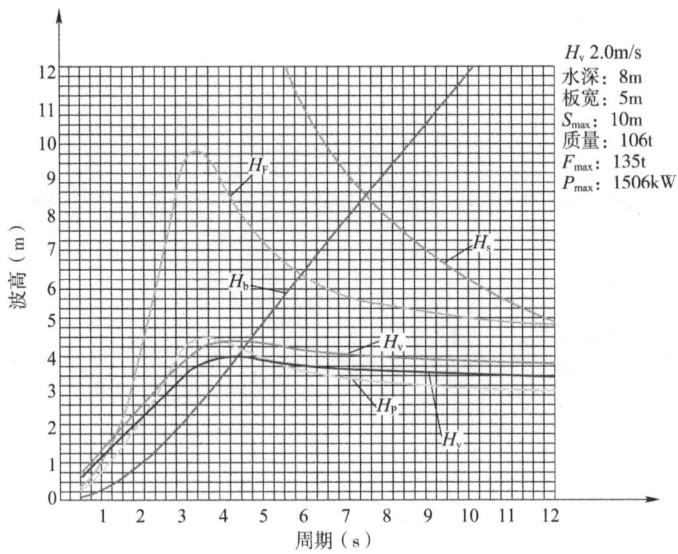

图 2.6-5　造波机的造波能力曲线（h = 8m）

2.6.4　功率需求

(1)伺服电机功率：403 × 4 = 1612kW。

(2)24VDC 功率：0.6kW。

(3)控制系统用电：10kW。

总计：1623kW。

2.6.5　总力的论证

根据前面的论证，确定的电机总功率为 251kW × 6 = 1506kW，经计算，总力为 107t。

2.7　造波能力测试

本次试验的重点在于观察波浪循环荷载长时间地作用于地基以后，地基中的软黏土能否发生强度弱化现象。为了简化试验，所有试验均采用规则波进行。试验对波浪条件的要求主要是长时间稳定。经过大量的测试工作以后达到了试验的目的，为软黏土试验提供了技术上的支持。

2.7.1　规则波 01 组次试验

(1)目标波高：0.3m。

(2)目标周期:1.8s。

(3)测试水深:6.97m(造波机段)。

测试分析采用11号电阻式波高传感器,传感器距水槽西侧内壁87m。输入参数情况见表2.7-1,不同时间测试结果及偏差分析结果分别见表2.7-2～表2.7-4,以及规则波01组次波浪随时间变化过程曲线见图2.7-1。从规则波01组次试验波高测试结果来看,造波机造波的稳定性较好。

规则波01组次造波机控制输入参数 表2.7-1

波高(m)	周期(s)	水深(m)
0.3	1.8	6.97

规则波01组次当天重复性测试分析结果 表2.7-2

实测值1		实测值2		当天重复性	
平均波高(m)	平均周期(s)	平均波高(m)	平均周期(s)	波高偏差(%)	周期偏差(%)
0.294	1.800	0.287	1.800	-2.51	0.00

规则波01组次隔天重复性测试分析结果 表2.7-3

实测值1		实测值3(隔天)		隔天重复性	
平均波高(m)	平均周期(s)	平均波高(m)	平均周期(s)	波高偏差(%)	周期偏差(%)
0.294	1.800	0.285	1.813	-3.19	0.72

规则波01组次均匀性测试分析结果 表2.7-4

实测值1					均匀性	
造波机行程(m)	平均波高(m)	平均周期(s)	最大波高(m)	最大周期(s)	波高偏差(%)	周期偏差(%)
0.168	0.294	1.800	0.304	1.850	3.33	2.78

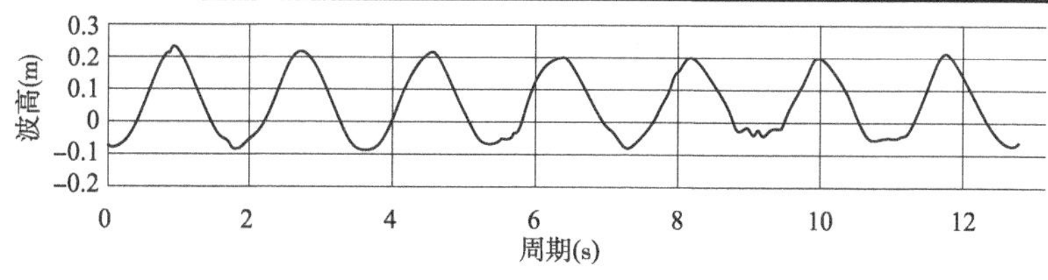

图2.7-1 规则波01组次均匀性测试代表波形图

2.7.2 规则波02组次试验

(1)目标波高:0.5m。

(2)目标周期:1.0s。

(3)测试水深:6.97m(造波机段)。

测试分析采用11号电阻式波高传感器,传感器距水槽西侧内壁87m。输入参数情况见表2.7-5,不同时间测试结果及偏差分析结果分别见表2.7-6~表2.7-8,以及规则波02组次波浪随时间变化过程曲线见图2.7-2。从规则波02组次试验波高测试结果来看,造波机造波的稳定性也较好。

规则波02组次造波机控制输入参数 表2.7-5

波高(m)	周期(s)	水深(m)
0.5	1.0	6.97

规则波02组次当天重复性测试分析结果 表2.7-6

实测值1		实测值2		当天重复性	
平均波高(m)	平均周期(s)	平均波高(m)	平均周期(s)	波高偏差(%)	周期偏差(%)
0.5113	2.011	0.5046	2.011	-1.31	0.00

规则波02组次隔天重复性测试分析结果 表2.7-7

实测值1		实测值3(隔天)		隔天重复性	
平均波高(m)	平均周期(s)	平均波高(m)	平均周期(s)	波高偏差(%)	周期偏差(%)
0.511	2.011	0.508	2.017	-0.59	0.30

规则波02组次均匀性测试分析结果 表2.7-8

实测值1					均匀性	
造波机行程(m)	平均波高(m)	平均周期(s)	最大波高(m)	最大周期(s)	波高偏差(%)	周期偏差(%)
0.319	0.511	2.011	0.528	2.050	3.29	1.94

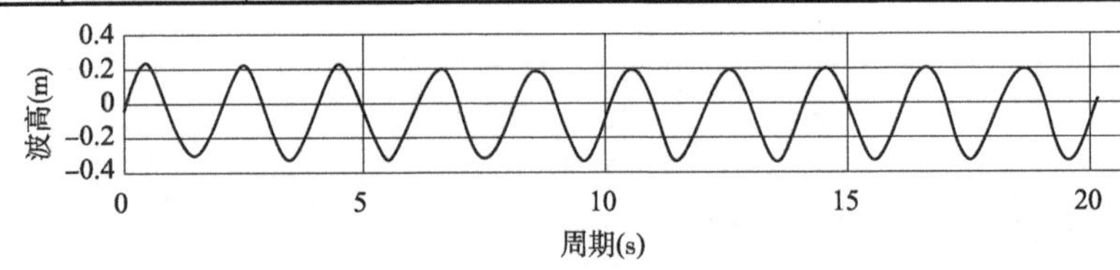

图2.7-2 规则波02组次均匀性测试代表波形图

2.7.3 规则波03组次试验

(1)目标波高:0.7m。

(2)目标周期:2.5s。

(3)测试水深:6.97m(造波机段)。

测试分析采用11号电阻式波高传感器，传感器距水槽西侧内壁87m。输入参数情况见表2.7-9，不同时间测试结果及偏差分析结果分别见表2.7-10～表2.7-12，以及规则波03组次波浪随时间变化过程曲线见图2.7-3。从规则波03组次试验波高测试结果来看，造波机造波的稳定性也较好。

规则波03组次造波机控制输入参数 表2.7-9

波高(m)	周期(s)	水深(m)
0.7	2.5	6.97

规则波03组次当天重复性测试分析结果 表2.7-10

实测值1		实测值2		当天重复性	
平均波高(m)	平均周期(s)	平均波高(m)	平均周期(s)	波高偏差(%)	周期偏差(%)
0.6886	2.511	0.7154	2.506	3.89	-0.20

规则波03组次隔天重复性测试分析结果 表2.7-11

实测值1		实测值3(隔天)		隔天重复性	
平均波高(m)	平均周期(s)	平均波高(m)	平均周期(s)	波高偏差(%)	周期偏差(%)
0.689	2.511	0.704	2.506	2.25	-0.20

规则波03组次均匀性测试分析结果 表2.7-12

实测值1					均匀性	
造波机行程(m)	平均波高(m)	平均周期(s)	最大波高(m)	最大周期(s)	波高偏差(%)	周期偏差(%)
0.427	0.689	2.511	0.721	2.550	4.68	1.55

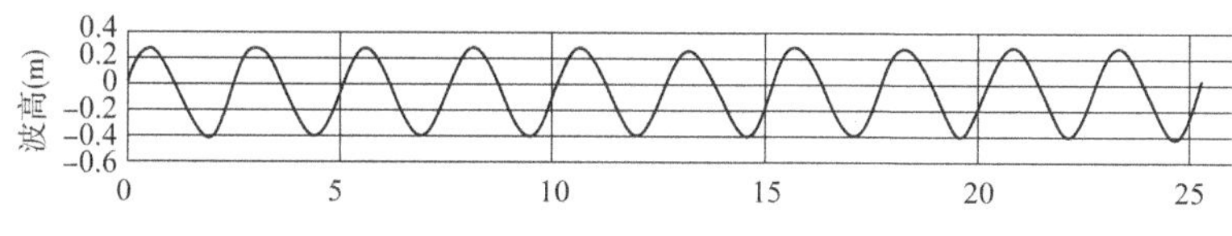

图2.7-3 规则波03组次均匀性测试代表波形图

2.7.4 规则波04组次试验

(1)目标波高：1.0m。

(2)目标周期：3.0s。

(3)测试水深：6.97m(造波机段)。

测试分析采用11号电阻式波高传感器，传感器距水槽西侧内壁87m。输入参数情况见表 2.7-13,不同时间测试结果及偏差分析结果分别见表 2.7-14 ~ 表 2.7-16,以及规则波 04 组次波浪随时间变化过程曲线见图 2.7-4。从规则波 04 组次试验波高测试结果来看,造波机造波的稳定性也较好。

规则波 04 组次造波机控制输入参数 表 2.7-13

波高(m)	周期(s)	水深(m)
1.0	3.0	6.97

规则波 04 组次当天重复性测试分析结果 表 2.7-14

实测值 1		实测值 2		当天重复性	
平均波高(m)	平均周期(s)	平均波高(m)	平均周期(s)	波高偏差(%)	周期偏差(%)
0.992	3.011	0.978	3.011	-1.41	0.00

规则波 04 组次隔天重复性测试分析结果 表 2.7-15

实测值 1		实测值 3(隔天)		隔天重复性	
平均波高(m)	平均周期(s)	平均波高(m)	平均周期(s)	波高偏差(%)	周期偏差(%)
0.992	3.011	0.978	3.006	-1.37	-0.18

规则波 04 组次均匀性测试分析结果 表 2.7-16

实测值 1					均匀性	
造波机行程(m)	平均波高(m)	平均周期(s)	最大波高(m)	最大周期(s)	波高偏差(%)	周期偏差(%)
0.635	0.992	3.011	1.005	3.050	1.31	1.30

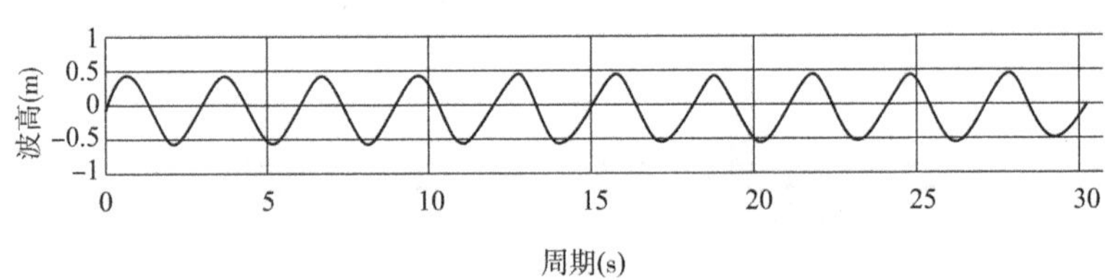

图 2.7-4 规则波 04 组次均匀性测试代表波形图

2.7.5 规则波 05 组次试验

(1)目标波高:1.5m。

(2)目标周期:3.5s。

(3)测试水深:6.97m(造波机段)。

测试分析采用 11 号电阻式波高传感器,传感器距水槽西侧内壁 87m。输入参

数情况见表 2. 7-17,不同时间测试结果及偏差分析结果分别见表 2. 7-18 ~ 表2.7-20,以及规则波05组次波浪随时间变化过程曲线见图2.7-5。从规则波05组次试验波高测试结果来看,造波机造波的稳定性也较好。

规则波 05 组次造波机控制输入参数 表2.7-17

波高(m)	周期(s)	水深(m)
1.5	3.5	6.97

规则波 05 组次当天重复性测试分析结果 表2.7-18

实测值1		实测值2		当天重复性	
平均波高(m)	平均周期(s)	平均波高(m)	平均周期(s)	波高偏差(%)	周期偏差(%)
1.4995	3.506	1.511	3.5	0.77	-0.17

规则波 05 组次隔天重复性测试分析结果 表2.7-19

实测值1		实测值3(隔天)		隔天重复性	
平均波高(m)	平均周期(s)	平均波高(m)	平均周期(s)	波高偏差(%)	周期偏差(%)
1.500	3.506	1.489	3.506	-0.70	0.00

规则波 05 组次均匀性测试分析结果 表2.7-20

实测值1					均匀性	
造波机行程(m)	平均波高(m)	平均周期(s)	最大波高(m)	最大周期(s)	波高偏差(%)	周期偏差(%)
1.059	1.500	3.506	1.522	3.550	1.50	1.25

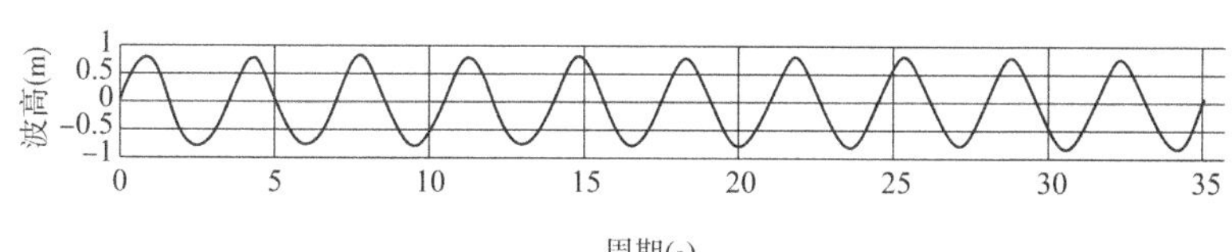

图2.7-5 规则波05组次均匀性测试代表波形图

2.7.6 规则波06组次试验

(1)目标波高:1.8m。

(2)目标周期:4.0s。

(3)测试水深:6.97m(造波机段)。

测试分析采用11号电阻式波高传感器,传感器距水槽西侧内壁87m。输入参数情况见表 2. 7-21,不同时间测试结果及偏差分析结果分别见表 2. 7-22 ~

表2.7-24,以及规则波06组次波浪随时间变化过程曲线见图2.7-6。从规则波06组次试验波高测试结果来看,造波机造波的稳定性也较好。

规则波06组次造波机控制输入参数 表2.7-21

波高(m)	周期(s)	水深(m)
1.8	4.0	6.97

规则波06组次当天重复性测试分析结果 表2.7-22

实测值1		实测值2		当天重复性	
平均波高(m)	平均周期(s)	平均波高(m)	平均周期(s)	波高偏差(%)	周期偏差(%)
1.718	4.006	1.743	4.006	1.48	0.00

规则波06组次隔天重复性测试分析结果 表2.7-23

实测值1		实测值3(隔天)		隔天重复性	
平均波高(m)	平均周期(s)	平均波高(m)	平均周期(s)	波高偏差(%)	周期偏差(%)
1.718	4.006	1.718	4.006	-0.01	0.00

规则波06组次均匀性测试分析结果 表2.7-24

实测值1					均匀性	
造波机行程(m)	平均波高(m)	平均周期(s)	最大波高(m)	最大周期(s)	波高偏差(%)	周期偏差(%)
1.321	1.718	4.006	1.797	4.050	4.58	1.11

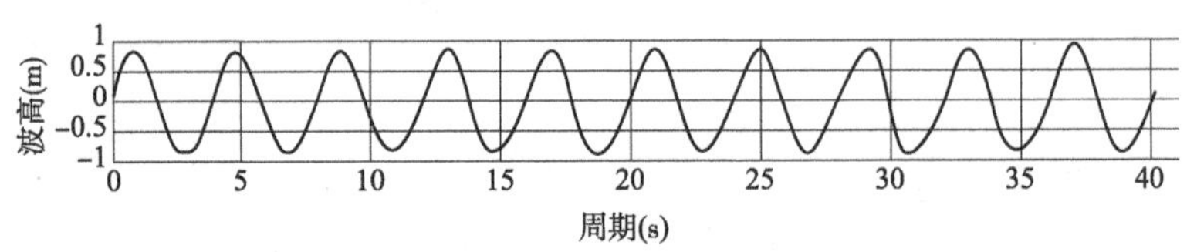

图2.7-6 规则波06组次均匀性测试代表波形图

2.7.7 长时间造波试验

(1)目标波高:0.3m。

(2)目标周期:3.5s。

(3)测试水深:5.19m(造波机段)。

测试分析采用试验段波高传感器,传感器测量得到的波形图详见图2.7-7～图2.7-10。图2.7-7是整个试验过程中水位的变化过程。图2.7-8是波高逐渐增大的过程,图2.7-9是稳定以后的波高,图2.7-10是稳定以后的波形。

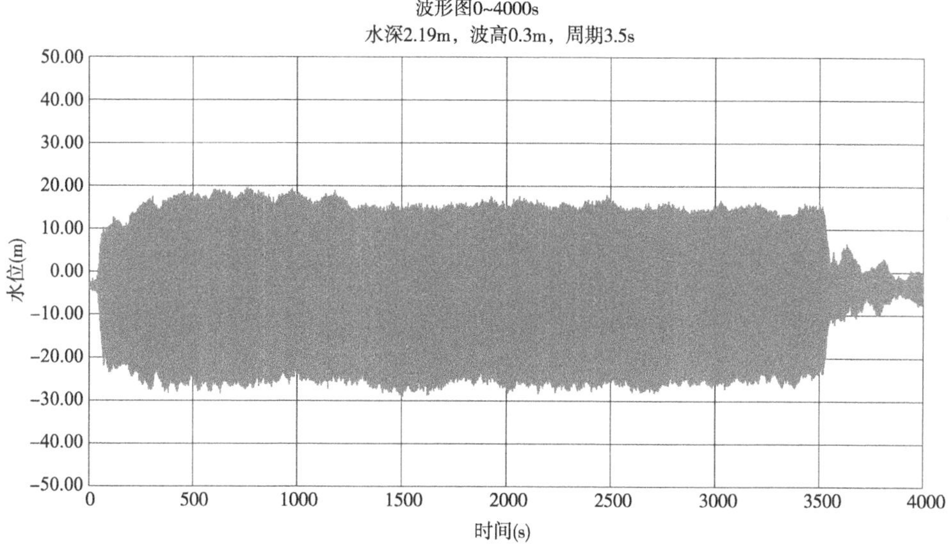

图 2.7-7 规则波长时间造波试验波形图(0 ~ 4000s)

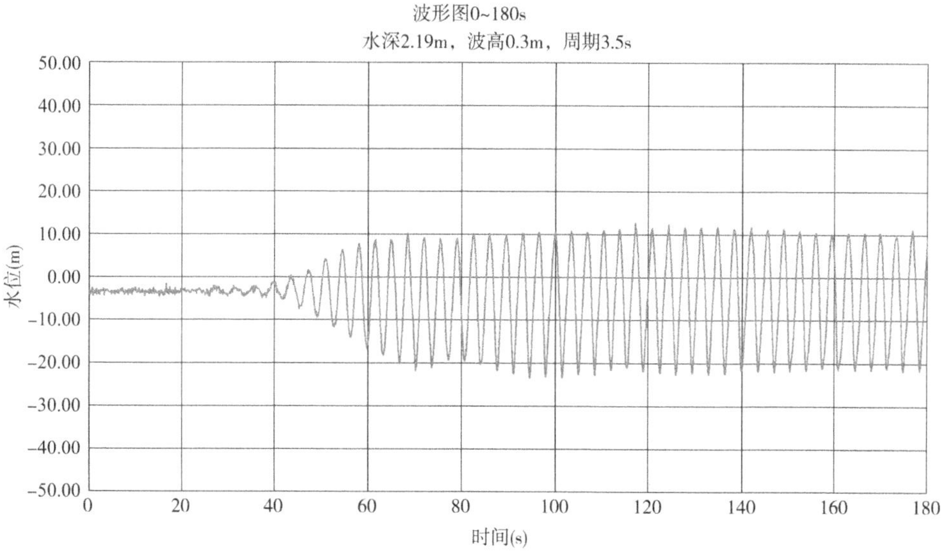

图 2.7-8 规则波长时间造波试验波形图(0 ~ 180s)

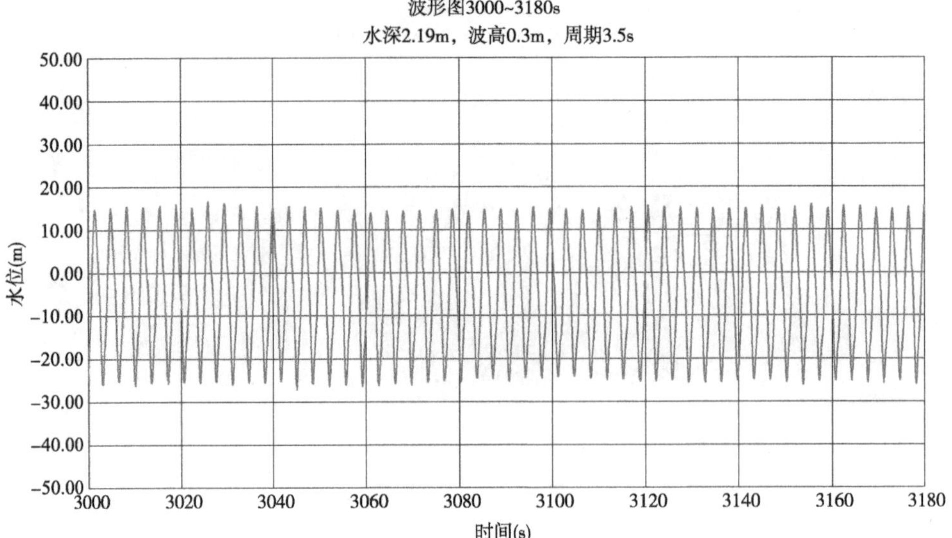

图 2.7-9　规则波长时间造波试验波形图(3000 ~ 3180s)

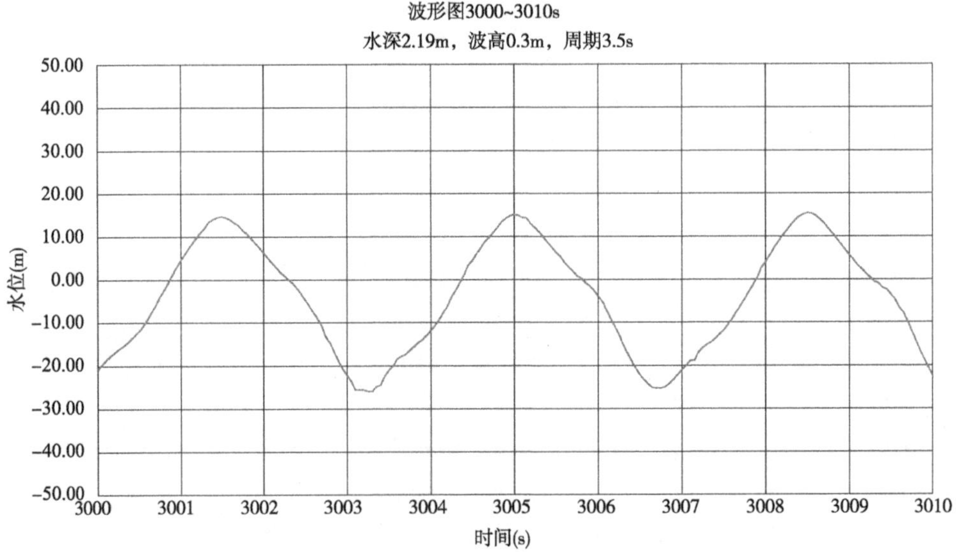

图 2.7-10　规则波长时间造波试验波形图(3000 ~ 3010s)

试验数据表明,试验过程中模型前面的波高基本上是稳定的,造波机有效地吸收了模型对波浪的二次反射。在此波浪条件下可以开展波浪建筑物地基长时间相互作用的物理模型试验。

2.8 特征大波与海啸波模拟

2.8.1 基本情况

非线性特征大波研究主要针对不规则波列中的组成波为椭圆余弦进行模拟。采用椭圆余波作为不规则波的组成波,建立了浅水区不规则波的随机模型,即假定浅水区不规则波面是由许多波高不同、频率不同、具有随机相位的椭圆余波叠加而成。结果表明:只要模拟历时长度不很短,模拟所得的波列是平稳的,波形具有非线性特征。在求得以椭圆余弦波为组成波的不规则波列后,按照上跨零点法对不规则波列中的波高进行统计,从不规则波面中挑出波高大小为前 10 的波面序列进行随机组合,该 10 个波即为本次研究定义的特征大波。在造波时,采用该 10 个波的造波信号进行造波。

本次研究海啸波采用 N 波模拟,海啸波的造波方法采用改进的 Goring 造波方法。Malek-Mohammadi & Testik 考虑到推波板造波时激发的波动具有非稳态特性,造波区的孤立波速度非波形传播速度,而为当地扰动波速,提出了一种新的孤立波造波方法(简称改进的 Goring 方法)。

非线性特征大波和海啸波的测试在大比尺波浪水槽中进行。大比尺波浪水槽总长 450m,宽 5.00m,最深处 12.0m。按波浪的形成、试验、消波等,分为造波区、试验区、消波区。其中试验段水槽深为 12.0m,标准试验水深为 5.0m(从底面开始设有 4.0m 高的铺沙坑),从静水面到水槽顶端的高度为 3.0m。

2.8.2 非线性特征大波模拟结果

针对非线性特征大波的测试,首先采用椭圆余弦波叠加的不规则波序列进行造波,测得试验段不规则波序列的波面过程,然后再进行 10 个特征大波的试验,对两个波面过程进行谱分析,分析两个序列特征波高、谱峰频率和谱能量(M_0)。图 2.8-1 ~ 图 2.8-3 是波高 0.5m 的造波和频谱分析对比情况。试验数据分析详见表 2.8-1。

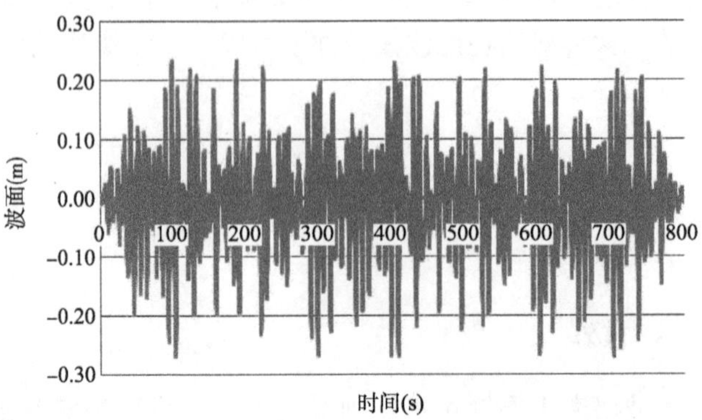

图 2.8-1　$H_{max}=0.5m, T_s=8s$ 不规则波波面

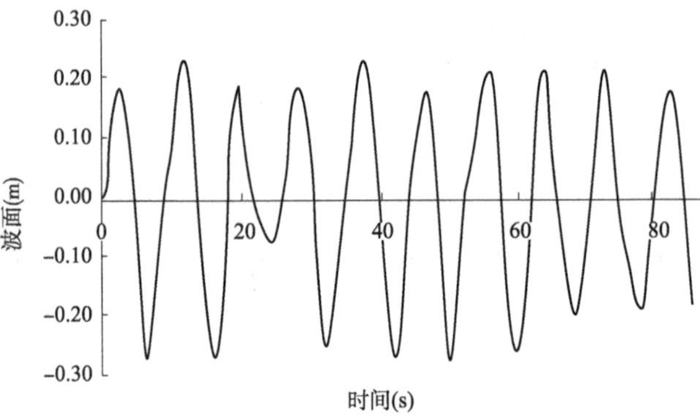

图 2.8-2　$H_{max}=0.5m, T_s=8s$ 特征大波波面

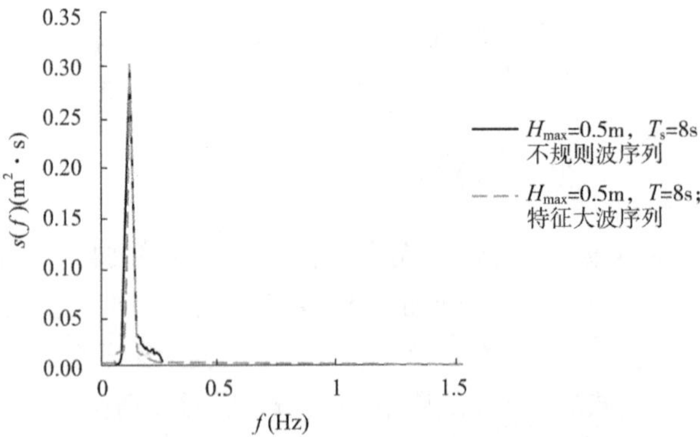

图 2.8-3　$H_{max}=0.5m, T_s=8s$ 不规则波列和特征大波频谱对比结果

非线性特征大波与对应不规则波列频谱特征参数对比结果　　表 2.8-1

组次	最大波高(m)	有效周期(s)	$S(f)$($m^2\cdot s$)		f_p(s^{-1})		M_0(m^2)	
			不规则波序列	特征大波序列	不规则波序列	特征大波序列	不规则波序列	特征大波序列
1	0.5	3.0	0.113	0.121	0.310	0.300	0.010	0.007
2	0.8	3.0	0.280	0.300	0.310	0.300	0.024	0.018
3	1.0	3.0	0.420	0.350	0.310	0.310	0.037	0.028
4	0.5	5.0	0.198	0.194	0.189	0.188	0.010	0.010
5	0.8	5.0	0.465	0.430	0.189	0.188	0.025	0.024
6	1.0	5.0	0.772	0.660	0.189	0.188	0.040	0.038
7	0.5	8.0	0.295	0.299	0.118	0.112	0.008	0.008
8	0.8	8.0	0.585	0.563	0.118	0.117	0.021	0.018
9	1.0	8.0	0.910	0.876	0.118	0.117	0.033	0.028
10	0.5	10.0	0.328	0.165	0.095	0.109	0.010	0.008
11	0.8	10.0	0.558	0.467	0.095	0.109	0.029	0.024
12	1.0	10.0	0.893	0.712	0.095	0.109	0.045	0.036
13	2.0	4.5	0.948	0.892	0.208	0.219	0.094	0.084
14	2.5	7.0	5.010	4.120	0.134	0.133	0.177	0.145
15	3.5	6.0	5.870	4.222	0.169	0.166	0.257	0.218

对测试结果进行分析,从波面形态来看,由椭圆余弦波作为组成波的特征大波与微幅波相比,其波峰抬高,波谷变坦,当波浪周期达到 10s 时,波谷处还会出现小峰,波浪的非线性明显。从特征大波波列和与其对应的不规则波列相比较的结果来看,特征大波波列所代表的波谱能量与不规则波列相差不大,所测试的组次,特征大波波列能量与不规则波波列能量之比在 0.7 ~ 1.0 之间,同时,谱峰频率和谱密度两者非常接近,说明在进行波浪与结构相互作用时,当结构不考虑波浪累积作用时,采用特征大波波列能够代替不规则波波列。

2.8.3 海啸波模拟结果

本次测试针对波峰在前的等振幅 N 波进行了模拟,模拟结果见图 2.8-4 ~ 图 2.8-6。

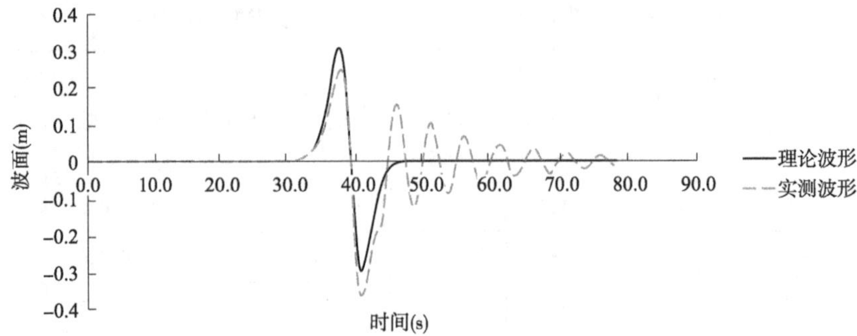

图 2.8-4　振幅为 0.3m 理论波形与实测波形对比

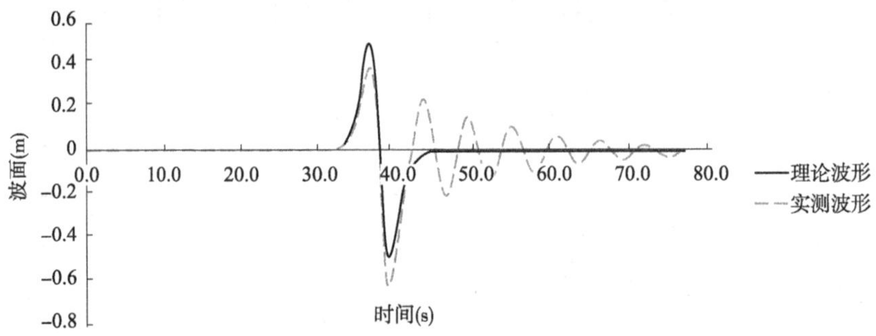

图 2.8-5　振幅为 0.5m 理论波形与实测波形对比

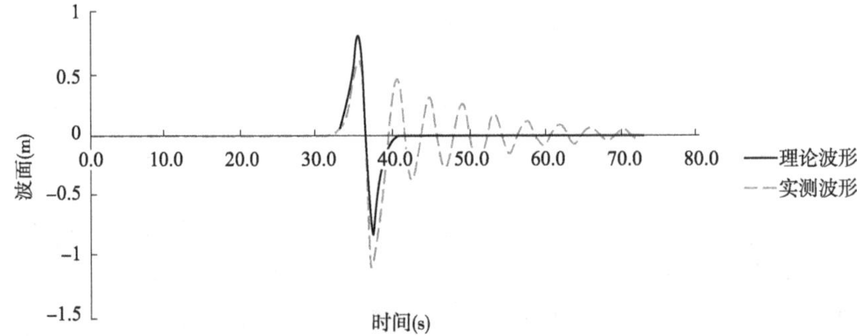

图 2.8-6　振幅为 0.8m 理论波形与实测波形对比

通过试验波形和理论波形的对比,可以观察到波峰在前的 LEN 波波峰值略小于目标波高,而波谷深度大于目标波高,同时波峰与波谷之间的水面线向前倾斜,波谷呈现倒三角形状。主波后面跟随有尾波,尾波的波幅随着 LEN 波相对波高的增大而增大。

造成初始波形与目标波形不完全吻合的原因有两点,第一,造波设备的限制,主要是由推板式造波机的推波板导致,由于造波系统所使用的推波板是刚性板,在造波过程中，推波板附近会出现非稳态传播，速度并不连续，在N波的造波过程中，推波板会有两个方向的推程，在推波板转换方向位置处的推波板速度并不连续，导致LEN波的波谷深度大于目标波高值；第二，是由于N波本身的特性所决定的，根据以往学者的计算结果，海底断层运动形成的N波其色散性和非线性并不平衡，而试验室水槽模拟N波的是近场海啸波，也就是说试验室造出的N波实质为瞬态波，随着传播距离的增加，N波的色散性和非线性之间的不平衡愈发强烈，波形会发生变化，由于频率色散效应的累积作用，在造出的主波后面出现色散波列，且色散波列随着相对波高的增加变得更加明显。

2.9 小　结

(1)在广泛调研和吸收已有先进技术的基础上，实现了大比尺波浪水槽造波机的规则波造波及测试技术，并进行了大量的测试工作。

(2)实现了规则波吸收式造波技术，能够在大比尺波浪水槽中进行长时间的波浪试验，造波稳定性满足恶劣水文条件地基试验长时间造波的需求。

(3)实现了预期的非线性特征大波和海啸波的模拟，为大比尺波浪水槽极端海况条件下的破坏试验提供了可用的造波技术。

(4)测试结果已经能够满足试验要求，由于时间紧迫，更多的测试和完善工作将在以后进行。

3 大比尺波浪水槽软土地基模拟技术试验

3.1 概　　述

目前国内外学者多是对土的触变性、水泥土的强度特性、低位真空预压的加固机理和模型土设计方法分别进行了研究,而将以上三种方法与模型土的设计相结合的研究相对较少,对超软地基土的讨论就更少。针对这一现象并基于大比尺水槽试验的需要,本书阐述一种结合土的触变性、水泥土的强度特性以及低位真空预压的加固机理进行超软黏土的制作模拟技术研究,并分别从微观角度解释了超软土的强度增长机理。因此,本书的研究具有重要的理论意义和工程实践应用价值。

3.2 软土地基制作主要内容及技术路线

3.2.1 主要内容

(1)根据大比尺水槽试验要求确定模型试验地基土强度。由所提供的长江口半圆形防波堤地基土基本物性及相似比尺计算模型地基土承载力,进而反推地基土十字板抗剪强度。计算结果显示试验所需土体承载力远低于正常软土,强度的微小改变也会对试验结果产生重要影响,因而需要精确控制土体强度。

(2)基于触变性超软地基土制备,对不同含水率土体强度随时间变化进行分析;对不同含水率土体进行分级堆载,测定强度及含水率的变化;对符合大比尺水槽试验要求的土体进行强度预测及微观参数分析,研究土体强度在触变过程中的变化规律。

(3)基于固化作用超软地基土制备,在高含水率黏土中掺入少量不同配比水泥,分析土体强度随水泥掺入比和含水率的变化关系;考虑温度对固化土强度的影响,对相同配比试样分别进行标准养护和低温养护,对比强度差别;对符合条件的土体进行微观制样,从微观角度研究超软土固化过程中强度增长机理。

(4)基于低位真空预压超软地基土制备,分别采用普通排水板、改进排水板和横向排水板进行试验,测试土体强度随时间变化关系,同时监测土体沉降、孔隙水

压力及含水率的变化,对比三种排水板测试结果。

(5)大比尺水槽超软地基土制作过程。水槽尺寸为23m×5m×4m(长×宽×高),利用自制的地基土制造机共制作460m³土体,制作过程中,定期进行十字板强度测试及静载试验,以精确控制土体强度;利用激光投线仪与米尺控制高程,埋设土压计和孔压计;制作完成将土体表面抹平,用塑料薄膜覆盖保湿;用便携式十字板测定土体强度随时间变化关系,土体强度达到要求后进行波浪动力试验。

3.2.2 技术路线

主要的技术路线见图3.2-1。

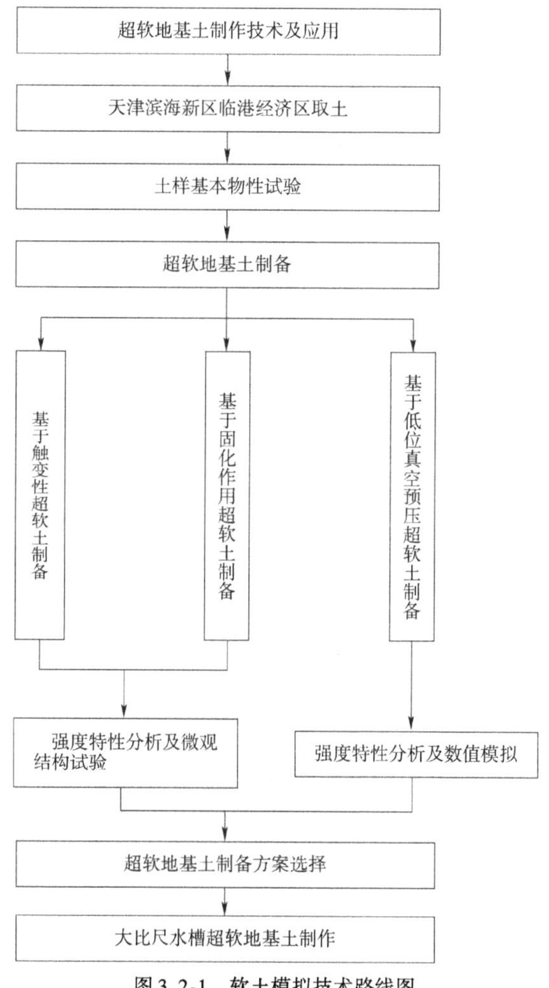

图3.2-1 软土模拟技术路线图

3.3 配置地基土强度计算

由于土为各向异性材料，具有散体性、多样性和自然变异性等特点，土的物质构成主要以固态矿物颗粒作为土骨架，还有土骨架孔隙中的液态水和溶解物质以及土孔隙中的气体，其性质较为复杂，模型试验中无法满足相似性，故本书只要求满足承载力的近似相似，即确定土的强度满足试验要求即可。

图 3.3-1 为长江口防波堤半圆体断面示意图。

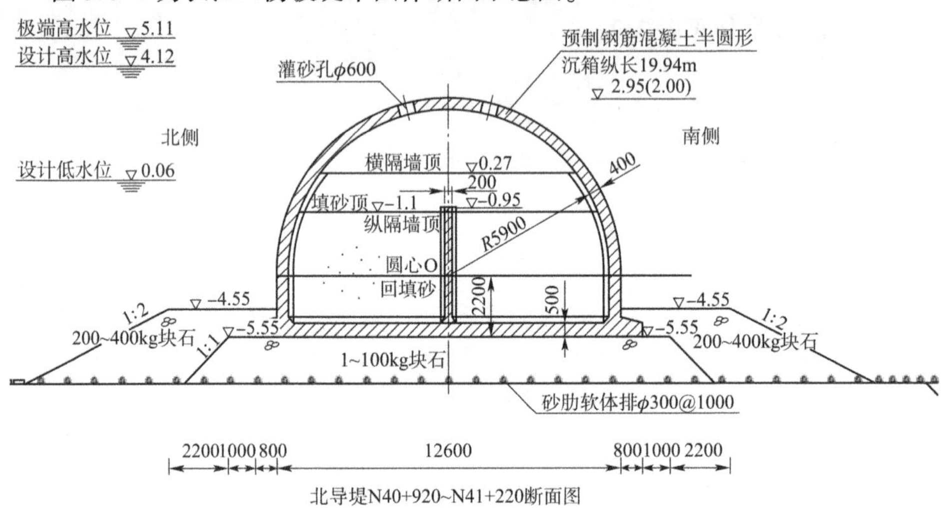

图 3.3-1 半圆体断面（尺寸单位：mm；高程单位：m）

3.3.1 基底平均压力计算

原型每米的重量为 236.3t，半圆体底部长为 14.2m，基床肩到肩宽为 20.6m。故原型基底平均压力为：

$$P_1 = 236.3 \times 10^3 \times 10/20.6 = 114.71\text{kPa}$$

根据大比尺水槽试验要求，模型比尺为 1∶5，所以模型每米的重量为 9.45t，底部长为 2.84m，宽为 4.12m。故模型基底平均压力为：

$$P_2 = 9.45 \times 10^3 \times 10/4.12 = 22.94\text{kPa}$$

3.3.2 地基土强度计算

对于地基土强度的确定，首先需根据所提供的长江口工程资料计算原型地基

的承载力,再按比尺 1:5 计算模型地基承载力,进而反推模型地基土强度。按基础有埋深和无埋深两种方法进行计算。

1)基础有埋深,静水视为基础两侧荷载

(1)选择典型断面Ⅲ作为模拟断面,典型断面Ⅲ下地基土自上而下为:$①_3$砂质粉土 2.8m,$②_{2-0}$淤泥 2.0m,$④_2$淤泥质黏土 >20m,按 1:5 计算。模型地基土为$①_3$砂质粉土 0.56m,$②_{2-0}$淤泥 0.4m,$④_2$灰色淤泥质黏土 >4m,故模型按$④_2$灰色淤泥质黏土计算,其固结快剪指标 $c = 13.5\text{kPa}$,$\varphi = 12.5°$,天然重度 $\gamma = 16.9\text{kN/m}^3$,$d_s = 2.72$,含水率 $w = 50.5\%$。

从《土力学》(第 2 版,李广信、张丙印、于玉贞编著,清华大学出版社)图 9-10 查得太沙基公式承载力系数:$N_c = 11$,$N_q = 2$,$N_\gamma = 1.1$。

浮重度 $\gamma' = \dfrac{(d_s - 1)\gamma}{d_s(1 + w)} = 7.10\text{kN/m}^3$,基础埋深 $d = 4.12\text{m}$(图中设计低水位 4.12m)。

$\gamma_水 = 10\text{kN/m}^3$,基础两侧荷载 $q = \gamma_水 \times d = 10 \times 4.12 = 41.2\text{kPa}$,基础宽度 $b = 5\text{m}$。

按太沙基极限承载力公式,极限承载力 $P_u = c\ N_c + qN_q + (1/2)\gamma'\ bN_\gamma = 250.425\text{kPa}$

安全系数 K 取 2,容许承载力$[\sigma] = P_u/K = 125.21\text{kPa}$,均布矩形荷载角点下竖向附加应力系数取 $4 \times 0.205 = 0.82$。

$④_2$ 灰色淤泥质黏土所受竖向附加应力为 $114.71 \times 0.82 = 94.06\text{kPa}$,$[\sigma] = 125.21\text{kPa} > 94.06\text{kPa}$,满足要求。

其中,d_s 为土粒相对密度;N_c、N_q、N_γ 为粗糙基底的承载力系数。

(2)根据库仑公式

$$\tau_f = c + \sigma\tan\varphi$$

式中:τ_f——土的抗剪强度(kPa);

σ——滑动面上的法向应力(kPa);

c——土的黏聚力,也称内聚力(kPa);

φ——土的内摩擦角(°)。

在十字板剪切试验中,对于饱和软黏土 $\varphi = 0$,所以在数值上 $c = \tau_f$。

由于模型地基土采用原位十字板试验,故 $\varphi = 0°$。模型地基极限承载力应为 $250.425/5 = 50.01\text{kPa}$。在太沙基公式承载力系数图中查得:$N_c = 5.7$,$N_q = 1.0$,试验中设计低水位 1.51m,$q = 10 \times 1.51 = 15.1\text{kPa}$。模型土 $c = (50.01 - 15.1)/5.7 = 6.12\text{kPa}$,即原位十字板测试 $\tau_f = 6.12\text{kPa}$。按太沙基极限承载力公式:

$$P_u = c\,N_c + q\,N_q + (1/2)\,\gamma' b N_\gamma = 49.98\text{kPa}$$

安全系数 K 取 2。

$[\sigma] = P_u / K = 24.99\text{kPa} > P_2 = 22.94\text{kPa}$,满足试验要求。

2)基础无埋深,考虑水对半圆体的浮力

(1)原型半圆体半径 6.3m,直线段高 2.2m,抛石基床厚度 1.7m,设计低水位 4.12m,基床排开水体积 $V_1 = 20.6 \times 1.7 = 35.02$,半圆体排开水体积 $V_2 = 2.2 \times 12.6 + (4.12 - 1.7 - 2.2) \times (6.3 + 5.13) = 30.23$(其中直线段上部近似按梯形计算)。

浮力 $\rho = 1000 \times 10 \times (30.23 + 35.02) = 652546\text{N}$

$$P_{11} = (2363000 - 652546) / 20.6 = 80\text{kPa}$$

均布矩形荷载角点下竖向附加应力系数为 $4 \times 0.205 = 0.82$

④$_2$灰色淤泥质黏土所受竖向附加应力为 $80 \times 0.82 = 65.6\text{kPa}$

按太沙基极限承载力公式:

$q = 0$,其余参数同上文"基础有埋深,静水视为基础两侧荷载"。

$$P_u = c\,N_c + q\,N_q + (1/2)\gamma' b N_\gamma = 168.025\text{kPa}$$

安全系数 K 取 2。

$[\sigma] = P_u / K = 84\text{kPa} > P_{11} = 65.6\text{kPa}$,满足要求。

(2)模型半圆体半径 1.26m,直线段高 0.44m,抛石基床厚度 0.34m,设计低水位 1.51m,基床排开水体积 $V_{11} = 4.12 \times 0.34 = 1.40$,半圆体排开水体积 $V_{21} = 0.44 \times (12.6 / 5) + (1.51 - 0.34 - 0.44) \times (1.26 + 5.13) = 2.78$(其中直线段上部近似按梯形计算)。

静水压强 $p = 1000 \times 10 \times (1.40 + 2.78) = 41800\text{N}$

$$P_{21} = (94500 - 41800)/4.12 = 12.79\text{kPa}$$

模型极限承载力应为 $168/5 = 33.6\text{kPa}$,模型土 $c = 33.6 / 5.7 = 5.89\text{kPa}$,即原位十字板测试 $\tau_f = 5.89\text{kPa}$。

按太沙基极限承载力公式:

$$N_c = 5.7, N_q = 1.0, q = 0, P_u = cN_c + qN_q + (1/2)\gamma' b N_\gamma = 33.57\text{kPa}$$

安全系数 K 取 2。

$[\sigma] = P_u/K = 16.79\text{kPa} > P_{21} = 12.79\text{kPa}$,满足试验要求。

综上所述,只要土体强度达到 6kPa 左右,即可满足模型试验中对地基承载力的要求。

3.4 基于触变性超软土制备及力学特性分析

本节试验用土取自天津滨海新区临港工业区,该区位于海河口南岸,原海岸线向南延伸所形成的是新吹填地域,海滨大道从本区西部由南向北通过。该区由原海滩—潮间带及部分浅海区通过围海造陆形成,由于人工造陆区所采用的地基处理方法不同,所以地基承载力差别显著。由高滩—低滩—潮间带—浅海依次采用回填—翻晒—掺和—真空预压—浅表层直排处理技术,在浅表层直排处理处,普遍存在吹填软土层。所以该区自上而下存在吹填软土层、原海底淤泥软土层和下部第一海相层软土,为多层软土分布区。由于软土具有结构性、高含水率、高压缩性等特点,故本次试验取土深度定于1.0~2.0m。

对临港经济区土进行30%、35%、40%、45%、50%、55%、60%、65%等不同含水率的配制,静置使其强度恢复。土体性状由黏稠状逐渐变为流动状态(I_L = 0.764~2.994),通过颗粒分析可知此种土粉粒含量为47.2%,I_p = 15.7,为粉质黏土。当含水率降到45%以下时,土体表面不再有水析出;当含水率为30%时,土体由流动状态转为可塑状态。对所配制土体采用保鲜膜密封保湿,静置于室内,定期利用微型十字板进行强度测试。

分别于第1d、4d、7d、10d、15d对不同含水率土体进行十字板强度测试,测试结果见图3.4-1。

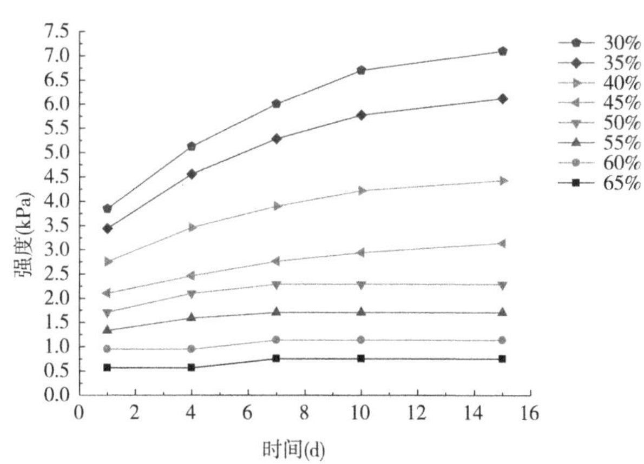

图3.4-1 不同含水率土体强度恢复曲线

从图3.4-1可以看出,当土体含水率达到50%及以上时,前7d强度稍有增长,7d以后基本保持不变;含水率为40%和45%的土体,强度始终保持增长,但增长幅度较小；含水率为40%、45%的土体15d十字板强度分别为4.4kPa、3.1kPa，强度偏低；含水率为30%和35%土体强度增长较快，15d十字板强度分别可达7.1kPa、6.1kPa。因此含水率为35%土体静置15d强度可满足大比尺水槽试验对地基土承载力的要求。

含水率为35.6%重塑土基本物性见表3.4-1。

基本物性表 表3.4-1

土样	含水率 w (%)	密度 ρ (g/cm³)	干密度 ρ_d (g/cm³)	相对密度 G_s	饱和度 S_r (%)	孔隙比 e	液限 w_L (%)	塑限 w_P (%)	塑性指数 I_p	液性指数 I_L	压缩模量 E_s (MPa)	垂直渗透系数 $K_{20/v}$ (cm/s)	水平渗透系数 $K_{20/h}$ (cm/s)	十字板强度 τ_f (kPa)
重塑土	35.6	1.88	1.39	2.72	100.0	0.955	33.7	18.0	15.7	1.121	2.655	$3.12\mathrm{E}\times10^{-7}$	$3.94\mathrm{E}\times10^{-7}$	6.0

3.4.1 堆载对软土强度恢复影响

对静置15d含水率为30%～55%的土体进行堆载试验，分三级加载，每级5kPa，每5d增加一级，用小托盘与砝码相结合，精确控制压力，加载过程中土体表面覆盖保鲜膜，减少由水分蒸发导致的含水率降低，强度增大。

土体加载情况及强度和含水率变化见表3.4-2。含水率为30%、35%土体可以一直加载到15kPa并保持稳定；含水率为40%土体可以加载到15kPa，但是能看出明显变形，1d后失稳破坏，土体变形较大无法测试十字板（规格见表3.4-3）强度；含水率为45%土体加载超过10kPa时，在加载过程中能看出较大变形，最大压力为12.5kPa；含水率为50%土体在10kPa压力下虽未破坏，但变形已经很大，处于不稳定状态；含水率为55%土体只能承受5kPa压力。

堆载作用下土体强度变化表 表3.4-2

序号	含水率 (%)	静置15d (kPa)	5kPa加载5d (kPa)	10kPa加载5d (kPa)	15kPa加载5d (kPa)	最终含水率 (%)
1	30	7.10	10.28	12.57	14.28	25.8
2	35	6.12	9.14	11.42	12.95	28.2
3	40	4.43	5.90	6.85	稳定1d	33.6
4	45	3.14	4.21	4.76	—	38.7
5	50	2.29	3.42	3.81	—	43.3
6	55	1.71	2.10	—	—	53.1

十字板规格 表3.4-3

序　　号	尺寸(mm×mm)	量程(kPa)	系　　数
A(标准)	20×40	0～130	1
B	16×32	0～260	2.0
C	25.4×50.8	0～65	0.5
D	50.8×101.6	0～8.125	0.0625

对堆载作用下不同含水率土体进行强度测试,见图3.4-2,堆载后测定土体含水率,见图3.4-3。

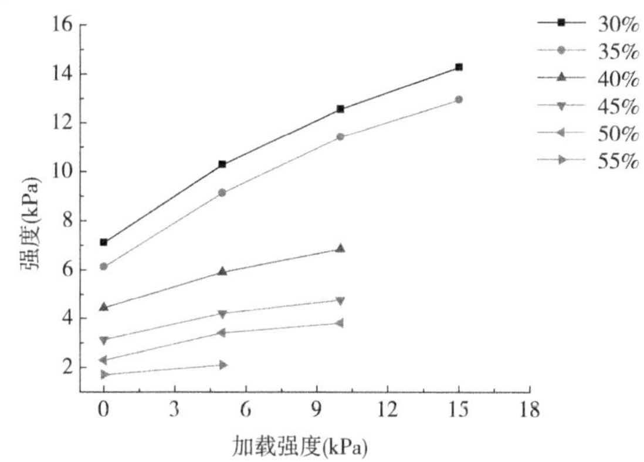

图3.4-2　土体强度随堆载变化曲线

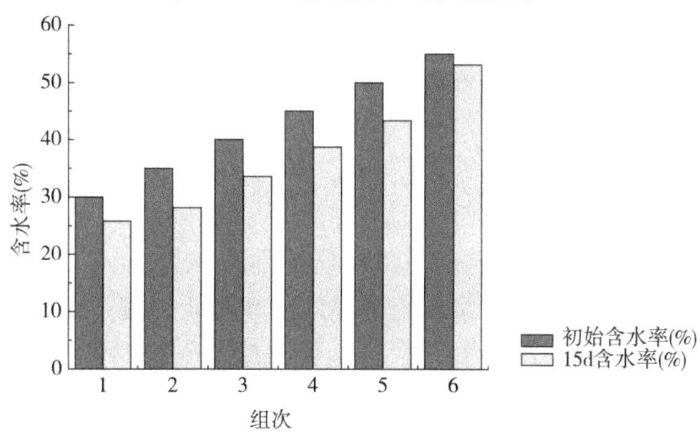

图3.4-3　土体堆载前后含水率变化

从图3.4-2可以看出,含水率为30%、35%土体在堆载作用下,其强度随压力增加逐渐增大,每级堆载持续5d,加载至15kPa,强度增长趋势并没有减缓,原因是在土体触变过程中,堆载促使土体缓慢固结排水,强度增长加快;含水率高于35%

的土体强度都有所增长，但随着压力的增加，土体都产生较大沉降或变形，最终导致土体破坏，上部模型失稳。从图 3.4-3 中可以看出，所有土体加载后含水率均会降低，证明了在堆载过程中，土体自身会排水固结，但固结较慢，即在未达到土体极限承载力时，堆载促使土体强度增长加快，当超过土体极限承载力时，地基无法承受上部荷载，土体破坏。

含水率为 35% 土体静置 15d 满足大比尺水槽试验要求，考虑试验过程中时间和压力因素的影响，建立强度随时间变化拟合公式以及强度随堆载变化拟合公式，预测强度长期变化趋势，如图 3.4-4、图 3.4-5 所示。

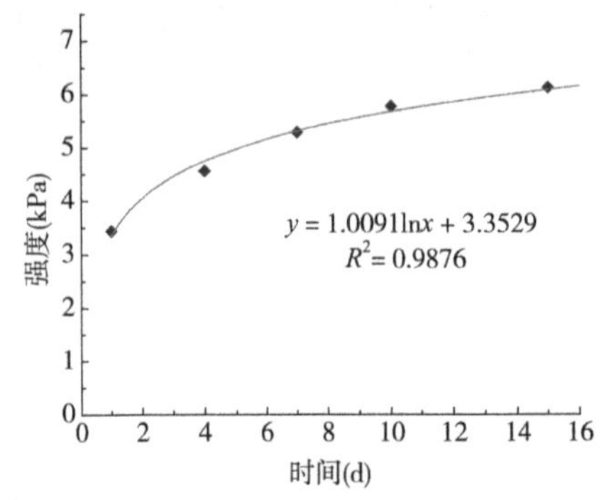

图 3.4-4　土体强度随时间变化拟合曲线

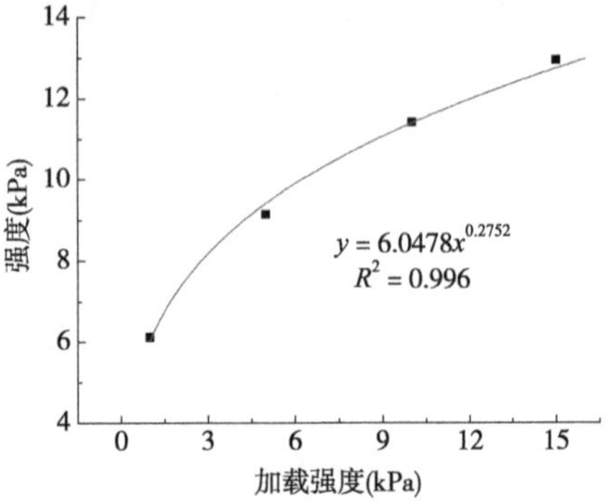

图 3.4-5　土体强度随堆载变化拟合曲线

从图 3.4-4 中拟合曲线分析可知，土体强度随静置时间呈对数型增长，前期增长较快，后期增长趋于平缓。从图 3.4-5 中可以看出，土体强度随加载呈幂函数变化，土体强度增长较快。综合两种因素考虑，土体在无压力作用下，强度随时间增长缓慢；有压力作用下，强度随时间增长较快。

3.4.2　超软土触变过程微观机理分析

土体的微观结构是决定其宏观力学性质的内在因素，土的微观结构在工程中的应用一般有以下两个目的：一是利用微观结构定性地解释一些工程特性；二是通过计算机技术软件处理微观结构资料，进而建立微观结构参数与相应的宏观力学指标之间的关系。本节从微观角度定量分析超软土强度变化过程，解释超软土触变过程力学性质的变化。

由前文分析得知含水率为 35% 土体静置 15d 强度满足大水槽试验要求。对含水率 35% 不同静置天数土样进行微观制样及电镜扫描测试，电镜扫描采用德国 LEO 场发射扫描电子显微镜，图像处理采用 LeicaQwin500 图像处理系统，研究其微观结构的变化，如图 3.4-6 所示。

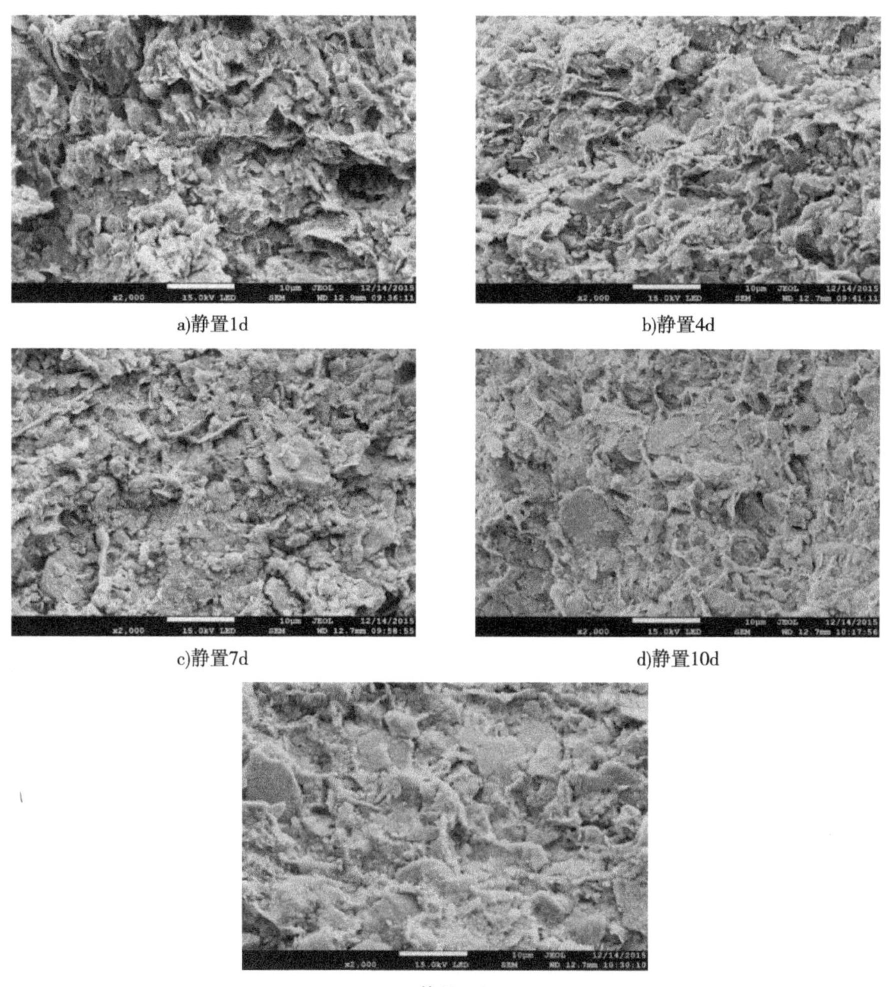

a)静置1d

b)静置4d

c)静置7d

d)静置10d

e)静置15d

图3.4-6 含水率为35%土体触变过程SEM照片(×2000)

由图3.4-6中可以看出,随着静置时间的增加,孔隙变小,颗粒逐渐聚合变大,由片堆状结构慢慢变为片架结构,粒间接触由线面接触转变为面面接触。采用LeicaQwin5000偏光图像处理系统对上述SEM照片进行处理和定量分析,微观结构参数变化如图3.4-7所示。

由图3.4-7可以看出,颗粒和孔隙数量整体上呈减少趋势;颗粒等效直径呈增大趋势,孔隙等效直径则呈减小趋势;颗粒的圆度和形态比随着静置时间的增加呈增加的趋势,孔隙圆度和形态比则相反。原因是通过静置,小颗粒向大颗粒聚集并相互聚合,大孔隙被分割,小孔隙被填充,最终颗粒由于聚合导致数量减少,等效直径增大,孔隙则呈相反的趋势。

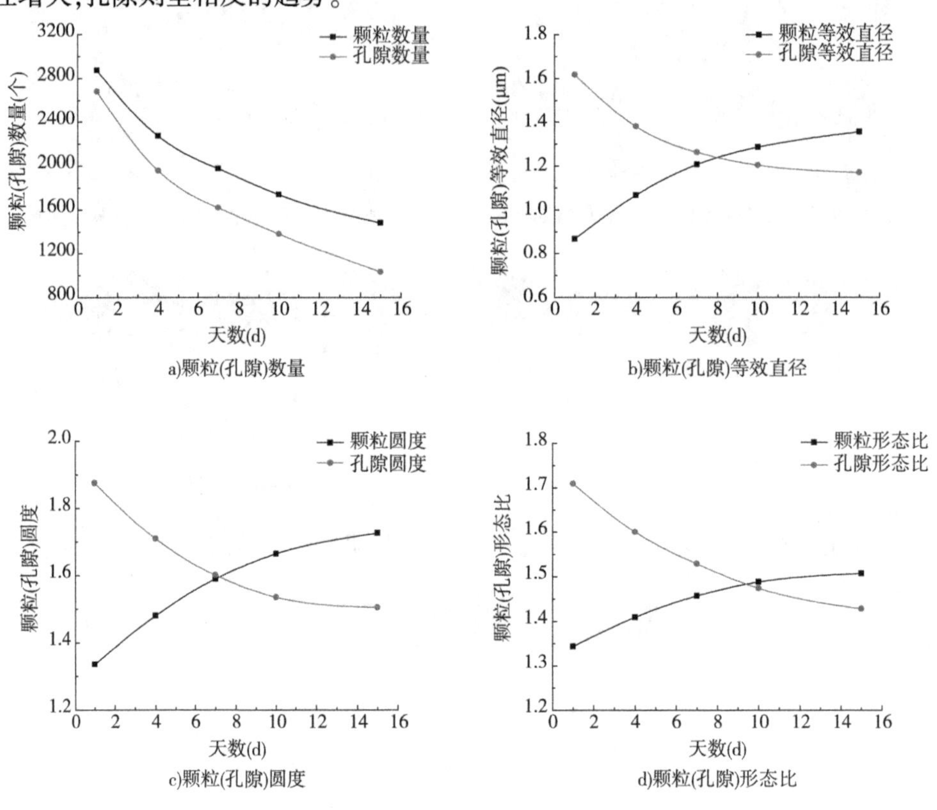

图 3.4-7　含水率 35% 土体微观结构参数变化曲线

颗粒(孔隙)数量是指在一定视野范围内土颗粒(孔隙)的总数目,反映颗粒(孔隙)的分布以及相互之间的关系;等效直径是反映土颗粒和孔隙大小特征的重要参数,等效直径变大,颗粒聚合体越大,孔隙连通性强,等效直径变小,表明土体结构破坏,部分团粒发生破碎,孔隙被分割。从图 3.4-7a)、b)可以看出,随着静置时间的增加,基本土单元体不断重新排列组合,细小的土颗粒相互黏结成大颗粒,颗粒逐渐以团粒组合的形式存在,团粒的单体横断面积较大,同时包裹土颗粒的水膜厚度减小,颗粒之间直接接触联结加强,因而颗粒数量变少,等效直径增大;同时大直径孔隙被分割,小直径孔隙被颗粒填充,表现为孔隙数量和等效直径减小,土体强度提高。

圆度是表征颗粒和孔隙形态的重要参数,其值越远离 1,颗粒和孔隙越不规则,其值趋近于 1,颗粒和孔隙越趋近于圆形;形态比(L/B,L、B 分别为颗粒的长轴和短轴的长度)主要表征颗粒的形态,形态比越大,孔隙越趋于长条形,形态比越接近1,孔隙越接近圆形。从图3.4-7c)、d)可以看出,在触变过程中,土颗粒发生相互位移,小颗粒附着于大颗粒周围,颗粒间相互黏结形成聚合体,最终是颗粒聚合体越来越大,越来越不规则,即颗粒圆度、形态比变大;伴随着大直径孔隙被分割,小直径孔隙被填充,孔隙圆度和形态比与颗粒呈相反的趋势。

3.4.3 小结

通过配制不同含水率的土体,测试其强度随时间的变化;对静置15d不同含水率土体进行分级堆载,研究了软土触变过程中微观参数的变化,主要结论如下:

(1)土体强度随静置时间增加而逐渐增长,前期增长较快,7d之后增长缓慢;当含水率较高时,强度随时间变化较小;含水率35%的重塑土静置15d十字板强度达到6kPa,能够满足大比尺水槽试验对土体强度的要求。

(2)分级堆载作用下,未达到土体极限承载力时,强度随时间不断增长,含水率降低;当超过极限承载力时,土体产生较大变形、隆起等现象;考虑时间和压力两种因素对强度增长的影响,土体在无压力作用下,强度随时间增长缓慢,有压力作用下,强度随时间增长较快。

(3)在土体触变过程中,土颗粒数量减少,等效直径、圆度和形态比变大,伴随着大直径孔隙被分割,小直径孔隙被填充,孔隙圆度和形态比与颗粒呈相反的趋势。宏观上表现为土体强度随静置时间增加而逐渐变大。

3.5 基于固化作用超软土制备及力学特性分析

随着时代的进步,科技的发展,人们对土地资源的需求量不断扩大,大规模的围海造陆工程还在持续,但是吹填土地基承载力低、变形量大、具有流变性,很难满足工程建设要求,成为工程建筑地基的主要工程病害层。因而岩土学者开始了从软土的成因、分区和评价、工程特性、研究方法和手段以及通过离心机物理模型试验和数值模拟计算等各个方面对软土展开研究,对于各种研究成果应运而生对软土的不同加固手段,其中对固化剂的研究较多样化。

本次软土配制主要在高含水率(50% ~90%)黏土中掺入少量不同百分比水泥,进行超软土配制,从中优选出最佳试验方案,以精确控制土体强度,满足大比尺水槽试验要求。

3.5.1 掺入少量水泥高含水率黏土强度研究

通常利用水泥对软土进行加固,水泥掺入比存在一个临界值,当超过这个配比时,土体强度迅速增长,低于临界值时,土体强度增长缓慢,本书所用土的临界水泥比为3%。为配制试验所需土,得到均匀性较好的试样,首先测定原状土的含水率,再计算配制试样所需水和水泥,将其调成水泥水,最后再与原状土一起搅拌均匀,用保鲜膜密封保湿养护。研究表明随着固化剂掺量的不断增加,内摩擦角变化较小,下降趋势不明显,所以,黏聚力对水泥固化土抗剪强度影响较大,可作为主要研究对象。因此本书只测试水泥土的抗剪强度,强度测试手段采用微型十字板测试仪,测试结果见图3.5-1。

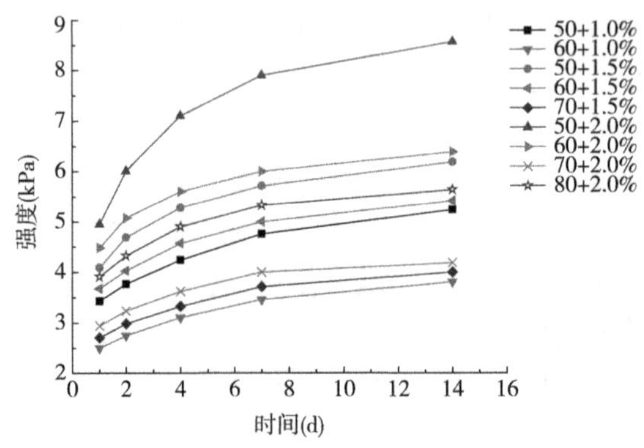

图3.5-1 掺少量水泥高含水率土体强度增长曲线

土体含水率控制在50%~80%,水泥掺入比为1.0%~2.0%,强度随时间变化测试结果见图3.5-1。从图中可以看出,对于不同含水率土体掺入不同配比水泥,在初始强度不同的情况下,最终可以得到强度相同的试样。对于每组试样我们可以得出这样的规律:含水率一定时,水泥掺入比越大强度越高;水泥掺入比一定时,含水率越高强度越低。随着时间的增加,低含水率试样强度增长趋势保持不变,含水率高的试样强度增长趋势变慢。主要原因在于含水率一定,存在最佳水泥掺入比。当含水率较高时,自由水含量多于水化反应所需,故而后期强度增长减缓;而含水率较低时,水泥水化反应较充分,随着龄期的增加,强度逐渐增大,且斜率有增大趋势。

从整体来看,每组试样随着龄期的增加,强度逐渐增大,前期增长较快,后期增长趋势变慢;在相同龄期下,随着含水率越低,水泥配比越大,强度越高。含水率50%掺入2.0%水泥试样,随着龄期的增加,强度增长较快,超出本书所要研究超软土的范围,限于篇幅,不再深入探讨。对于其余组次,将含水率继续细化,并将水泥配比定量,进行多次反复试验,定期测试十字板强度,测试结果见图 3.5-2。

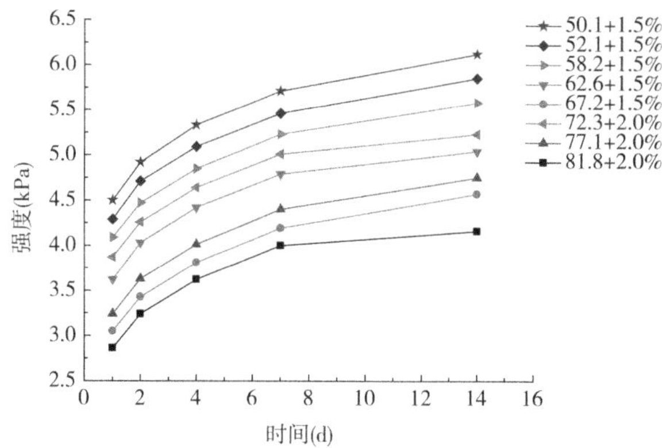

图 3.5-2 一定水泥配比高含水率土体强度增长曲线

从图 3.5-2 中可以看出,含水率为 81.8% 掺入 2% 水泥试样强度,前期增长较快,7d 之后增长趋势减缓;含水率为 77.1% 掺入 2% 水泥及 67.2% 掺入 1.5% 水泥试样,7d 之后增长趋势变快,而含水率为 72.3% 掺入 2% 水泥和 62.6% 掺入 1.5% 水泥试样在 7d 之后增长趋势变慢,其余试样强度增长趋势各有不同。说明试样强度由含水率和水泥掺入比共同控制,在不同含水率土体中掺入不同配比水泥,可以得到强度相同的试样。

对 14d 后各试样含水率进行测定,测试结果见图 3.5-3。

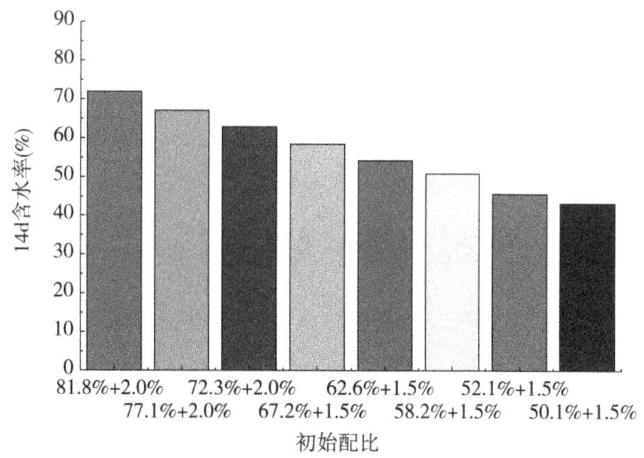

图 3.5-3 一定水泥配比高含水率土体 14d 含水率

从图 3.5-3 可以看出,所有试样 14d 后含水率均有所降低,最大幅度为 10%,最小为 6%,说明在黏土与水泥水发生物理化学反应的过程中,水泥的水解和水化反应完全在土的围绕下进行,所以在水泥水化产物产生的同时,这些产物一部分自身硬化,另一部分与周围具有一定活性的黏土颗粒发生反应,因而反应方式主要为团粒化作用和凝硬反应以及离子交换,所以所消耗的水量有限。

通常冬季在北方施工中地表土容易被冻结,土体发生膨胀,冻胀力向上面和侧面发展,以致土体产生上拔、冻裂和变形等危害。这种冻胀作用对本书所要研究的超软地基土强度形成也会有一定影响,故而对同种配比的试样在不同温度下形成强度进行对比,强度对比曲线见图3.5-4。

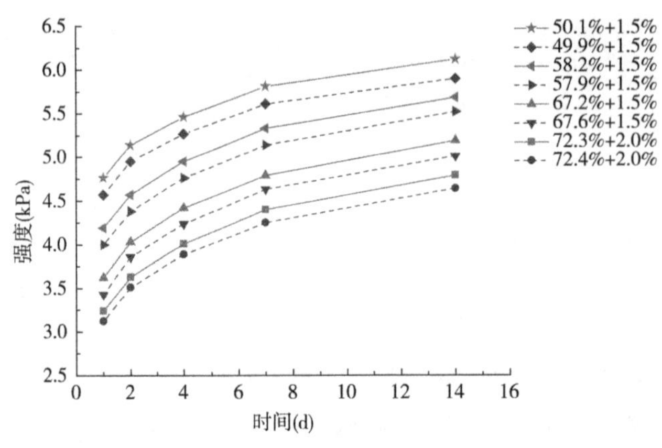

图3.5-4　不同温度试样强度对比曲线

图3.5-4中标准养护试样置于25℃条件下,低温养护试样置于5℃条件下。从图中可以看出,标准养护试样强度高于低温养护试样强度,但是强度相差较小。由此可以知道低温对水泥的水解和水化反应有一定影响,但是影响不大。这是由于黏土颗粒的活性降低,团粒化作用减弱,但土体结构依然可以逐渐形成,具有一定强度,即低温不影响掺入少量水泥高含水率土体强度增长。

3.5.2　少量水泥对泥浆强度形成影响

通过以上数据分析我们可以知道,在一定含水率范围内的黏土中掺入固定百分比水泥,在触变性及物理化学反应的作用下,可以得到一种强度近似相等但含水率不同的超软土。限于工期,只测试14d试样强度,而不同配制方案试样后期强度增长趋势不同,需要从中选取后期强度增长缓慢的试样,分析试验结果,选择含水率80%及以上试样进行下一步研究。对含水率80%～90%的泥浆进行试验,成果见图3.5-5、图3.5-6。

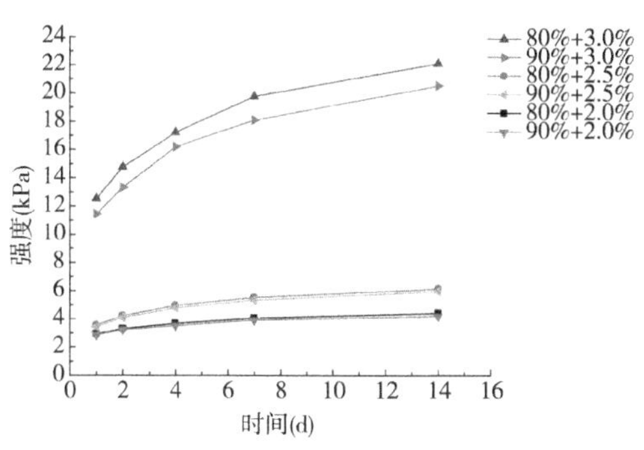

图 3.5-5 掺入少量水泥泥浆强度变化曲线

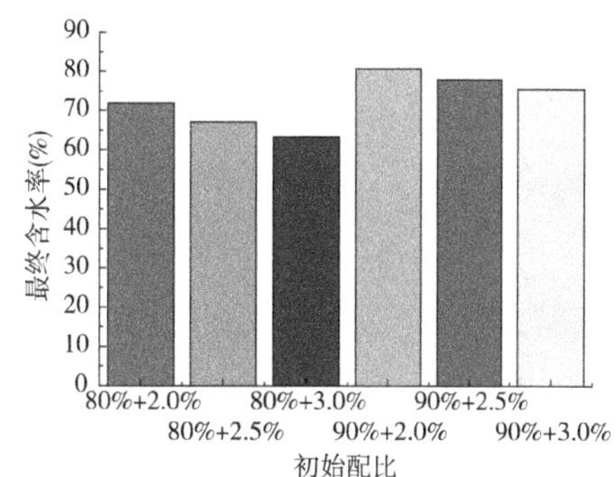

图 3.5-6 掺入少量水泥泥浆 14d 含水率

从图 3.5-5 可以明显看出,水泥掺入百分比达到 3.0% 的时候,与另两组相比,其试样强度迅速增长,从初始差值 6kPa 扩大到 14d 时的 16kPa。主要由于水泥量足够时,水泥的水化反应会吸收大量的自由水,生成胶体,沉积在黏土颗粒的表面,逐步转变为晶体,晶体相互穿插并不断充填于黏土颗粒的孔隙之间,因而强度生长较快。其余两组泥浆强度增长以及图 3.5-6 所示泥浆 14d 含水率测试结果较符合 3.2 节所得研究规律。其中含水率为 80% 和 90% 掺入 2.5% 水泥 14d 土体强度满足大比尺水槽地基土强度要求,建立这两种土体强度随时间变化的拟合公式,预测土体强度长期变化规律,如图 3.5-7 所示。

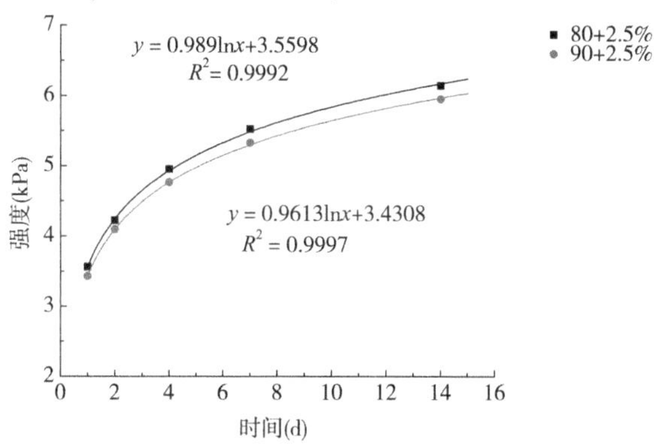

图 3.5-7 80% 和 90% 泥浆掺入 2.5% 水泥强度拟合曲线

从图 3.5-7 中可以看出,两种方案土体强度随时间呈对数型变化,增长趋势逐渐趋于平缓,后期变化较小,土体强度后期的微小变化在允许范围内,可以满足大比尺水槽地基土强度要求。图 3.5-8、图 3.5-9 为含水率为 80% ~90% 的泥浆加 2.5% 水泥配制试样,采用泥浆制造机进行搅拌,养护 14d 后对强度进行分析,确定最终试验方案。

图 3.5-8　含水率 82.6% +2.5% 水泥

图 3.5-9　含水率 87.1% +2.5% 水泥

14d 后十字板测试结果以及含水率测定符合前文结论，即在含水率 80% ~ 90% 之间加入 2.5% 水泥，可以制备强度符合要求的地基土。进一步测试此种试验方案土体十字板强度随深度变化规律(图 3.5-10)，试样见图 3.5-11。

图 3.5-10　含水率 84.5% +2.5% 水泥

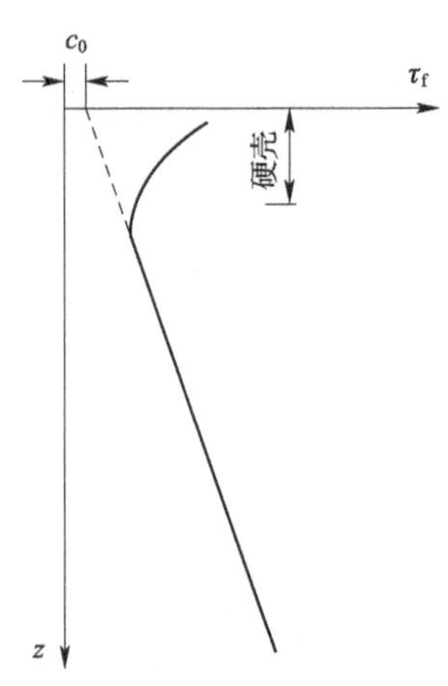

图 3.5-11　十字板抗剪强度随深度的变化

图 3.5-11 为正常固结饱和软黏土由十字板测试的强度随深度的变化，在硬壳层以下软土层的抗剪强度随深度增加基本上呈直线变化，可用下式表示：

$$\tau_f = c_0 + \lambda z \tag{3.5-1}$$

式中：λ——直线段的斜率(kN/m^3)；

z——以地表为起点的深度(m)；

c_0——直线段的延长线在水平坐标轴上的截距(kPa)。

图 3.5-10 中土体高度 1.5m,14d 时测试十字板强度随深度变化规律,测试结果如图 3.5-12 所示。

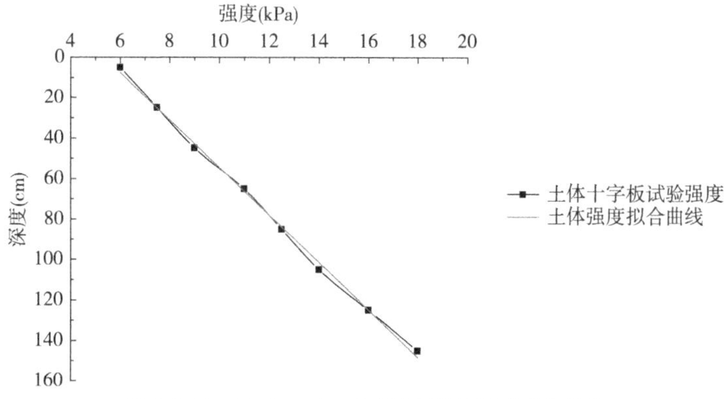

图 3.5-12 84.5% +2% 十字板强度随深度变化曲线

从图 3.5-11 中可以看出,变化规律基本符合式(3.5-1),拟合曲线 R^2 = 0.99732,c_0 =0.08531,λ =5.3514,拟合度较高,此种土体十字板强度随深度增加呈线性关系。

对图 3.5-8、图 3.5-9、图 3.5-11 土样及静置 14d 含水率 35% 的重塑土进行固结压缩试验,试验所用仪器为轴承式单杠杆固结仪,试验加载等级按 12.5kPa、25kPa、50kPa、100kPa、150kPa、200kPa、400kPa、800kPa 设置,每级荷载固结 24h 后施加下一级荷载,由式(3.5-2)计算出各级压力下固结稳定后的试样孔隙比 e_i,作出四种强度相同试样的 e-lg$p$ 曲线,见图 3.5-12。

$$e_{\rm i} = e_0 - (1 + e_0)\frac{\Delta h_{\rm i}}{h_0} \tag{3.5-2}$$

式中:e_0——初始孔隙比;

h_0——试样的初始高度;

$\Delta h_{\rm i}$——在固结压力 $p_{\rm i}$ 下试样的压缩变形量。

由图 3.5-13 可看出,掺入 2.5% 水泥试样的压缩曲线有明显拐点,结构屈服应力都在 24kPa 左右,重塑土压缩曲线拐点不明显,结构屈服应力为 17.2kPa,明显低于同强度水泥土,但随着荷载增大,四种试样最终孔隙逐渐接近。主要由于掺入 2.5% 水泥的土样经过养护后具有了一定的结构性,而重塑土由于土颗粒之间骨架和胶结作用受到破坏而失去了结构性,虽然经过养护具有了一定的强度,但结构性并不明显,故其结构屈服应力小于其他土样。

3.5.3 土体固化过程中微观机理分析

通过前文分析可知,在含水率 80% ~90% 泥浆中掺入 2.5% 水泥,静置 15d 强度能够较好满足大比尺水槽试验要求,对不同静置天数土样进行微观制样及电镜扫描测试,分别采用德国 LEO 场发射扫描电子显微镜和 LeicaQwin500 图像处理系统,研究其微观结构参数的变化,如图 3.5-14 所示。

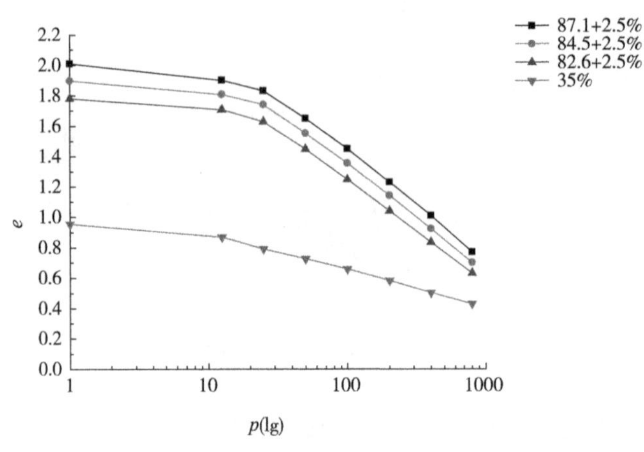

图 3.5-13　*e*-lg*p* 曲线

从图 3.5-14 看出,由于初始含水率较高,土体初始结构被破坏,整体呈絮凝状,接触方式以颗粒间的点接触线为主,定向性不明显,颗粒的排列及孔隙分布为非稳定结构;随着静置时间的增加,在结构自适应作用下,颗粒聚合变大,孔隙变小,整体结构向叠片支架结构发展,接触方式变为以线面接触为主,孔隙分布向均匀化发展,微观结构转变为亚稳定结构;14d 时,颗粒明显聚合变大,结构呈粒状镶嵌结构,接触方式变为面面接触,定向性变强,土单元体结构相对稳定。

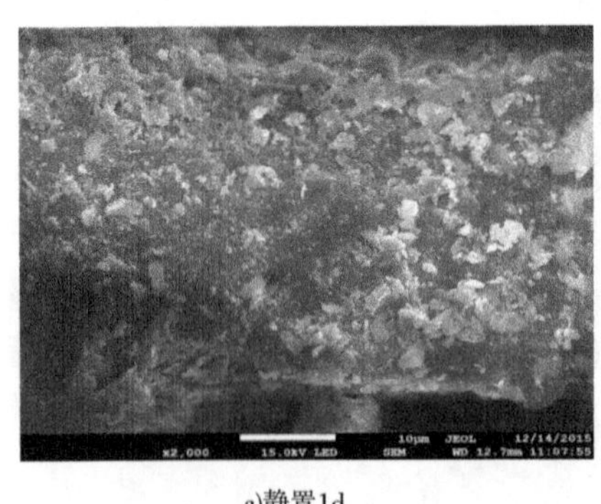

a)静置1d

b)静置2d

图　3.5-14

c)静置4d

d)静置7d

e)静置14d

图3.5-14 含水率84.5% +2.5%水泥土体强度增长过程SEM照片(×2000)

采用LeicaQwin5000偏光图像处理系统对以上SEM照片进行处理和定量分析,微结构参数变化见图3.5-15。

由图3.5-15可以看出,颗粒和孔隙数量前7d迅速减少,后期变化较小;颗粒等效直径呈增大趋势,孔隙等效直径则呈减小趋势,颗粒的形态比和圆度随着蠕变

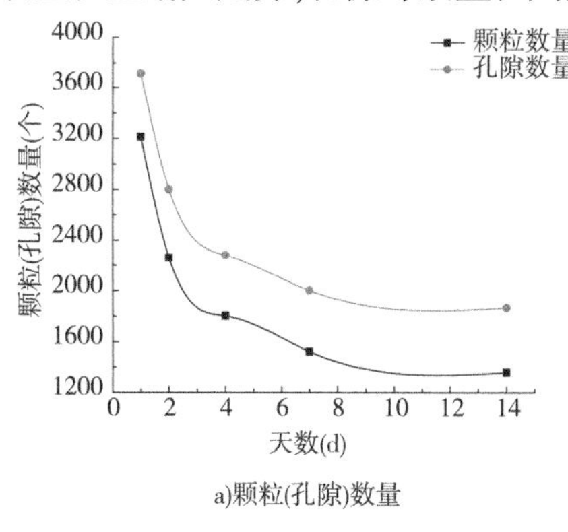

a)颗粒(孔隙)数量

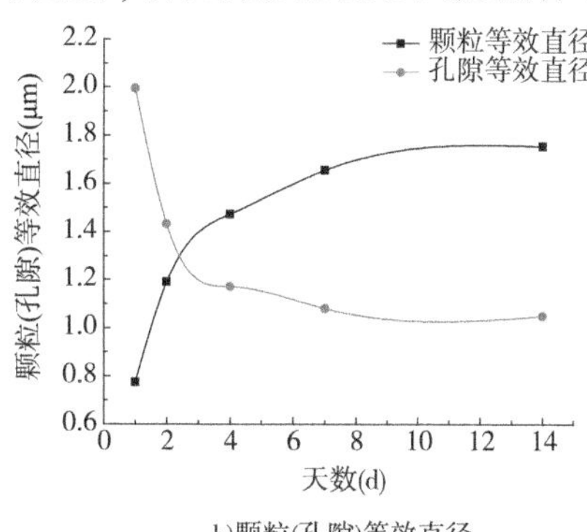

b)颗粒(孔隙)等效直径

图 3.5-15

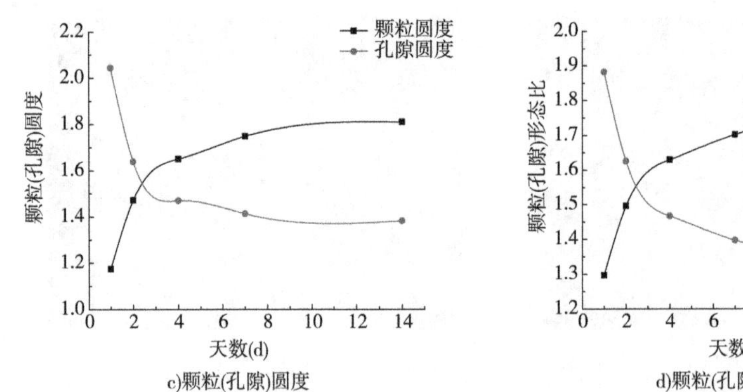

c)颗粒(孔隙)圆度

d)颗粒(孔隙)形态比

图3.5-15　含水率84.5%+2.5%水泥土体微观参数变化曲线

时间的增加呈增加的趋势，孔隙则相反，整体上后期变化趋势都比较平缓。原因是土体初始含水率较高，孔隙数量多于颗粒数量，孔隙多而不规则，颗粒较少，形状规则；随着静置时间增加，水泥水化物生成及胶结物的作用，小颗粒向大颗粒缓慢聚集并相互联结，大孔隙被分割，小孔隙被填充，颗粒和孔隙数量不断减少，颗粒等效直径增大，孔隙等效直径减小，颗粒由于聚合整体上呈长条形，向不规则发展，孔隙被分割填充而趋于圆形。

3.5.4　小结

本节重点研究高含水率黏土中掺入少量不同配比水泥，进行保湿养护，采用微型十字板测定强度随时间的变化曲线，并考虑温度对强度造成的影响，测试试样十字板强度随深度的变化关系，主要成果如下：

(1)在高含水率黏土中掺入重量比为1%、1.5%、2%的水泥，试样十字板强度随龄期增加逐渐增长，含水率随龄期增加而降低；土体强度主要受含水率和水泥掺入比影响，含水率不变，水泥掺入比越大，强度越高，水泥掺入比不变，含水率越高，强度越低；试样后期强度增长主要取决于含水率，含水率越高，后期强度增长越慢，反之，后期强度增长越快。

(2)温度对试样强度有一定影响，标准养护试样强度高于低温养护试样强度，但二者差距较小，即低温(>0℃)不影响掺入少量水泥土体结构形成。

(3)含水率80%~90%掺入2.5%水泥试样14d后强度满足大比尺水槽试验对地基土强度要求；十字板强度随深度增加呈线性增长；试样具有一定结构性，结构屈服应力高于相同十字板强度的重塑土。

(4)对含水率84.5%+2.5%水泥进行微观分析表明，在土体固化过程中，颗

粒和孔隙数量明显减少,颗粒等效直径、圆度和形态比变大,孔隙等效直径、圆度和形态比变小,土体结构逐渐形成;但无论颗粒和孔隙微观结构参数变大还是减少,其后期变化趋势都趋于平缓,宏观上更有利于后期对于强度的控制。

3.6 基于低位真空预压超软土制备及力学特性分析

本节针对长江口半圆体防波堤地基土基本物理特性,根据大比尺水槽试验要求,采用低位真空预压法进行超软土制备,采用十字板测试手段每3d进行一次原位强度测试,精确控制地基承载力,以满足模型试验地基土与原型地基土的相似性。

3.6.1 沉降计算

对于真空预压首先需计算出泥浆的沉降量,保证孔压土压导线有足够预留度,用密封膜密封模型槽时四周也需预留足够长度,一面过度拉伸导致密封膜破裂,真空度下降,影响整体抽真空效果。沉降计算过程如下:

试验用土基本参数:

土粒相对密度 $d_s = 2.72$

饱和度 $S_r = 100\%$

孔隙比 $e = w_0 \times d_s / S_r$

初始含水率 w_0

泥浆密度 $\rho = d_s \times (1 + w) \times \rho_w / (1 + e)$

泥浆体积 $V = 1.5\text{m} \times 1\text{m} \times h$(长×宽×泥浆深度)

土体总质量 $m = \rho \times V$

鉴于以上条件还须预先估计真空预压效果,即各层强度及含水率,假定最终含水率 w_1,则最终沉降量 h_1 可表示为真空预压抽水量 V_1 与土体表面积 S 的比值。

真空预压抽水量 $V_1 = \rho \times V \times (w_0 - w_1) / (1 + w_0)$

土体表面积 $S = 1.5\text{m} \times 1\text{m}$(长×宽)

最终沉降量 $h_1 = V_1 / S$

3.6.2 普通排水板低位真空预压联合堆载法

1)渗透系数

真空预压效果的关键在于根据黏土的渗透系数选择排水板的渗透系数、渗透流率以及采取的防淤堵措施。排水板的渗透系数由厂家提供,本节选择SPB-A型塑料排水板,其主要用于深度在15m内的软土地基,渗透系数为 $8.8 \times 10^{-4}\text{cm/s}$。

所谓渗透流率即单位梯度通过排水板断面水量，与通常所说的竖向排水量有所不同，此为考虑折减系数与井阻因子后的结果，渗透流率为 31cm³/s。

试验用黏土渗透系数由渗透试验测定，本节所用黏土均为重塑土，含水率不同，渗透系数有所差异，测定结果见图 3.6-1。由图可以看出，随着含水率的增加水平渗透系数与垂直渗透系数都在减小，曲线前段减小较快，后段趋于平缓；在含水率较小时，水平渗透系数高于垂直渗透系数；随着含水率的增长二者逐渐接近，当含水率达到一定值时，可以认为二者相等。

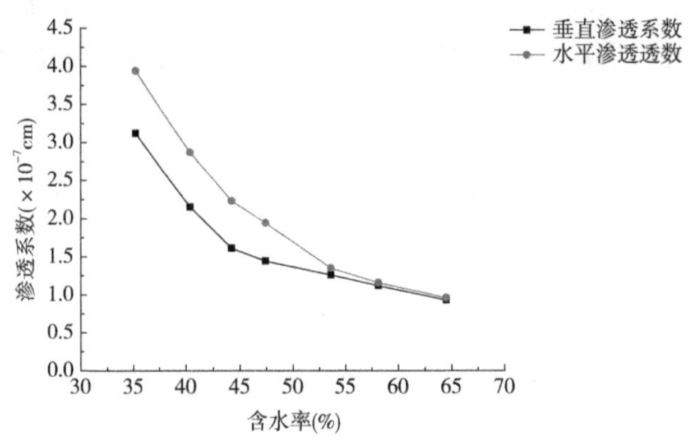

图 3.6-1　渗透系数随含水率变化曲线

2）真空设备选择

图 3.6-2 与图 3.6-3 为试验前所要选用的两套真空设备，真空设备 1 型号为 Y2 112M-4T，由真空泵、滤瓶及水泵组成，真空泵需要冷水降温，滤瓶可以有效防止沙子等细小颗粒进入真空泵；真空设备 2 型号为 TYPE KP-112M-2B5，由电机、涡轮及水箱组成，设备连接简单，且无须冷水降温系统，故本节试验使用真空设备 2。

图 3.6-2　真空设备 1

图 3.6-3　真空设备 2

3）试验方案

试验用土取自临港工业区，初始含水率25.1%，基本物性指标为：$w_L = 31.7$、$w_p = 18.0$、$I_p = 13.7$、$I_L = 1.250$，经颗粒分析，粉粒含量47.2%，黏粒含量49.5%，可见粉粒含量较高，此种土吸水性较差。

模型槽尺寸为1.5m×1m×1.7m（长×宽×高），排水板有效影响半径按50cm计算，模型槽沿横向需设置2根排水板，纵向设置3根排水板，共六根，每根长2m，下部与波纹管绑扎牢固，见图3.6-4a）；铺设砂垫层12cm，将波纹管及排水板完全覆盖；铺一层土工布，防止黏土细颗粒进入砂垫层造成淤堵，排水板穿透土工布无缝连接，见图3.6-4b）；模型槽内壁附密封膜，防止渗水，内壁与密封膜之间设沉降观测尺，可随时观测沉降。

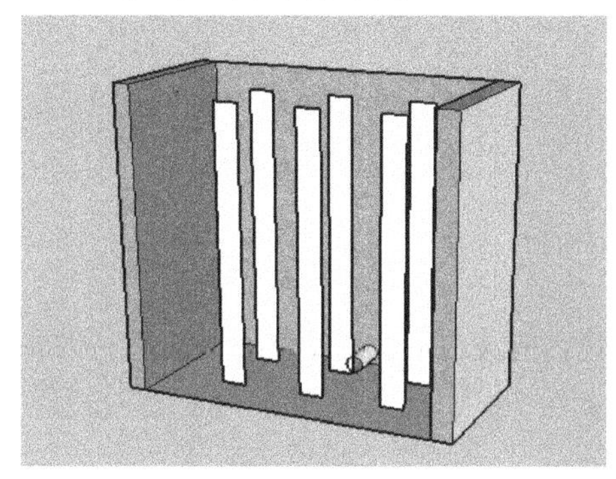

a)示意图

b)实物图

图3.6-4 竖向排水板布置图

泥浆总高139cm，平均含水率87.5%，预计28d土体含水率可降至40%，依此计算沉降量$h_1 = 53.13$cm（最终沉降54cm）。在泥浆内埋设两个孔隙水压力计，用铁丝悬吊，分别距底部30cm、85cm。泥浆静置1d，表面析出8cm水，用土工布将泥和水分隔，用水泵把水抽出，测得泥浆含水率80.3%；泥浆表面铺一层300g/m^{2}土工布，排水板放于土工布上，防止坠入泥浆中；用密封膜将模型槽密封，保持泥浆内真空度；从下部开始抽真空，试验总天数定为28d，每3d测一次土体强度，实时观测沉降；当土体达到一定强度时，在土体表面铺一层雨布，用水施加压力5kPa；强度足够时，将土体分为四个区域，用砝码加载分别为0kPa、5kPa、10kPa、15kPa。

4）试验成果分析

采用便携式十字板测试土体强度，前10d测试结果见图3.6-5。

从图3.6-5可以看出，随着时间的增长，强度显著提高。底部强度较高，中间和表层强度较接近；由于抽真空过程中会在泥浆底部和表面分别形成负压，故表层强度逐渐比中间强度大;从图中还可以看出,底部强度增长较快,且在7d后增长速率变快,主要原因是真空度一部分是从底部向上传递,泥浆也先从底部逐渐形成土体;十字板板头具有一定高度,所测数据为高度范围内的平均强度,当土体厚度超过十字板板头高度时,所测结果会较之前明显变大。

根据前述计算的结果可知,土体上部强度已能承载一定压力,从第10d开始施加水压5kPa,每3d测试一次强度,所得结果见图3.6-6。

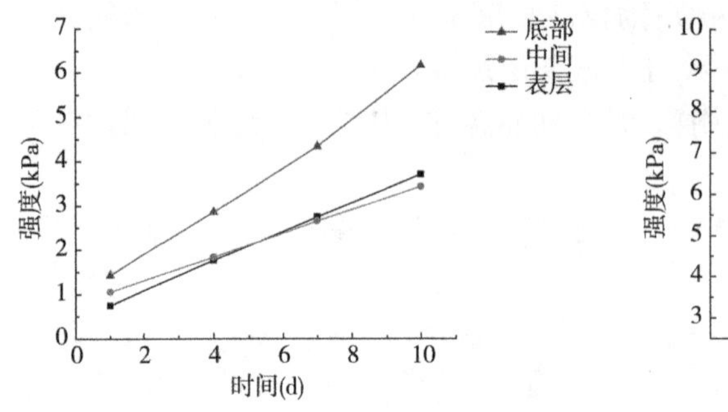

图3.6-5　土体初始强度增长曲线

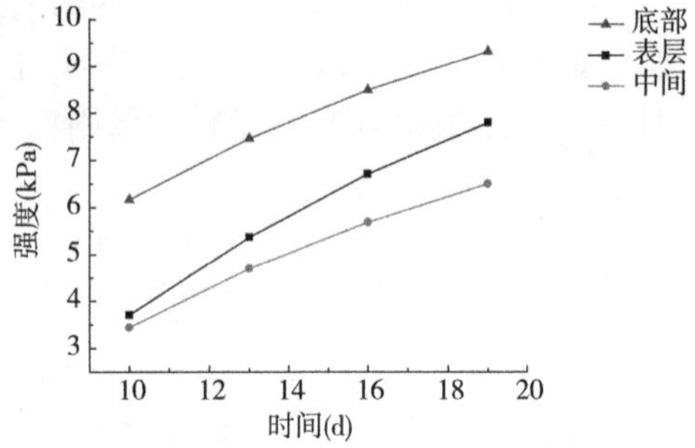

图3.6-6　5kPa压力土体强度增长曲线

从图3.6-6可以看出,土体强度随时间继续增大,但底部强度增长趋势已经减缓,而土体中间和表面强度增长加快。主要因为5kPa压力直接作用于土体表层,相当于真空—堆载联合预压,并且上部排水板置于土工布上,不与土体直接接触,真空度仍可维持不变,故表层土体强度增长变快,中间土体次之;对于底部土体,上部5kPa附加应力传递到底部已经很小,可忽略堆载对强度增长影响,另在土体逐渐成形时,以排水板为中心形成一个缓慢变粗的圆柱体以及排水板自身的淤堵,对真空度的传递有很大影响,所以底部强度增长减慢。

根据表层土体强度计算,可知土体最大可承载15kPa压力,故将其分为四个区域,分别施加压力0kPa、5kPa、10kPa、15kPa,并对各区强度增长进行测试,结果见图3.6-7。

对比图3.6-7堆载条件下土体强度增长曲线可知,压力对土体强度增长有促进作用。随着真空预压时间的增加,土体强度不断增长,表层土体强度增长较快,底层次之,中间层最慢。不同压力下各层土体强度增长情况各不相同,对各压力作用下每层土体强度增长情况进行对比分析,见图3.6-8。

由图3.6-8可以看出,随着压力的增大,土体强度增长变快;当压力达到10kPa时,土体强度显著增长;可是15kPa压力对于10kPa来说,增长趋势并不明显;对表层和底层土体来说,整体强度较高,但后期增长趋势减小,而中间土层强度持续稳

定增长。主要原因在于随着土体强度的提高，承载力逐渐变大，堆载对土体强度增长作用减弱，15kPa 压力作用下土体强度较高，故而后期土体强度增长趋势变缓。

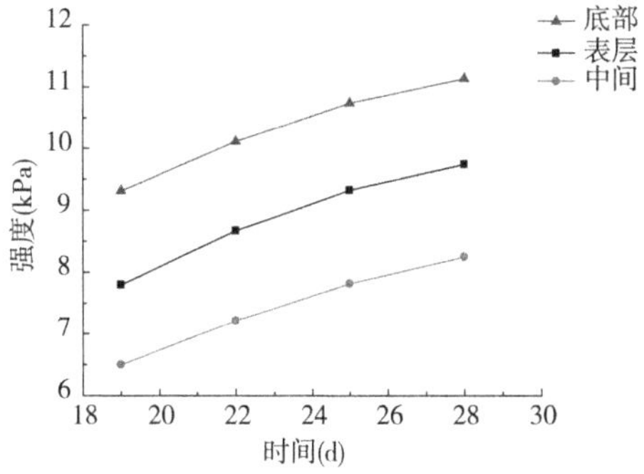

a)0kPa

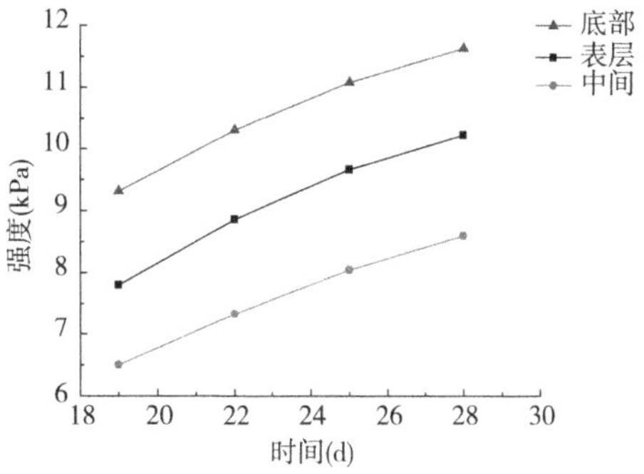

b)5kPa

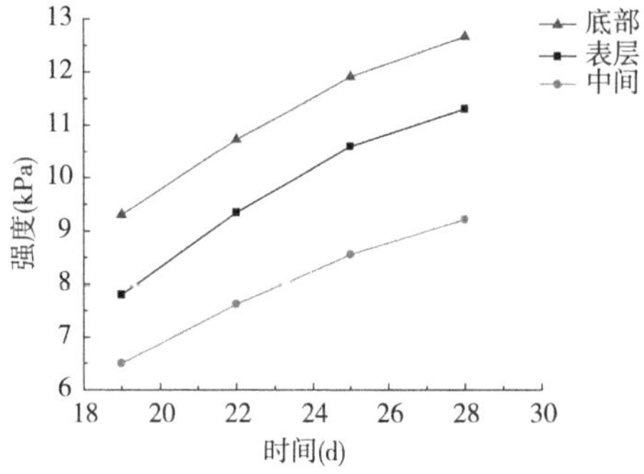

c)10kPa

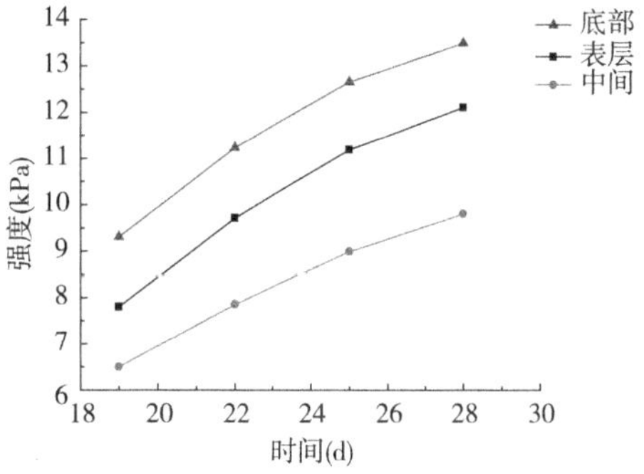

d)15kPa

图 3.6-7 不同上部荷载土体强度随时间增长曲线

图 3.6-9 ~ 图 3.6-12 所研究问题均为 5kPa 作用结果。表层含水率为壳层以下含水率，壳层含水率在 30% 左右。

分别对 10d、19d、28d 土体进行十字板强度随深度变化测试，可更直观地分析每层土体抗剪强度，见图 3.6-9。

由图 3.6-9 可以看出，土体强度随深度并不是增长的趋势，与图 3.6-8 所述规律不同，说明土体并不均匀且差异较大。第 10d 强度曲线大体呈增长趋势，随着时间的增加，中间土体强度偏小趋势越明显。造成这种现象的原因主要为，随着真空预压的进行，以排水板为中心形成的圆柱体直径越来越大，排水板淤堵越来越严重，真空度传递过程中的损失也就越大，这样就形成了上下土体强度高、中间软的夹心层。

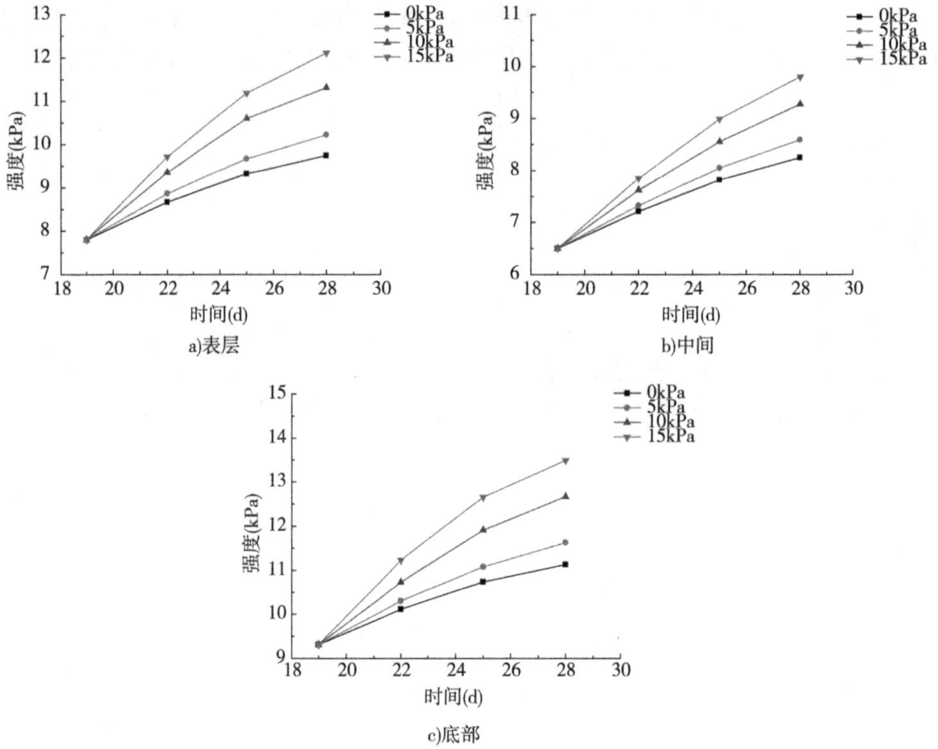

a)表层

b)中间

c)底部

图 3.6-8　不同深度土体强度对比图

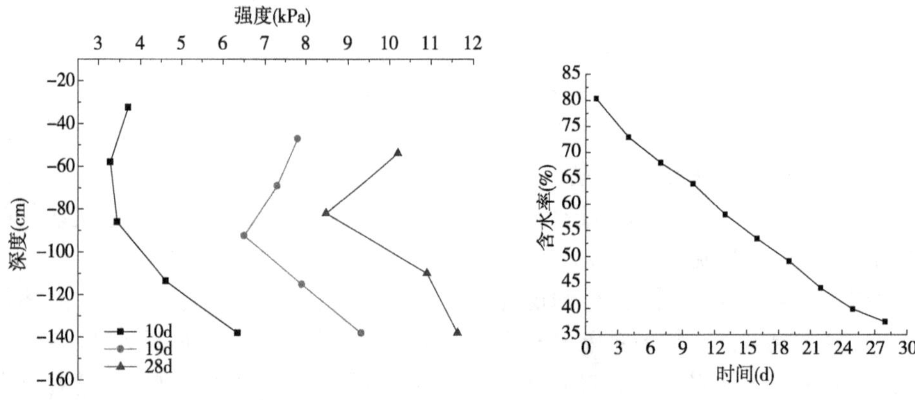

图 3.6-9　不同时间土体强度随深度变化曲线

图 3.6-10　表层含水率随时间变化曲线

对表层土体含水率的测量可随时了解表层真空度及堆载对土体的影响，对沉降的观测可及时验证试验前的预测及理论计算与实际的偏差，所得结果见图 3.6-10、图 3.6-11。

由图3.6-10、图3.6-11中可明显看出，含水率与沉降变化曲线分为二段，初始为真空预压阶段，10d之后为真空—堆载联合预压阶段。整体上土体含水率不断减小，但每一加载阶段后期减小趋势变弱；土体沉降在不断增大，同样每一阶段后期增大趋势变小。主要原因在于随着含水率的降低，土体强度增大，承载力提高，同样的压力对不断变大的承载力影响就削弱较多，所以含水率的降低、沉降的增大都会减小。

表面硬壳层厚度对于土体承载力有较大影响，由图3.6-9可以看出表层土体强度大小，但不能直观反映出其厚度，硬壳层厚度随时间的变化曲线见图3.6-12。

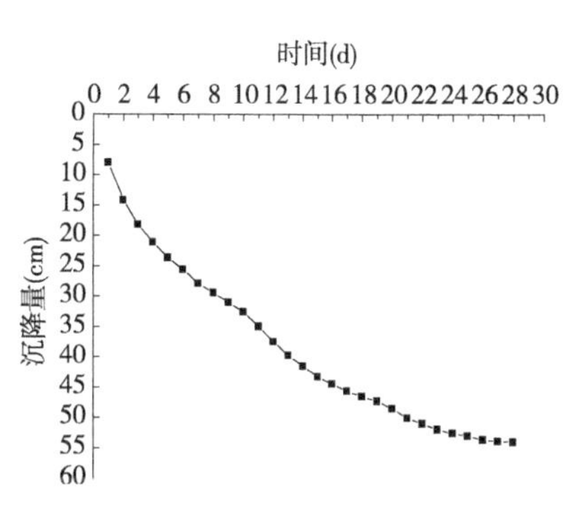

图3.6-11 土体沉降随时间变化曲线

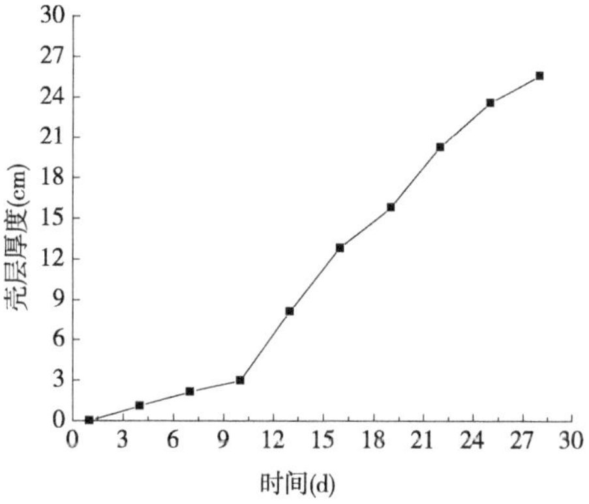

图3.6-12 硬壳层厚度随时间变化曲线

如图3.6-12所示硬壳层厚度随时间增加不断增大，前期增长较慢，硬壳层较薄，在堆载后硬壳层厚度快速增加，但也分为两段，主要为两次不同加载作用的结果，不再赘述。以上现象说明堆载对于提高土体表面强度有显著效果，从图中可看出硬壳层厚度还在增长，如长期作用，可形成较厚硬壳层，对于提高地基承载力作用明显。

试验前共埋入两个孔隙水压力计，分别距模型槽底部30cm、85cm，对土体内部孔压值进行实时监测。孔压值监测，初始采集频率为1Hz，4h后频率调整为1h。由于每3d进行一次土体强度测试，需关闭真空泵拆除密封膜，故而孔压数据72h为一组。数据较多，筛选后结果见图3.6-13。

图3.6-13中孔压值整体上呈不断减小趋势，前期减小较快，后期趋于平缓；每次关闭真空泵，孔压值恢复至正值，但随着抽真空时间的增加，孔压恢复值逐渐降低。这是因为随着抽真空时间的增加，土体内部真空压力增加，孔隙水被排出，孔压值不断减小；每次关闭真空泵时，土体内部真空负压不断消失，孔压值回升；随着孔压消散，孔压消散通道逐渐形成，重新开启真空泵时，孔压值开始下降较快，但是

排水板表面后期淤堵较严重，真空度不能有效传递至土体中，孔压消散减慢，孔压值后期变化趋于平缓。

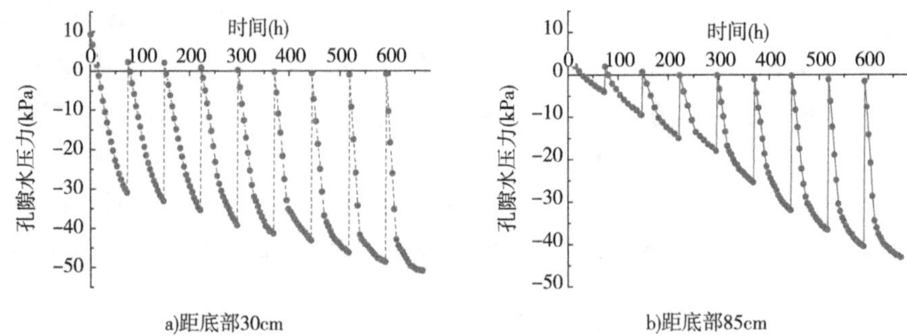

a)距底部30cm　　b)距底部85cm

图 3.6-13　普通板孔隙水压力值

对比图 3.6.-13a)、b)可以看出，距底部 30cm 孔压值远大于距底部 85cm 处，由于真空负压的传递路径为由模型槽底部砂垫层经排水板向上传递，再经排水板向土体内部扩散，在真空负压向上传递及向土体内部扩散的过程中，真空负压随高度递减，所以孔压值由下向上逐渐减小。

3.6.3　改进排水板低位真空预压联合堆载法

通过对普通排水板低位真空预压联合堆载法的研究发现，普通排水板表面在真空预压过程中会发生较严重的淤堵，真空度无法有效传递到土体内，孔隙水压力只达到-50kPa 左右，土体内部十字板强度在堆载作用下最大只有 10kPa，说明除去表层及底部，中间还有一部分更软的土层，不能较好满足工程实际需要。于是笔者对排水板加以改进，在其外包裹一层土工布，二者对比图见图 3.6-14、图 3.6-15。

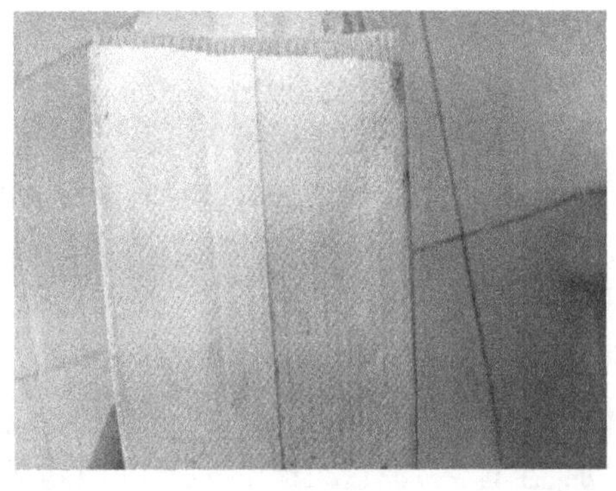

图 3.6-14　普通排水板

图 3.6-15　改进排水板

土工布具有较好的过滤、隔离作用，透气透水性好，在排水板外包裹土工布相

当于增大了排水板滤膜的孔径,同时排水板表面有较多丝线,不易被土体黏附,又可防止土颗粒进入排水板内部,这一点从前次试验中得到验证。从图3.6-16中可以清晰看见试验中底部土工布能与土体较好的分离,且图3.6-17中土工布下砂垫层基本保持试验前状态,并未有土颗粒进入。

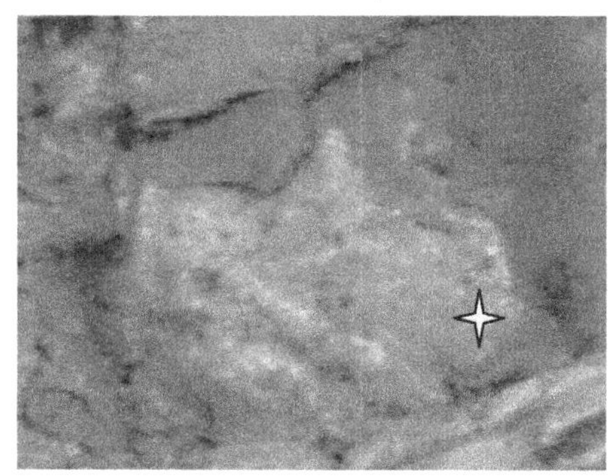

图3.6-16 底部土工布

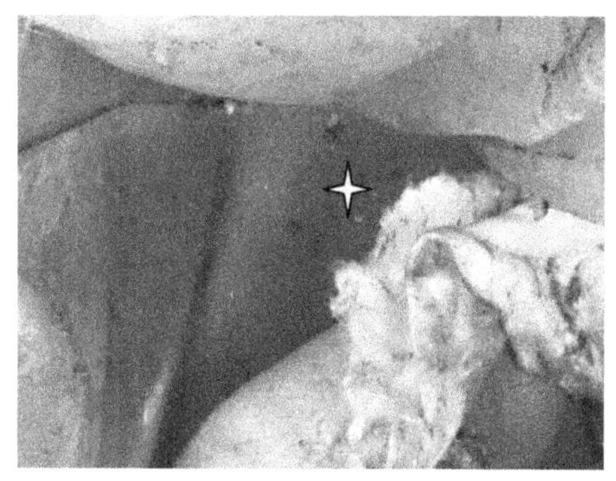

图3.16-17 土工布下砂垫层

1)试验方案

试验基本情况:泥浆总高138cm,平均含水率86.2%,预计28d土体含水率可降至35%,依此计算沉降量 $h_1 = 57.46$cm(最终沉降57cm)。泥浆静置1d,表面析出7cm水,用土工布将泥和水分隔,排除明水,测得泥浆含水率80.7%。土样基本物性及试验方案同本章第2节。

2)试验成果分析

每3d对土体强度进行测试,并与图3.6-5进行对比,见图3.6-18。图3.6-18中实线为改进排水板试验,虚线为普通排水板试验。

从图3.6-18中不难看出,两次低位真空预压模型槽底部土体强度曲线相近,表层强度变化较大,中间土体强度稍有增长,整体趋势近似相同。主要因为模型槽底部为砂垫层,土体直接受真空压力的作用,强度增长对排水板的依赖较小;而上部土体所受真空压力主要来自排水板的传递,排水板对真空度的传递效果直接影响上部土体强度。排水板表面的防淤堵效果需对后期土体强度变化进行分析来评价,见图3.6-19。

图3.6-19为5kPa压力土体强度增长曲线,图中实线为改进排水板低位真空预压试验所得,虚线为普通排水板低位真空预压试验所得。对比两次试验的十字板测试结果,可以明显看出土体整体强度有很大提高,随着抽真空时间的增加,二者之间的差距逐渐凸显出来。每层土体的强度增长值近似相同,表明改进排水板的真空传递效果较好,淤堵问题较轻。

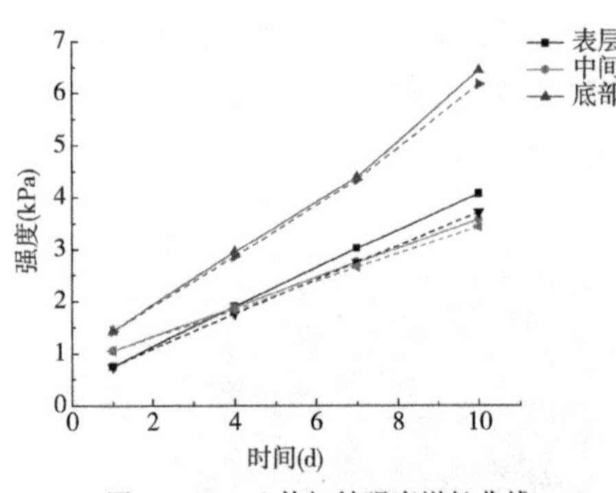

图 3.6-18 土体初始强度增长曲线

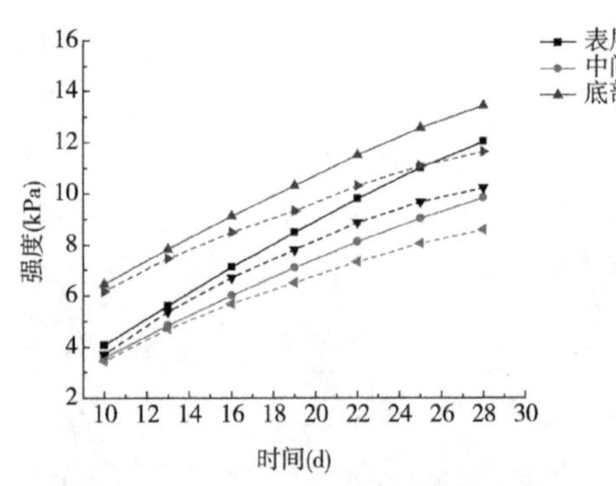

图 3.6-19 5kPa 压力土体强度增长曲线

测试土体强度随深度变化关系,记录不同时间点土体强度随深度的变化规律,与普通排水板测试结果进行对比。见图 3.6-20。

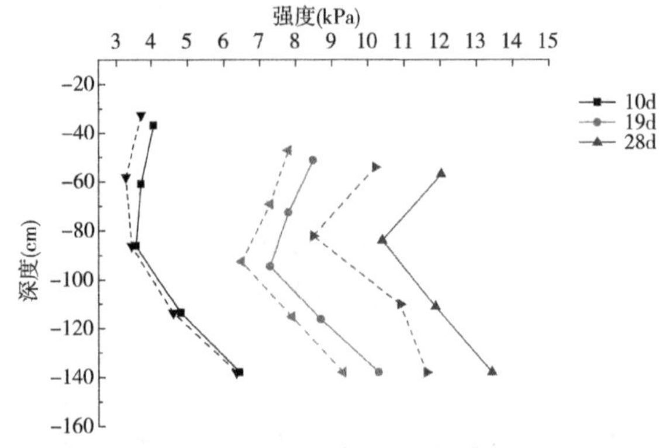

图 3.6-20 不同时间土体强度随深度变化曲线

图 3.6-20 中实线为改进排水板测试结果,虚线为普通排水板测试结果。10d 强度变化趋势一致,中部偏上稍有增大;19d 时已能看出强度整体变大,说明改进排水板真空传递效果更好;28d 时改进排水板优势明显,土体强度较高。从中间土体强度来讲,其强度偏小趋势已经减弱,证明排水板的淤堵问题得到有效解决。

再从含水率变化和沉降量大小来看,对比二者的不同,如图 3.6-21、图 3.6-22 所示。

从图 3.6-21 含水率的变化可以看出,初期含水率变化较小,说明普通排水板前期淤堵较轻或不发生淤堵,以及关停真空泵的回流冲刷作用,前期真空传递效果尚好。随着抽真空时间的增加,普通排水板的淤堵问题显现出来,其土体含水率高于改进排水板土体,后期下降趋势趋于平缓,而改进排水板含水率下降近似直线,说明改进排水板能保持较好的真空度传递效果。同时从图 3.6-22 可以看出,改进

排水板土体的沉降量明显优于普通排水板，再次证明土体内部真空度较高，改进排水板防淤堵效果较好。

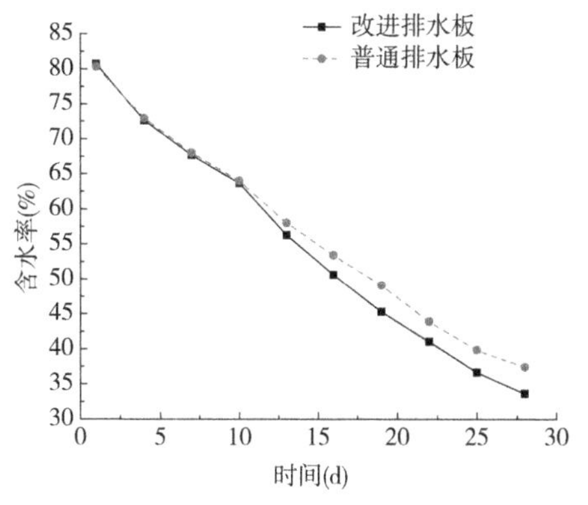

图 3.6-21 表层含水率随时间变化曲线

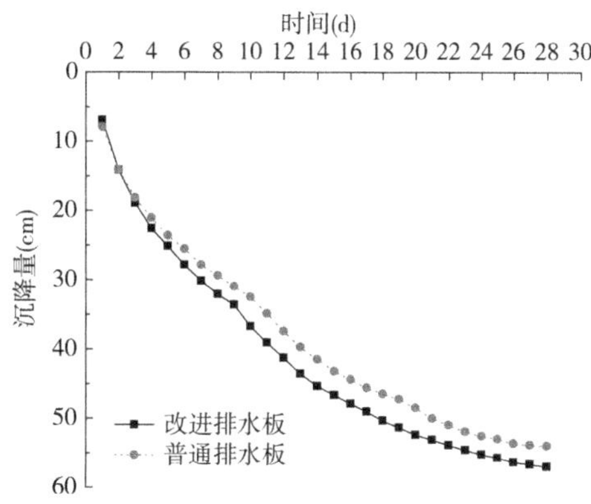

图 3.6-22 土体表面沉降随时间变化曲线

图 3.6-23 为改进排水板硬壳层厚度随时间变化曲线，并与普通排水板硬壳层厚度进行对比分析。由于排水板的真空传递效果较好，使真空压力能有效传递至土体内部，故表面硬壳层厚度高于普通排水板。

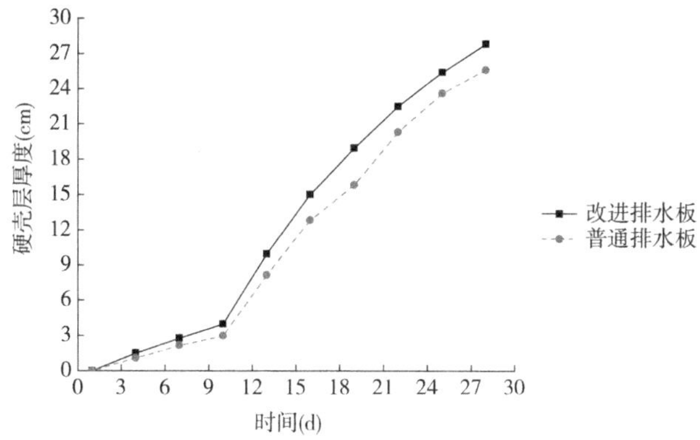

图 3.6-23 硬壳层厚度随时间变化曲线

同样试验前在土体内埋入两个孔隙水压力计，分别距模型槽底部 30cm、85cm，对孔压值的监测初始采用频率 1Hz，逐渐变为 1h，由于每 3d 关闭真空泵进行一次强度测试，故每 72h 为一组绘制孔隙水压力值变化曲线，与普通排水板孔压值对比，结果见图 3.6-24。

从图 3.6-24 中可以看出，改进排水板孔隙水压力值低于普通排水板，随着抽真空时间的增加，二者差距越来越明显，改进排水板距底部 30cm 处孔压值逐渐接近 -60kPa，距底部 85cm 处负值逐渐接近 -45kPa。原因在于改进排水板防淤堵效果优于普通排水板,可以更好地向土体内部传递真空负压,使得土体孔隙水压力消散加快,土体强度得到较大提高。

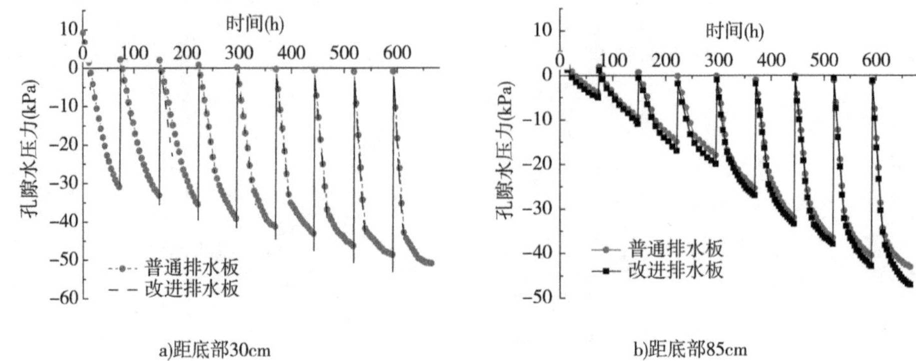

a)距底部30cm

b)距底部85cm

图3.6-24　改进板与普通板孔隙水压力值对比图

对比图3.6-24a)、b)得出,在距底部85cm处改进排水板与普通排水板孔压差值明显小于距底部30cm处。这是由于低位真空预压竖向排水板这种布置形式,使得土体表层和底部接受负压作用范围较大,而中间土体受作用范围较小,导致中间孔隙水压力消散较慢,因而改进排水板对于提高土体中部强度的作用也较小。

3.6.4　横向排水板低位真空预压联合堆载法

1)试验方案

通过前两次试验发现排水板周围泥浆较快形成土体,最终强度也较高,以排水板为中心形成一个逐渐变粗的柱状体,越远离排水板土体强度越低,土体强度差异较大,即均匀性较差。为此,笔者提出一种新型的排水板铺设方法,将排水板水平放置,具体见图3.6-25。横向铺设4根排水板,排水板两端向下弯曲至砂垫层,排水板竖直部分与立柱绑接,并用保鲜膜缠绕,意在使竖向排水板不对土体产生影响,但排水板内部透气透水,不影响真空度传递,排水板下部埋在砂垫层中,砂垫层厚13cm。

试验概况:泥浆总高138cm,平均含水率86.6%,预计28d含水率可降至38%,计算沉降54.37cm(最终沉降54cm)。孔隙水压力计用铁丝悬吊,分别距底部30cm、85cm。泥浆静置1d,表面析出7cm明水,铺一层300g/m²土工布,将泥和水分隔,用水泵把水抽出,测得泥浆含水率80.2%。

2)试验成果分析

横向排水板与竖向排水板强度对比见图3.6-26、图3.6-27,图中实线为横向排水板测试结果,虚线为竖向排水板测试结果。

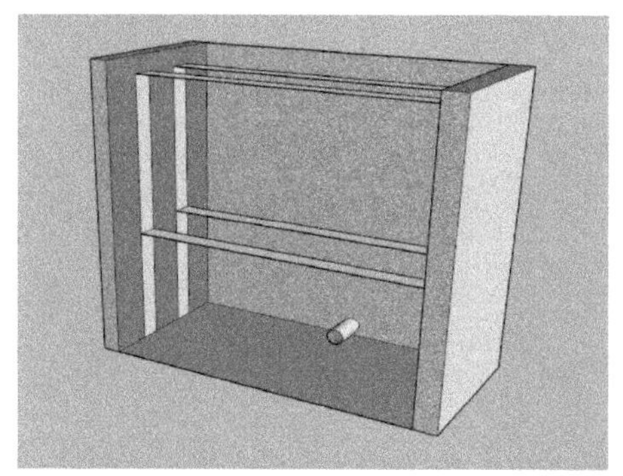

a)示意图

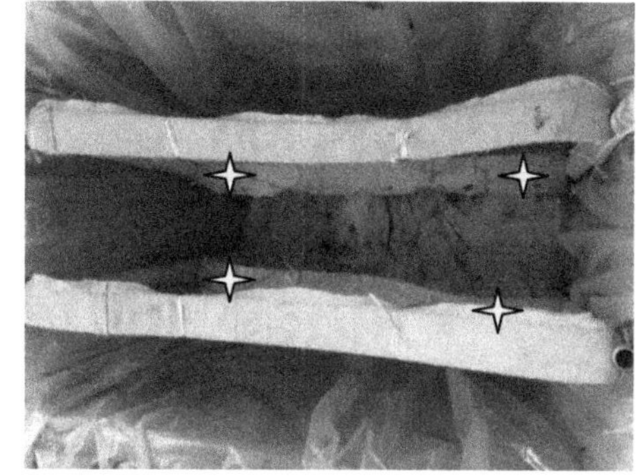

b)实物图

图 3.6-25 横向排水板布置图

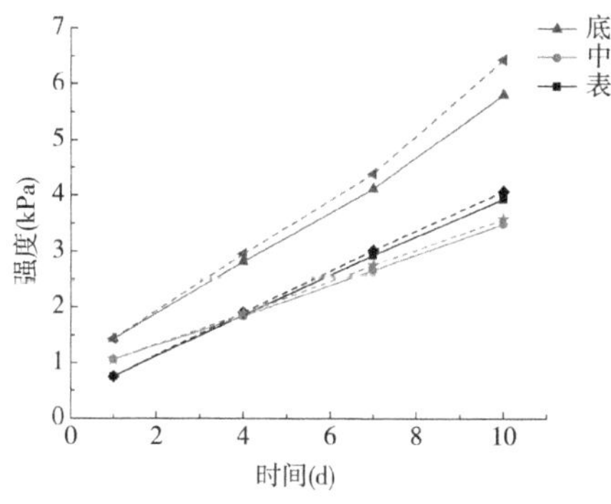

图 3.6-26 土体初始强度增长曲线

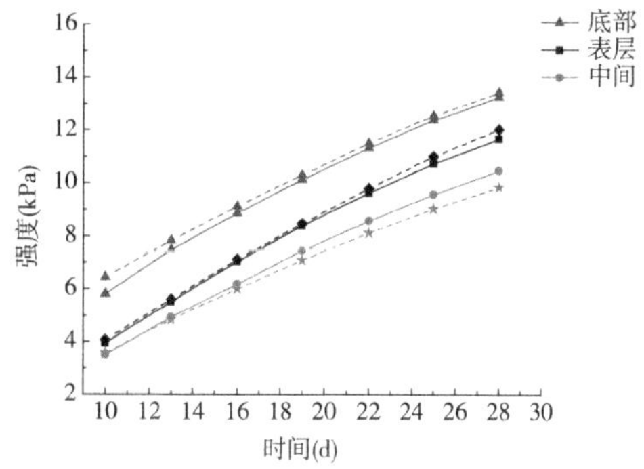

图 3.6-27 5kPa 压力土体强度增长曲线

从图 3.6-26 及图 3.6-27 可以看出,初期土体表面及中间强度相差较小,横向排水板底部强度低于竖向排水板,主要由于横向排水板底部真空压力只由砂垫层传递,没有排水板的作用,真空压力在土体中作用较弱。随着抽真空时间的增加并且在 5kPa 压力作用下,横向板与竖向板土体强度差距逐渐减小,并且横向板中间强度要高于竖向板,也就是说横向板的整体均匀性比竖向板好。从土体强度随深度的变化角度分析横向板与竖向板的差别,见图 3.6-28。

图 3.6-28 中实线为横向排水板测试结果,虚线为竖向排水板测试结果,由此可以看出横向板与竖向板强度随深度增加的趋势大体相同,但图中横向板中间土体强度随抽真空时间增加偏小趋势减小,更直观地表现出了横向板土体的均匀性较好。

对于横向板与竖向板表层含水率、土体沉降及硬壳层厚度的对比见图 3.6-29 ~ 图 3.6-31。

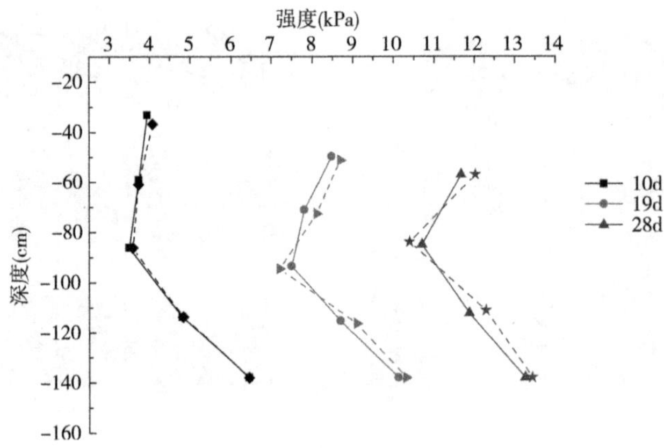

图 3.6-28　不同时间土体强度随深度变化曲线

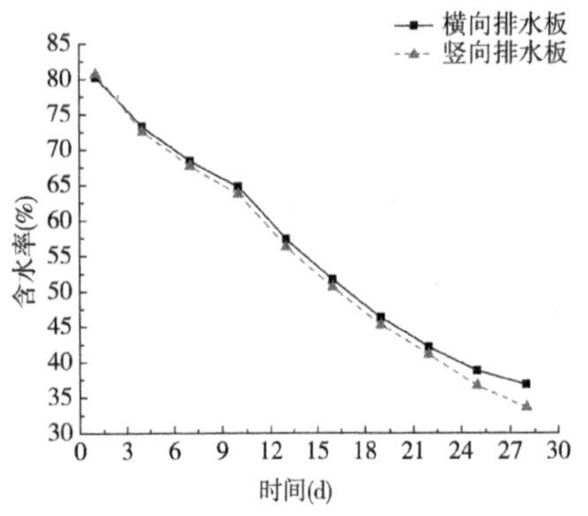

图 3.6-29　表层含水率随时间变化曲线

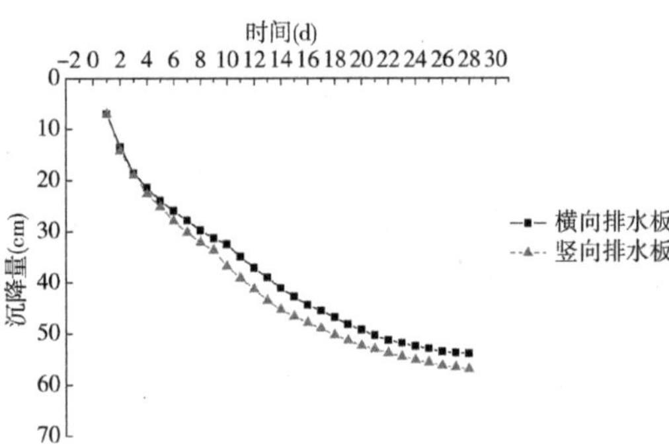

图 3.6-30　土体沉降与时间曲线

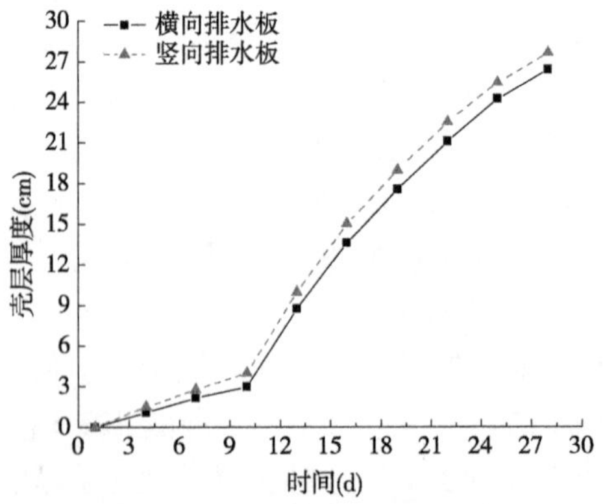

图 3.6-31　硬壳层厚度随时间变化曲线

从图 3.6-29 ~ 图 3.6-31 中可以看出，横向板的表层含水率高于竖向板，表面沉降低于竖向板，硬壳层厚度小于竖向板，主要原因在于横向板的排布方式增加了表层排水板的真空传递路径，也就增加了真空度传递过程中的损失，同时中间排水板的真空传递路径较短，这样更有利于形成均匀性较好的土体。

孔隙水压力在土体中不同位置的大小可直观反映排水板的真空度传递效果，同前方法，对横向排水板的孔隙水压力数据进行采集，并与改进排水板孔压值对比，见图 3.6-32。

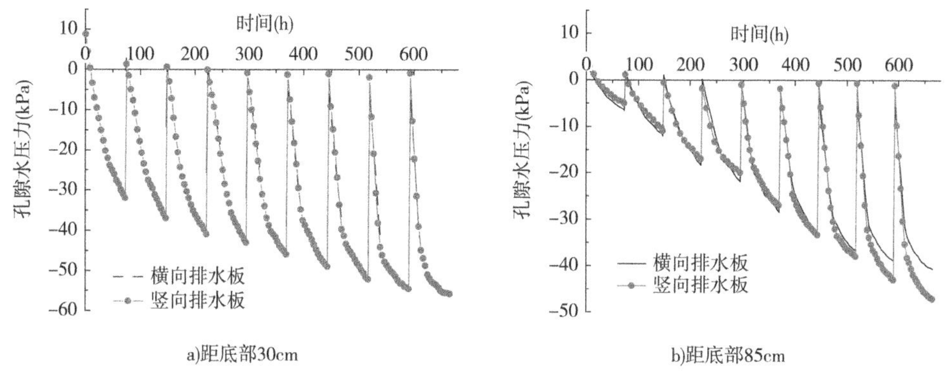

图 3.6-32 横向板与竖向板孔隙水压力值对比图

从图 3.6-32 分析得出，与竖向板孔压值相比，随着抽真空时间的增加，横向板距底部 30cm 处孔压值前期下降慢，后期下降快，距底部 85cm 处孔压值前期下降快，后期下降慢。原因在于横向板的布置形式在土体内形成三个真空负压层，分别为底部砂垫层、中间排水板和顶部排水板，负压不经排水板由砂垫层向底部土体传递较慢，而距底部 85cm 处孔压计与中间排水板距离较近，所以距底部 85cm 处孔压开始下降较快；随着抽真空时间增加，土体底部负压高于土体中间，因此距底部 30cm 处孔压后期下降快。整体上横向排水板试验孔压值的消散慢于竖向板，土体强度增长变缓，但是，横向板中间土体可以直接接受更大范围的真空负压作用，所以在抽真空过程中两处孔压值差值较小，即土体内部各处孔压消散更均匀，所以土体的均匀性较好。

3.6.5 小结

通过对普通排水板、改进排水板与横向排水板低位真空预压试验研究及分析，可以得出以下结论：

(1)普通排水板低位真空预压：①抽真空 10d 土体最大承载力可达 15kPa；②在真空—堆载联合预压作用下，28d 土体强度为 10.22kPa，能满足大比尺水槽试验对地基承载力的要求；③土体平均含水率可降至40%以下，最终沉降为54cm，且表层形成一层25cm厚的硬壳层，该硬壳层对提高地基承载力有较大帮助；④土体内部孔压值可达－50kPa，所测两处孔压值差值较大；⑤底部土体强度最高，表层次之，中间土体强度偏低，整体呈两边硬中间软的夹心层。

(2)改进排水板低位真空预压：①前10d土体强度增长与普通排水板相差不大，后期土体强度增长明显比普通排水板快，地基承载力有较大提高；②28d土体含水率明显低于普通板，沉降大于普通板，表层硬壳层厚度高于普通板；③土体内部孔压值可降至－60kPa，真空度比普通板高；④中间土体强度有所提高，但是整体均匀性还是比较差。

(3)横向排水板低位真空预压：①土体强度增长比竖向排水板慢，但是中间土体强度高于竖向排水板试验；②28d土体平均含水率为36.8%，土体沉降量小于竖向板，表层硬壳层厚度低于竖向板；③土体内部各处孔压值差值较小，土体均匀性好于竖向板。

4 港口工程波浪—结构—地基耦合作用大比尺物理模型试验

国内外学者开展了软黏土在循环荷载作用下的变形和强度特性等方面的研究工作,取得了一些研究成果,对于软黏土特性的认识不断深入,在指导工程实践中发挥了一定作用。但现有的研究主要通过室内静、动三轴在软黏土不排水试验条件下研究软黏土强度弱化特性,波浪循环动荷载是通过模拟不同振动频率的方法实现的,还不能真实反映波浪—防波堤结构—软黏土地基相互作用的实际情况,采用大比尺或接近于原体的试验对波浪动力、结构和地基的耦合作用进行系统的研究就显得十分重要。

为此本章将阐述港口工程波浪作用下软土地基半波浪—结构—地基耦合作用破坏机理大比尺物理模型试验研究。采用土体重塑制作模型土体,使其极限承载力与原型土体的极限承载力之比等于模型试验中结构原型与模型的比尺,在长450m、宽5m、深8 ~ 12m 的试验水槽建立了模型比尺为1:5 的模拟波浪—防波堤结构—软土地基实际工作状态的物理模型试验系统,开展相关试验研究工作,探求波浪循环荷载作用下软黏土地基孔隙水压力的变化规律,波浪荷载长时间作用结构的地基应力以及软黏土强度变化机理。

4.1 港口工程之一:长江口深水航道治理二期防波堤工程软土地基半圆形结构大比尺物理模型试验

4.1.1 概述

模型试验是科学试验中一项重要的研究方法和专门技术,经常用于研究一些采用计算分析方法不能完善解决的复杂问题,也用于探求科学机理问题。在一定的空间和时间范围内,模型试验可以重演某些演变过程或预测工程建设后的发展趋势,也常用于工程损坏原因分析及治理方案制定,研究成果常用于工程规划制订或为工程规范制修订提供科学依据。

本章主要利用长450m、宽5m、深8 ~ 12m 的大比尺波浪试验水槽开展了波浪荷载作用下软黏土地基半圆形防波堤稳定性物理模型试验，研究防波堤迎浪侧、背浪侧和地基土体孔隙水压力变化，探讨其规律；研究波浪作用下半圆形防波堤软黏土地基土体强度变化及其承载特性。

4.1.2 试验的相似理论和设施设备

1）试验的相似理论

自然界的相似现象是指在结合相似的系统中，各相应点上发生着物理本质相同的过程，并可用相同的物理方程来描述。在相应点上，同名的物理量之间具有相同的比例关系现象。对相似的现象，可以将一个现象的每一个物理量的大小，以一定的倍数转换成另一个现象对应点上的同名物理量的数值。在相似现象中，物理本质过程的一致是极为重要的前提。当表示现象特性各量互成比例，而且一定种类的量在系统的所有点上，其比例系数具有恒定的数值时，则可以决定现象为相似。自然界中的现象是非常复杂的，现象的相似要具备一定的条件，有些现象当其形成的因素相同时，才可能产生相同的演变。自然界中的这种规律性，就是相似理论的根据。相似理论不仅在物理学中成为物理试验的科学依据，而且它在工程上也得到了广泛的应用，开辟了以模型研究各种工程问题的可能性。相似理论也是模型试验的理论基础。相似原理是普遍适用于各种相似现象的最基本规律，也是科学研究领域中的一个重要方面。“相似现象中的牛顿数必相等”“描述自然界现象的各物理量间的方程式常可表示为各相似准数间的函数关系”和“发生在几何相似系统中的现象，服从于同一个物理方程，其单值量是常数的比例现象，且由之组成的相似准数相等时，则现象为相似”是相似三定理。相似理论不但能指导试验以及处理试验结果的方法，还能指出试验结果推广应用的区域。相似理论成了模型试验的理论基础。根据试验的要求以及各个因素对现象的影响大小，抓住其主导作用的因素，忽略次要的因素，来进行试验及处理试验结果。保持主要相似条件，并将在实际中具有足够准确性的近似相似方法，广泛应用到工程问题的研究工作和模型试验的实践中。

2）试验的相似准则

在试验中起主导作用的物理力的相似条件，叫做相似准则。相似的条件包括几何相似、运动相似和动力相似。

（1）几何相似

几何相似指原型和模型的几何形状相似，要求原型和模型对应部位的长度保持一定的比例关系。

根据相似理论，几何相似要求长度比例尺 λ_L 在原型和模型任何对应的部位都

相同。长度比例尺 λ_L 表示为：

$$\lambda_L = \frac{L_p}{L_m} \tag{4.1-1}$$

式中：L_p——原型尺寸；

L_m——模型尺寸。

对于正态相似，长度比例尺、宽度比例尺和高度比例尺都相同。

面积比例尺 λ_A 表示为：

$$\lambda_A = \frac{A_p}{A_m} = \lambda_L^2 \tag{4.1-2}$$

式中：A_p——原型面积；

A_m——模型面积。

体积比例尺 λ_V 表示为：

$$\lambda_V = \frac{V_p}{V_m} = \lambda_L^3 \tag{4.1-3}$$

式中：V_p——原型体积；

V_m——模型体积。

几何相似是通过长度比尺来表达的。

(2)运动相似

运动相似指原型和模型两个流动中各对应质点的运动情况相似，即要求原型和模型对应质点的速度方向相同、大小保持同一比例，也就是要求原型和模型的速度和加速度相似。流速比尺 λ_v 表示为：

$$\lambda_v = \frac{v_p}{v_m} = \frac{\lambda_L}{\lambda_t} \tag{4.1-4}$$

式中：v_p——原型流速；

v_m——模型流速；

λ_t——时间比尺。

加速度比尺表示为：

$$\lambda_a = \frac{a_p}{a_m} = \frac{\lambda_v}{\lambda_t} = \frac{\lambda_L}{\lambda_t^2} \tag{4.1-5}$$

式中：a_p——原型加速度；

a_m——模型加速度；

λ_t——时间比尺。

运动相似是通过长度比尺和时间比尺来表达的。

(3)动力相似

动力相似指作用于原型和模型两个流动相应点的各种不同性质的作用力都各自成同一比例关系。动力相似要求：

$$\lambda_F = \frac{F_p}{F_m} \tag{4.1-6}$$

惯性力等于质量乘以加速度，即

$$F = ma = \rho V a \tag{4.1-7}$$

式中：ρ——密度；

V——体积；

a——加速度。

惯性力可以用下式来表示：

$$\rho L^3 \frac{L}{t^2} = \rho L^2 \frac{L^2}{t^2} = \rho L^2 v^2 \tag{4.1-8}$$

力的比尺表示为：

$$\lambda_F = \frac{F_p}{F_m} = \frac{m_p a_p}{m_m a_m} = \frac{\rho_p V_p a_p}{\rho_m V_m a_m} = \lambda_\rho \lambda_L^2 \lambda_v^2 \tag{4.1-9}$$

可写为

$$\frac{\lambda_F}{\lambda_\rho \lambda_L^2 \lambda_v^2} = 1 \tag{4.1-10}$$

(4)重力相似准则

$$\lambda_G = \frac{G_p}{G_m} = \frac{\rho_p V_p g_p}{\rho_m V_m g_m} = \lambda_\rho \lambda_g \lambda_L^3 \tag{4.1-11}$$

根据动力相似，将牛顿数中的 F 值用 G 带入，即在式中以 λ_G 代替 λ_F。可得到

$$\frac{\lambda_G}{\lambda_\rho \lambda_L^2 \lambda_v^2} = 1 \tag{4.1-12}$$

将式(4.1-11)带入式(4.1-12)得

$$\lambda_\rho \lambda_g \lambda_L^3 = \lambda_\rho \lambda_L^2 \lambda_v^2 \tag{4.1-13}$$

由式(4.1-13)得

$$\frac{\lambda_v^2}{\lambda_g \lambda_L} = 1 \tag{4.1-14}$$

按照重力相似准则，原型和模型 $g_p = g_m$，可得

$$\lambda_g = \frac{g_p}{g_m} = 1 \tag{4.1-15}$$

将式(4.1-15)带入式(4.1-14)得

$$\frac{\lambda_v^2}{\lambda_L} = 1 \tag{4.1-16}$$

流速比尺为：

$$\lambda_v = \lambda_L^{1/2} \tag{4.1-17}$$

时间比尺为：

$$\lambda_t = \frac{\lambda_L}{\lambda_v} = \frac{\lambda_L}{\lambda_L^{1/2}} = \lambda_L^{1/2} \tag{4.1-18}$$

频率的比尺为：

$$\lambda_f = \lambda_t^{-1} = (\lambda_L^{1/2})^{-1} = \lambda_L^{-1/2} \tag{4.1-19}$$

力的比尺为：

$$\lambda_F = \lambda_\rho \lambda_g \lambda_L^3 \tag{4.1-20}$$

由 $\lambda_\rho = 1, \lambda_g = 1$,带入式(4.1-20)可得：

$$\lambda_F = \lambda_L^3 \tag{4.1-21}$$

压强的比尺为：

$$\lambda_p = \frac{\lambda_F}{\lambda_A} = \frac{\lambda_\rho \lambda_g \lambda_L^3}{\lambda_L^2} = \lambda_\rho \lambda_g \lambda_L \tag{4.1-22}$$

由 $\lambda_\rho = 1, \lambda_g = 1$,带入式(4.1-22)可得

$$\lambda_p = \lambda_L \tag{4.1-23}$$

本次模型试验遵照几何相似和重力相似准则,防波堤结构外形尺寸按照几何相似制作,防波堤及堤内重量按照重力相似。波浪模拟采用波浪荷载相似,以保证防波堤结构和地基的动力相似性。

试验采用软黏土,由外荷载引起的土体内部附加应力满足重力相似准则,软黏土内部静水压力满足重力相似准则。软黏土(模型土与原型土)的渗透系数都很小,比尺近似为1,在外部荷载相似的条件下,孔隙水运动基本能够满足重力相似准则,孔隙水压力满足相似率。在外力相似、应力相似满足之后,软黏土的变形运动相似,则需要模型中的软黏土抵抗变形的能力满足相似性要求。软黏土抵抗变形的能力与软黏土承载特性有一定的相关性,因此,本次试验利用软黏土承载力相似来近似反映软黏土的变形运动相似。

表征软黏土承载特性的两个最基本的参数是黏聚力 c 和内摩擦角 φ。模型试验的软黏土在水中近似饱和,其内摩擦角很小,模型中软黏土承载力忽略内摩擦角

的影响,黏聚力为主要控制指标。假定模型中地基土体与原型地基土体的基本物理性质一致,即应力应变关系满足相似性。本次试验重点研究波浪作用下软土地基防波堤稳定性,在波浪荷载和防波堤重力荷载等外荷载满足相似率的条件下,只要原型土地基极限承载力与模型土地基极限承载力之比等于大比尺物理模型试验防波堤结构的模型比尺,近似认为整个试验系统满足试验相似要求。

3)试验设施

大比尺波浪试验水槽的试验设施同第2章第2.1节。

4.1.3 半圆形防波堤结构及波浪条件

1)半圆形防波堤结构

选用长江口深水航道治理二期工程典型断面Ⅲ的半圆形防波堤结构为试验结构,其基本数据为:单件半圆形防波堤结构半径6.30m,其中包含壁厚0.40m,长度19.94m,高度8.50m(包括半径6.30m和直线段高度2.20m),最大宽度14.20m(包括前趾、后趾宽度0.80m和圆弧直径12.60m),单件重1177t。半圆形防波堤结构见图4.1-1。

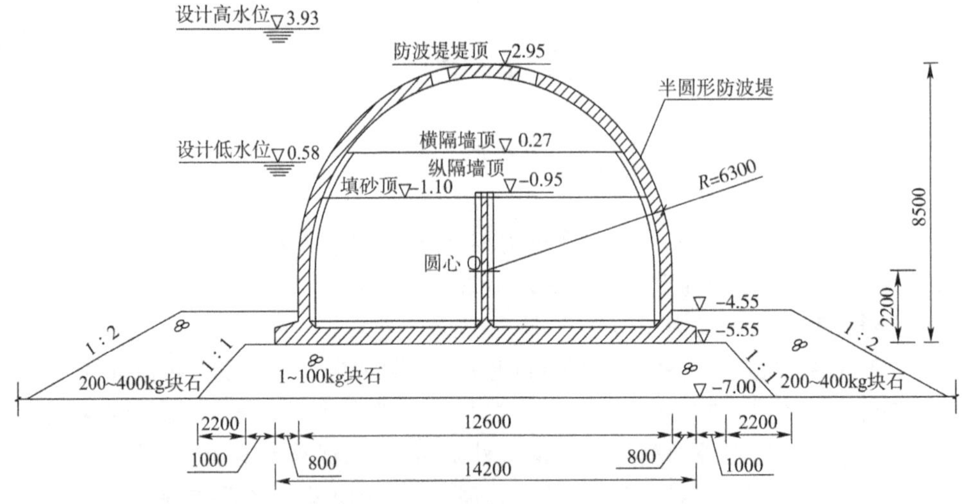

图4.1-1 半圆形防波堤结构图(尺寸单位:mm;高程单位:m)

2)水文波浪及地质条件

长江口深水航道治理二期工程设计高水位3.93m,水深10.93m,波高$H_{1\%}$ = 4.72m,$H_{13\%}$ = 3.40m,T_s = 7.8s;设计低水位0.58m,水深7.58m,波高$H_{1\%}$ = 3.87m,$H_{13\%}$ = 2.83m,T_s = 7.8 s。水位及波浪参数见表4.1-1。

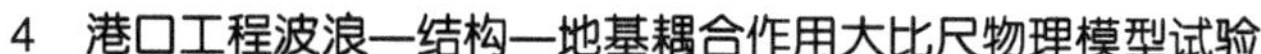

水位及波浪参数表 表4.1-1

水位(m)	水深(m)	波浪参数		
		波高 $H_{1\%}$(m)	波高 $H_{13\%}$(m)	周期 T_s(s)
3.93	10.93	4.72	3.40	7.80
0.58	7.58	3.87	2.83	7.80

地质条件为:①$_2$粉细砂,灰黄色,深度2.80m;②$_{2\text{-}0}$淤泥,灰黄色,厚度2.00m;④$_2$淤泥质黏土,灰色,厚度大于20.0m。地基土层的主要物理力学性质指标见表4.1-2。

地基土层的主要物理力学性质指标 表4.1-2

土名	含水率(%)	重度(kN/m^3)	孔隙比	塑性指数	压缩系数(MPa^{-1})	压缩模量(MPa)	渗透系数(10^{-6}cm/s)	固结系数($10^{-3}cm^2/s$)	固结快剪	
									φ_{cq}(°)	c_{cq}(kPa)
①$_2$灰黄色粉细砂	29.4	19.0	0.80		0.18	1.02			35.2	3.2
②$_{2\text{-}0}$灰黄色淤泥	56.8	16.6	1.57	20.7	1.40	1.9	1.35	1.10	9.0	8.5
④$_2$灰色淤泥质黏土	50.5	16.9	1.48	21.3	1.32	1.7	1.35	1.05	12.5	13.5

4.1.4 模型设计与制作

1)模型比尺

按照几何相似和重力相似准则设计模型试验各物理量比尺。根据半圆形防波堤的断面尺度(长19.94m、宽14.2m、高8.5m)和大比尺波浪试验水槽的尺寸(宽5.0m、深槽4.0m),按照几何相似准则,确定半圆形防波堤模型的几何比尺为$\lambda_L=5$,模型比尺按下列公式确定:

几何比尺依据式(4.1-1) $\lambda_L=\frac{L_P}{L_m}=5$

时间比尺依据式(4.1-18) $\lambda_t=\lambda_L^{1/2}=\sqrt{5}$

力比尺依据式(4.1-21)　　　$\lambda_F = \lambda_L^3$

压强比尺依据式(4.1-23)　　$\lambda_P = \lambda_L$

频率比尺依据式(4.1-19)　　$\lambda_f = (\lambda_t)^{-1} = \frac{1}{\lambda_t} = \frac{1}{\sqrt{5}}$

时间比尺为：

$$\lambda_t = \frac{t_p}{t_m} \tag{4.1-24}$$

式中：t_p——原型时间；

t_m——模型时间。

根据表4.1-1，波浪周期 $T_s = 7.8s$，根据式(4.1-24)得

$$t_m = \frac{t_p}{\lambda_t} = \frac{T_s}{\lambda_t} = \frac{7.8}{\sqrt{5}} = 3.5s$$

2)半圆形防波堤结构的模拟

半圆形防波堤模型采用0.01m厚钢板制作，模型尺寸按照几何比尺制作，半圆形防波堤模型高1.70m(8.5/5.0 = 1.7)，模型宽度2.84m(14.2/5 = 2.84)。考虑大比尺波浪水槽宽度5.0m，试验两侧各留0.10m空隙便于模型吊装，半圆形防波堤模型长4.80m。在模型上预留2个孔，满足试验人员自由进出，作为半圆形防波堤安装波压力传感器以及块石配重放置的通道。半圆形防波堤模型重4.47t，制作完成的模型见图4.1-2。

图4.1-2　制作完成的半圆形防波堤模型

3)地基土体的模拟

(1)模型土强度要求

根据模型试验相似理论，为了满足模型与原型土体的相似性，试验采用的方法是通过对土体进行重塑使模型土承载力与原型土承载力符合相似性。针对软黏土使其黏聚力 c 值相应降低，进而使其承载力达到模型土承载力要求。软黏土的承载力主要与其强度有关，与含水率具有相关性。含水率越大，土粒间联结力越小，抗剪强度就越小。含水率增加，软黏土薄膜水变厚，甚至增加自由水，土粒之间的静电引力减弱，导致黏聚力 c 值降低。在重塑土过程中，控制含水率来控制模型土的黏聚力，使其承载力符合试验要求。

根据图4.1-1，经计算，半圆形防波堤抛石基床重1888t，堤内填砂重1523t，半

圆形防波堤结构重 1177t。防波堤(含堤内填砂)与基床总重 4588t,长度为 19.94m。半圆形防波堤与基床每延米重量 230.09t/m。基床肩宽 20.6m,基底平均压力为 $P_P = \dfrac{230.09 \times 10^3 \times 9.8}{20.6} = 109.5\text{kPa}$。

按照压强比尺式(4.1-23) $\lambda_P = \lambda_L$,模型基底压力 $P_m = \dfrac{P_P}{\lambda_P} = \dfrac{109.5}{5.0} = 21.9\text{kPa}$。

根据表 4.1-2,取④$_2$灰色淤泥质黏土计算地基极限承载力。固结快剪指标 $c = 13.5\text{kPa}, \varphi = 12.5°$,天然重度 $\gamma = 16.9\text{kN/m}^3, d_s = 2.72$,含水率 $w = 50.5\%$。

根据太沙基极限荷载公式:

$$P_u = cN_c + qN_q + \frac{1}{2}\gamma' bN_\gamma \tag{4.1-25}$$

当 $\varphi = 12.5°$,查得太沙基公式承载力系数: $N_c = 11.1$, $N_q = 3.55$, $N_\gamma = 1.45$。

$$\begin{aligned} P_u &= cN_c + qN_q + \frac{1}{2}\gamma' bN_\gamma \\ &= 13.5 \times 11.1 + 1/2 \times (16.9 - 9.8) \times 1.0 \times 1.45 \\ &= 155.0\text{kPa} \end{aligned}$$

根据库仑公式

$$\tau_f = c + \sigma\tan\varphi \tag{4.1-26}$$

对于模型试验的软黏土,近似为饱和软黏土,$\varphi = 0°$,得出 $\tau_f = c$。

根据太沙基公式(4.1-25),得出模型土的极限承载力公式

$$P_{um} = cN_{cm} + qN_{qm} + \frac{1}{2}\gamma' bN_{\gamma m} \tag{4.1-27}$$

式中: P_{um}——模型土的极限承载力;

N_{cm}、N_{qm}、$N_{\gamma m}$——模型土的承载力系数。

当 $\varphi = 0°$时,查得太沙基公式承载力系数: $N_{cm} = 5.71, N_{qm} = 1.0, N_{\gamma m} = 0$。

根据库仑公式(4.1-26),模型土的十字板剪切测试强度为:

$$\tau_f = c = P_{um}/N_{cm} = (P_u/\lambda)/N_{cm} = (155.0/5.0)/5.71 = 5.43\text{kPa}$$

选择模型土十字板剪切强度约为 5.5kPa 的重塑土体进行试验。

(2)不同含水率软黏土配制强度及渗透率试验

试验用土取自天津滨海新区临港经济区,取土深度为泥面以下 1~2m。对取来的土进行 30%、35%、40%、45%、50%、55%、60%、65% 等不同含水率的配

制。土体性状由黏稠状逐渐变为流动状态($I_L=0.76\sim2.994$),通过颗粒分析,土体粉粒含量为47.2%,$I_P=15.7$,为粉质黏土。当含水率降到45%以下时,土体表面不再有水析出;当含水率为30%时,土体由流动状态转为可塑状态。采取渗透试验测定软黏土渗透系数,软黏土为重塑土,含水率不同,渗透系数也不同。渗透系数测试结果见图4.1-3。随着含水率的增加,软黏土水平渗透系数与垂直渗透系数都减小,含水率小于45%,随着含水率增加软黏土渗透系数下降较快,含水率大于45%,渗透系数下降较少。对所配制土体采用保鲜膜密封保湿,静置于室内,分别于1d、4d、7d、10d、15d对不同含水率土体进行十字板强度测试,测试结果见图4.1-4。

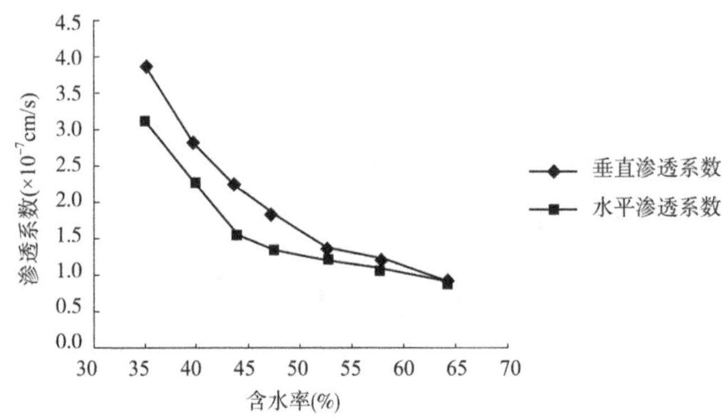

图4.1-3　土体渗透系数随含水率变化曲线

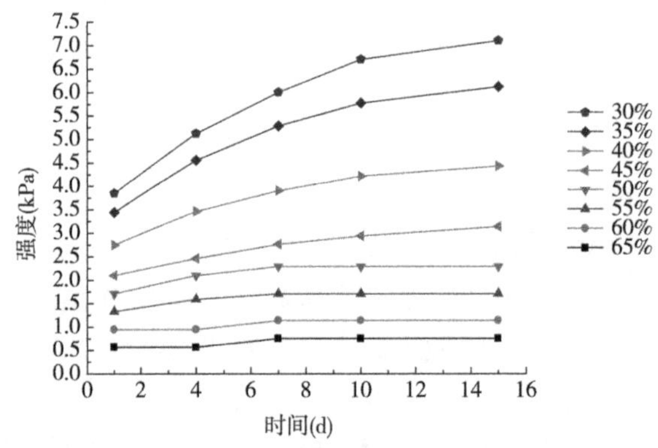

图4.1-4　不同含水率土体强度变化曲线

从图4.1-4可以看出,当土体含水率达到50%及以上时,7d强度稍有增长,7d以后基本保持不变;含水率为40%和45%的土体强度始终保持增长,但增长幅度较小,15d 十字板强度为 4.4kPa、3.1kPa;含水率为 30% 和 35% 土体强度增长较快,15d 十字板强度可达 7.1kPa、6.1kPa。含水率为 35.6% 的重塑土基本土性指标见表 4.1-3。

含水率为 35.6%的重塑土基本土性指标表 表 4.1-3

土样	含水率 w (%)	密度 ρ (g/cm^3)	干密度 ρ_d (g/cm^3)	比重 G_s	饱和度 S_r (%)	孔隙比 e	液限 w_L (%)	塑限 w_p (%)	塑性指数 I_p	液性指数 I_L	压缩模量 E_s (MPa)	垂直渗透系数 (cm/s)	水平渗透系数 (cm/s)	十字板强度 τ_f (kPa)
重塑土	35.6	1.88	1.39	2.72	100	0.95	33.7	18.0	15.7	1.12	2.65	3.12×10^{-7}	3.94×10^{-7}	6.0

(3)采用加载法测定土体强度

对静置 15d 含水率为 30% ~55% 的土体进行试验,分三级加载,每级 5kPa,每 5d 增加一级,用小托盘与砝码相结合控制压力,加载过程中土体表面覆盖保鲜膜,减少由水分蒸发导致的含水率降低、强度增加。含水率为 30% ~40% 的土体变形并不明显,含水率为 45%、50% 的土体有明显变形,而 55% 的土体加载 5kPa 沉降较大,两侧明显隆起。

土体加载情况及强度和含水率变化见表 4.1-4。含水率为 30%、35% 土体可以一直加载到 15kPa 并保持稳定;含水率为 40% 土体可以加载到 15kPa,但是能看出明显变形;含水率为 45% 土体加载超过 10kPa 时,在加载过程中能看出较大变形,最大压力为 12.5kPa;含水率为 50% 土体在 10kPa 压力下虽未破坏,但变形已经很大;含水率为 55% 土体只能承受 5kPa 压力。

加载作用下土体强度变化表 表 4.1-4

序号	含水率 (%)	静置 15d 强度 (kPa)	5kPa 加载 5d 强度 (kPa)	10kPa 加载 5d 强度 (kPa)	15kPa 加载 5d 强度 (kPa)	最终含水率 (%)
1	30	7.10	10.28	12.57	14.28	25.8
2	35	6.12	9.14	11.42	12.95	28.2
3	40	4.43	5.90	6.85	—	33.6
4	45	3.14	4.21	4.76	—	38.7
5	50	2.29	3.42	3.81	—	43.3
6	55	1.71	2.10	—	—	53.1

对加载作用下不同含水率土体进行强度测试,见图 4.1-5。测定加载后土体含水率,见图 4.1-6。

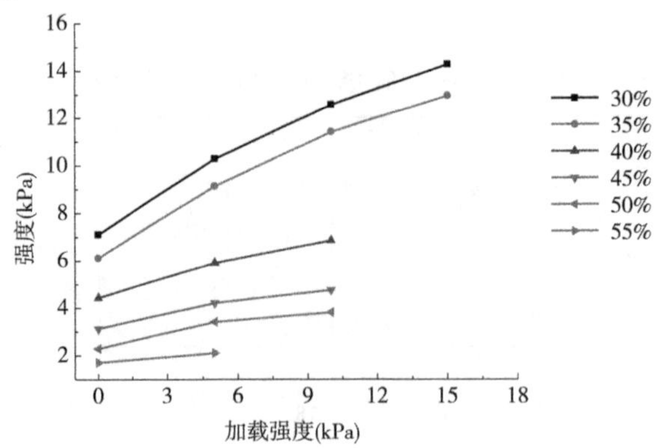

图 4.1-5　土体强度随加载变化曲线

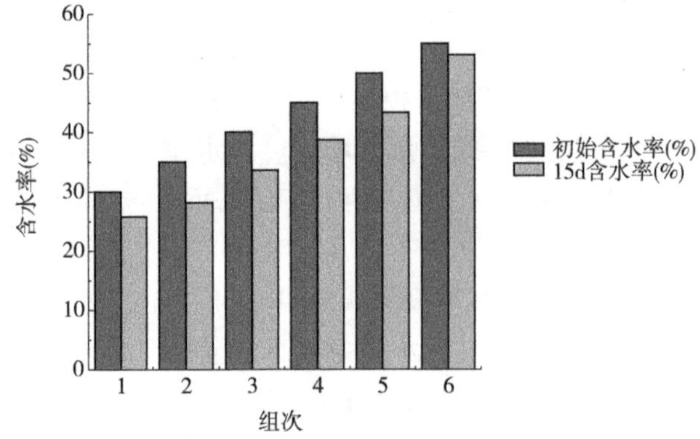

图 4.1-6　土体加载前后含水率变化

从图 4.1-5 可以看出,含水率为 30%、35% 土体在加载作用下,其强度随压力增加逐渐增大,每级堆载持续 5d,加载至 15kPa,强度增长趋势并没有减缓,原因是加载促使土体缓慢固结排水,强度增长加快;含水率高于 35% 的土体在加载过程中强度有所增长,但随着压力的增加,土体产生较大沉降或变形。从图 4.1-6 中可以看出所有土体加载后含水率均会降低,证明了在加载过程中,土体自身会排水固结,即在未达到土体极限承载力时,堆载促使土体强度增长。

4)波浪模拟

大比尺波浪水槽试验,关键技术之一是波浪的模拟测试技术。利用大型造波机在大水槽中模拟出满足试验要求的波浪是物理模型试验的前提条件。具体模拟方法见第 2 章。

5)大比尺试验水槽地基土的制作

基于上述试验室内和小模型槽配制试验土体的实践,在大型水动力试验水槽进行地基土制作。用2块长5m、高4m、厚20mm的钢板分别固定于水槽底部,间隔23m,钢板外部设置斜向支撑,保证牢固稳定。这样就形成长23m、宽5m、深4m的地基土体试验槽(槽壁为间隔23m的钢板和宽度5m的水槽侧壁)。地基土体外侧深度4m填砂,使砂面与地基土体表面保持平整。试验槽内需要配制的软黏土约为460m^3。

(1)地基软黏土制作使用的设备

软黏土制造机见图4.1-7a),其驱动系统采用三相异步电动机和摆线针轮减速机相结合的方式,转速50r/min;软黏土制造机内部搅拌结构见图4.1-7b),可以使黏土搅拌均匀又不粘在泥浆机内部。软黏土筒可以整体翻转,将制造均匀的软黏土倒入模型槽内。震动夯实采用反冲式启动震动夯实机器,对新型配制的软黏土进行密实。

a)软黏土制造机

b)软黏土制造机内部构造

图4.1-7 软黏土制造机及内部构造

(2)软黏土地基的制作

用吊车将四台搅泥机吊运安放在试验水槽内基坑两端,固定牢固。配备一机一闸,安装漏电保护。用翻斗车将试验用土运到试验厅,用吊车将黏土吊运至制造机旁边。根据配比要求,利用磅秤称量160kg土,加入8kg水,倒入搅拌机内,开启电机搅拌4min,将搅拌好的软黏土翻倒到泥斗里,待软黏土装满一斗,用吊车吊运至水槽试验区域底部摊开,人工将软黏土摊平踩实。每天完成的软黏土量约在23m^3,完成后模型槽内土体用塑料布覆盖保湿。

在软黏土地基土的配制过程中,每层添加0.5m后,人工踩平并用振动机振动压实。每1m深度采用十字板测试土体强度,以确定土体强度是否达到要求。在地基土的配制过程中，用水准仪进行土体高程测量，当达到一定高程时，埋入土压力和孔隙水压力传感器。

(3)孔隙水压力计、土压力计埋设

为了研究波浪作用下结构物下方地基中的响应，测量孔隙水压力是最为直接的手段，由此计算出波浪作用引发的超静孔隙水压力，可以对地基的性状进行分析，得出地基模型的动力反应特性，因此孔隙水压力传感器多设置在地基土体中。地基应力的测量则主要是为了观测结构物与地基土体之间的作用力，同时从另一个方面反映土体中应力的变化。传感器的布置见图4.1-8(空心为孔隙水压力传感器，实心为土压力传感器)。地基土体中共布置了八竖排孔压传感器和五竖排土压传感器，其中在防波堤和基床下共布置了五竖排传感器，在防波堤迎浪侧与基床之间布置了两竖排孔压传感器，在防波堤背浪侧与基床之间布置了一竖排孔压传感器。传感器的竖向距离在0.1～1.0m之间。

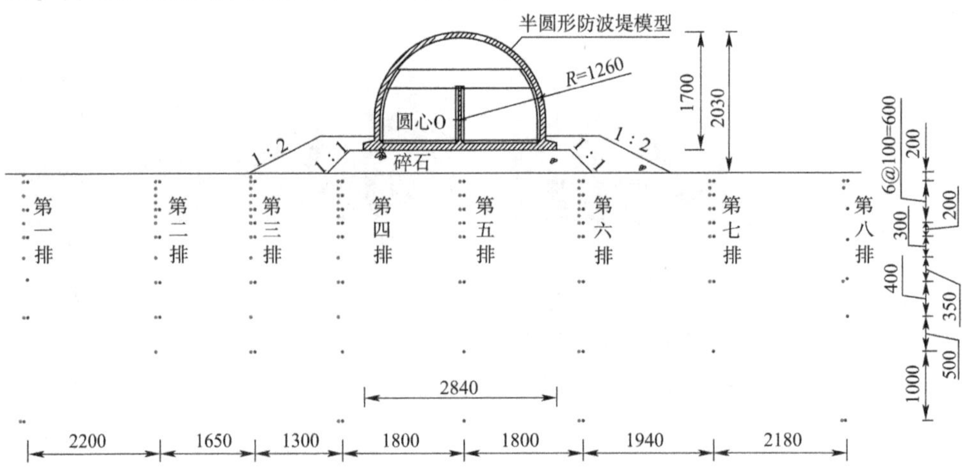

图4.1-8 孔隙水压力和土压力传感器布置示意图(尺寸单位:mm)

注:左侧为孔压传感器，右侧为土压传感器。

①孔隙水压力计的埋设。

孔隙水压力计埋设前先进行标定，保证完好性。埋设方法采用人工挖孔埋设，埋设关键是封孔，隔断孔隙水压力计的上下水源。孔隙水压力计按照试验方案确定的位置和深度，采用激光投线仪、经纬仪确定位置和深度进行埋设，埋设时应紧密贴合土层，保证平正，不歪不扭。采用干燥膨胀土或高液限黏土泥球封孔密闭，使测点土层孔隙水与上部土层孔隙水完全隔绝。每一只孔压计埋设后，应及时采用接收仪器检查孔压计是否正常；如发现异常应查明原因及时修正或补埋。待同一观测断面的全部孔压计埋设检查完好后，整理孔隙水压计外引线，按照测点编号

与测试仪器相连。保护孔隙水压力计外引线完好不受损坏，保证孔隙水压力准确传递。待埋设时的超孔隙水压力消散时，才可测读孔压计的初始读数，一般需要3～4d的稳定时间。初读数时需连续测读数，以稳定的读数作为初始读数。

②土压力计的埋设。

埋设前把土压力盒置于与所测环境温度一致的环境中半小时以上，测定其初始频率，数值应等于或接近该土压力计出厂标定的零点频率，记录该数值用于土压力实际值计算。土压力计光滑面为工作面，安装时该面必须朝向土体并与拟测压力方向垂直。埋设时，应把埋设处的地基夯实找平，土压力计工作面外的土介质要与扰动前的土体密度尽量一致。土压力计附近的土宜紧不宜宣松。从埋设点引出的电缆线应蛇行布置，以免不均匀沉降和变形拉断导线。

(4)软黏土监测和保湿

当地基槽中回填土高程达到设计高程后，采用人工夯实抹平，覆盖土工布及塑料布进行保湿，静置15d，强度达到要求待用。另外在配制地基土时，随时对土的强度和含水率进行测量，根据测量的结果，调整施工的进度和方案。具体操作流程见图4.1-9、图4.1-10。

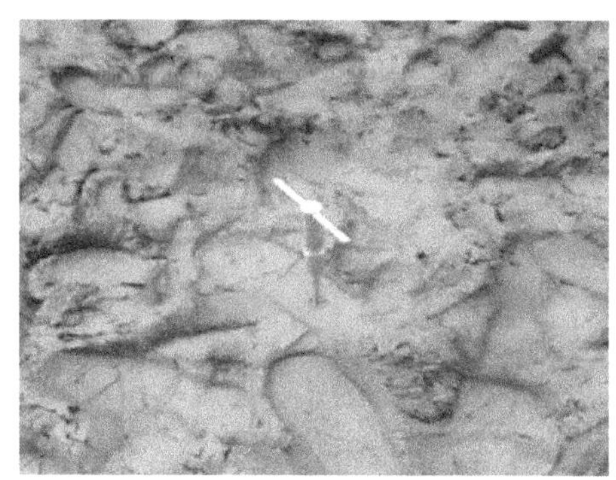

图4.1-9 十字板测试土的剪切强度

图4.1-10 软黏土抹平及防护

(5)软黏土强度测试

利用十字板剪切仪，测定土体静置15d的强度。十字板测试结果见图4.1-11。从图中可以看出土体强度缓慢均匀增长，前7d增长较快，7d之后增长缓慢。模型槽两侧土体强度稍大于中部，土体静置15d强度达到6.2kPa左右，可以满足试验要求。

试验前期准备工作已完成，对放置模型处地基土进行十字板测试，测试结果见图4.1-12。从图中分析得出土体强度随深度增加基本呈线性增长，说明地基土整体均匀性较好，强度也满足试验要求。南北侧强度稍大于中间强度，由于南北两侧处于边界，使地基土含水率降低，强度偏高。

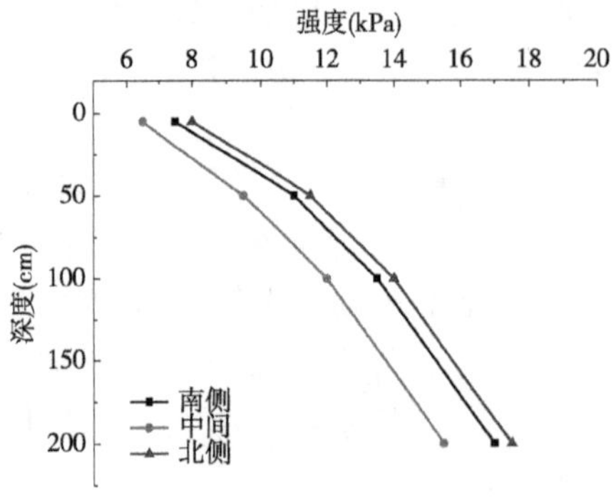

图4.1-11　软黏土强度增长曲线

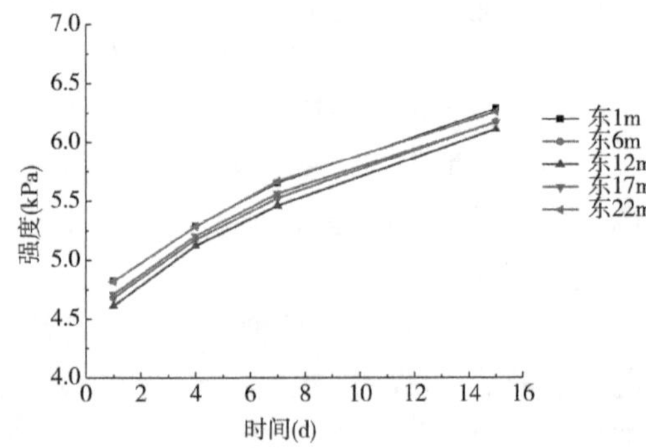

图4.1-12　土体强度随深度变化曲线

6)抛石基床的抛填安放

依据设计断面的尺寸，确定抛石基床施工放样的控制点，分层逐步进行抛石基床的施工，控制好高程和密实性。防波堤基床采用30～50mm碎石铺设，首先由人工把碎石装入塑料网兜内(为方便吊装和摆放，每个塑料兜内石子的重量约为20kg)，用吊车将其吊入水槽内，人工进行铺装。抛石基床安放过程见图4.1-13。

图4.1-13　抛石基床的安放

7)波压力传感器的布设

半圆形防波堤迎浪侧、背浪侧和底部共布置了29个波压力传感器，波压力传感器的直径为8mm，在半圆形防波堤模型钢板上钻直径为10mm孔，传感器嵌入预留孔后再用玻璃胶把孔封住，全部传感器的导线通过模型顶部的预留孔引出。安设完成的波压力传感器及半圆形防波堤断面结构见图4.1-14。

8)半圆形防波堤模型吊装、安放及配载

碎石基床铺完后，进行半圆形防波堤的吊装和安放，利用大比尺波浪水槽配备

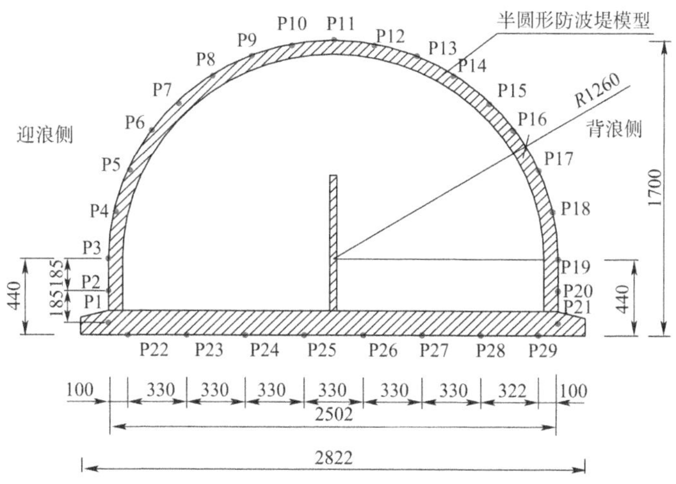

图4.1-14　半圆形防波堤模型波压力传感器布置图(尺寸单位:mm)

的20t吊车将防波堤起吊至水槽中。由于钢质沉箱的重量重、体型大,起吊工作按照安全操作指南进行,由专人进行监视和指挥。在半圆形防波堤四个角采用尼龙缆绳辅助龙门吊调整沉箱的方向和位置,尤其进入水槽后,为保护试验段水槽的槽壁以及观测窗,防止破坏,需控制龙门吊的下行速度,保证沉箱缓慢下降。当沉箱接近抛石基床10cm位置时,停止下降,检查沉箱是否在断面安放放样范围内,并通过沉箱四个角尼龙缆绳进行微调,调整完毕后沉箱吊装到位。校核此时半圆形防波堤顶高程和位置,偏差控制在±10mm以内。按照模型比尺推算整个沉箱重量,对沉箱进行配载,为保证沉箱的重心相似,按照预先设计好的配载方案,采用网兜块石通过沉箱上预留孔进行施工。配载过程见图4.1-15。

图4.1-15　半圆形防波堤加载配重安放完成

9)半圆形防波堤模型试验测试系统

(1)测波系统

测波系统采用特制的量程8m的电阻式测波系统和量程2m大型动态电容式波高测量系统(图4.1-16、图4.1-17),系统对传感器进行温度修正。采用摄像技术多种方式进行校核。

图4.1-16 量程8m电阻式传感器

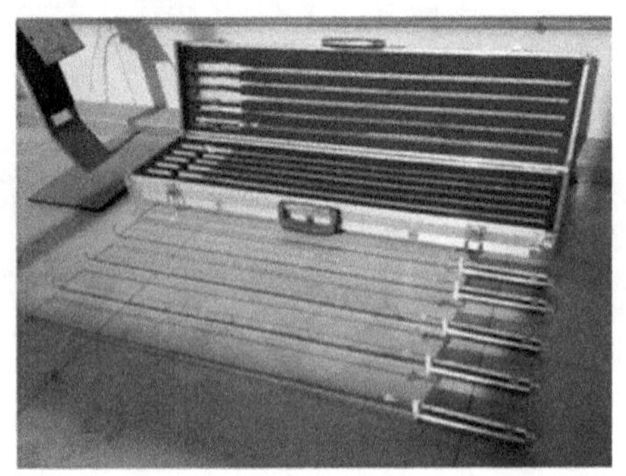

图4.1-17 SG2000型电容式测波系统

(2)波浪力测试系统

模型波浪力采用2008型微型点压力采集系统(图4.1-18),该系统可以自动采集波浪压强并有相关处理功能,对采集到的点压力进行处理。

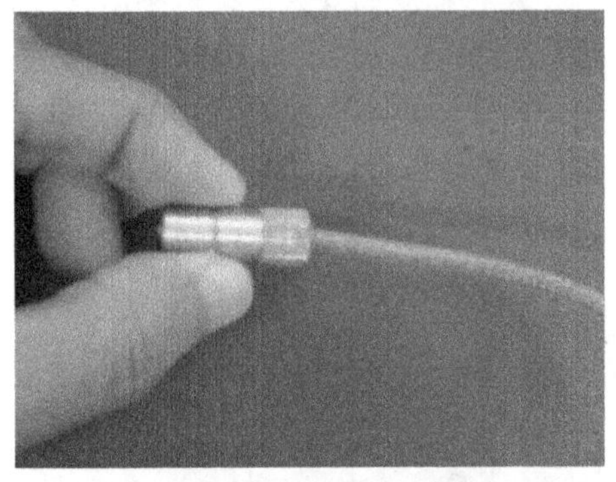

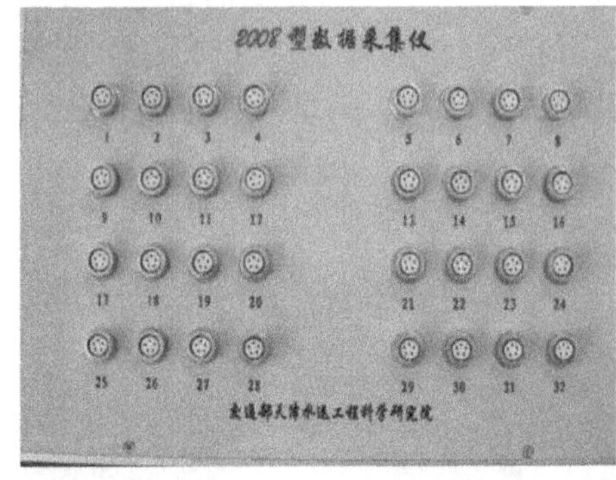

图4.1-18 波浪压强数据采集系统

(3)孔隙水压力和土压力测试系统

土压力传感器分别使用丹东三达仪表有限公司生产的DYB-1型和北京电阻应变式土压力传感器,直径为15mm,厚度为6mm,量程0.15MPa,见图4.1-19。

孔隙水压力传感器也分别采用丹东三达生产的电阻应变式孔隙水压力传感器,直径为30mm,厚度为20mm,量程0.15MPa,见图4.1-20。

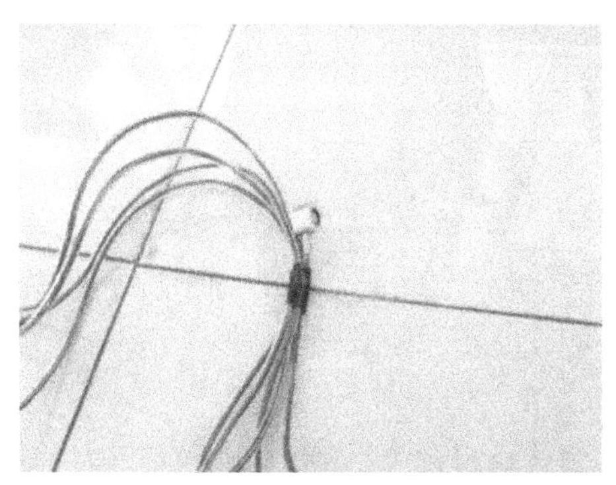
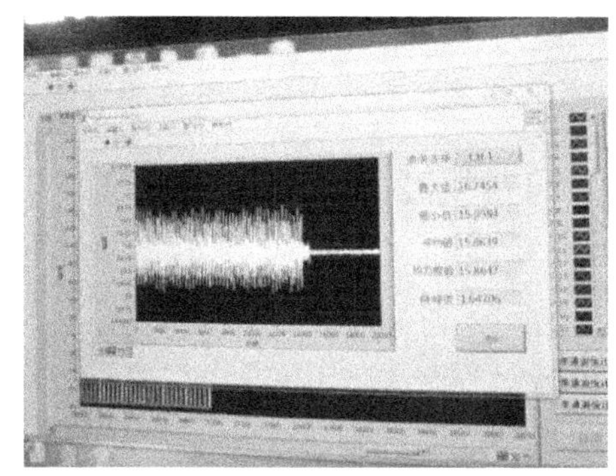

图4.1-19 土压力传感器及测试系统

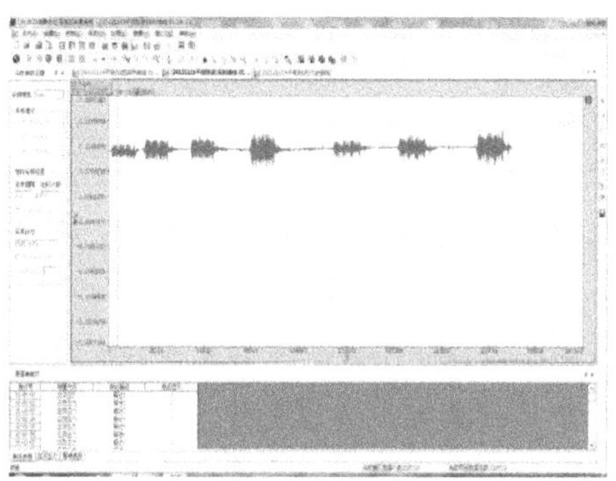

图4.1-20 孔隙水压力传感器及测试系统

(4)十字板剪切仪

十字板测试采用便携式十字板剪切仪。整套仪器由1个弹簧扭力计、6根延长杆、4只不同尺寸的十字板头、1只板头杆和三只扳手组成。弹簧扭力计是整套仪器的测量装置,主要利用弹簧的扭转变形来测量十字板头在土体中旋转运动时的抵抗力矩,进而获得被测土体的剪切强度,采用不同板头进行系数折算对应情况见表4.1-5。延长杆用于连接十字板头和扭力计,延长杆共6根,每根直径10mm,长度500mm,6根延长杆首尾相连后的最大长度为3m。十字板头是对待测土体施加剪切力的执行装置,共有4种尺寸以适应不同硬度的土体进行测试。具体见图4.1-21。

十字板规格表 表4.1-5

序　　号	尺寸(mm)	量程(kPa)	系　　数
A(标准)	20×40	0~130	1
B	16×32	0~260	2.0
C	25.4×50.8	0~65	0.5
D	50.8×101.6	0~8.125	0.0625

(5)位移测试系统

位移测试系统采用红外线非接触式测量仪,具体见图4.1-22。

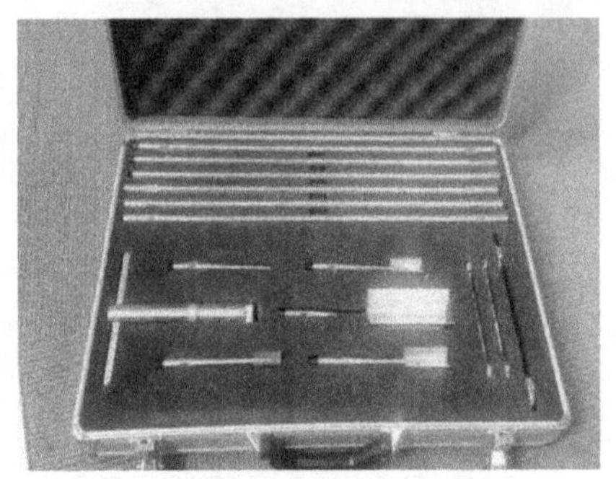

图4.1-21　十字板剪切仪

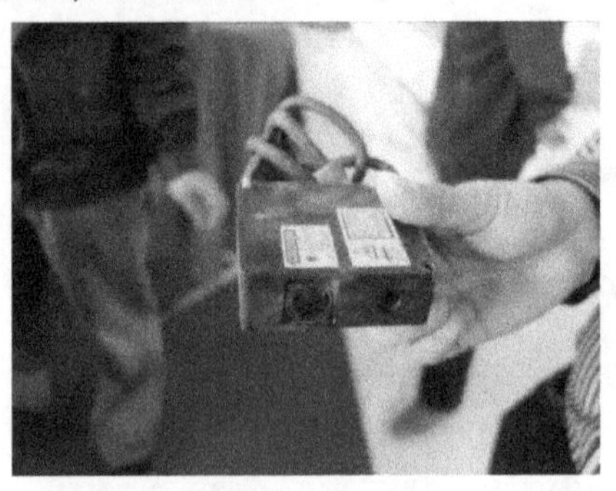

图4.1-22　位移测试系统

(6)沉降测量系统

沉降的测量采用设定的基准点和架设的水准仪方法进行测量,测量设备见图4.1-23。将测量结果与位移测试系统测量的结果进行校核对比。

(7)录像和摄像系统

大水槽试验过程中,除采集仪器外,还使用了录像机、照相机等设备。为了全方位地观测和记录试验现象,分别在模型正上方、前方和后方的观测车以及水槽侧壁观察窗口等位置布置摄像系统,见图4.1-24。照相机和摄像机均通过数据线连接到操作控制平台,由试验操作人员在控制平台位置进行统一操作。

图4.1-23　沉降的测量设备

图4.1-24　录像和摄像系统

4.1.5　试验方案和过程

1)试验方案

开展设计高水位和设计低水位不同波高、波数的试验,工况见表4.1-6。

半圆形防波堤试验工况参数表 表4.1-6

水深(m)	波浪条件		
	波高(m)	周期(s)	波浪个数(个波)
设计高水位 2.19 设计低水位 1.51	0.1,0.2,0.3, 0.4,0.5,0.6	3.5	30, 100
设计高水位 2.19	0.1,0.2,0.3	3.5	1000

2)试验过程

(1)试验前仪器设备及相关检查

①造波设备的检查:进行造波前,试验人员对造波系统进行安全检查,消除不安全因素。

②测量仪器检查:试验人员检查测量(波高、波压力、摄像、录像)仪器完整性,且随时报告仪器的状态,并做好记录。

③水槽内放水检查:水槽通过两台泵进行灌水,充水的速度为每小时水位涨幅约为1m,利用摄像机按照在槽壁上画好的水尺刻度观测水槽中水位读数,达到设计水位关停供水泵站。

④孔隙水压力传感器平稳状态检查:在没有波浪作用情况下,当测量的孔隙水压力传感器读数趋于稳定,表明结构和地基土体处于正常工作状况。

⑤为保证试验工作的有序开展和人员安全,试验前进行现场交底工作,包括试验的工作内容安排,试验人员的分工等。

(2)正式试验过程

小波试验:待所有检查完毕后,由试验人员操作造波机控制柜,先进行小波试验。小波试验完成后,试验人员再次检查仪器是否正常,若仪器设备有故障,检查修复直至状态完好;如果正常,则正式进行试验。小波试验和正式试验照片见图4.1-25、图4.1-26。

图4.1-25 试验前的小波试验

图4.1-26 波浪作用半圆形防波堤试验过程

4.1.6 试验数据分析

1)波浪作用下软黏土地基孔隙水压力分析

软黏土地基孔隙水压力计布置位置见表4.1-7。第一排、第二排、第三排、第四排位于半圆形防波堤的迎浪侧,分别距离半圆形防波堤中心线水平距离6.95m、4.75m、3.10m、1.80m;第五排位于半圆形防波堤中心线,第六排、第七排、第八排位于背浪侧,距离半圆形防波堤中心线水平距离分别为1.80m、3.74m、5.92m,如图4.1-8所示。在深度方向分别在泥面表层和泥面以下0.1m、0.2m、0.3m、0.4m、0.5m、0.6m、0.7m、0.9m、1.2m、1.55m、2.05m、2.55m、3.55m埋设传感器。

传感器位置编号及埋设深度 表4.1-7

埋设深度(m)	位置编号							
	第一排	第二排	第三排	第四排	第五排	第六排	第七排	第八排
表层	K1	—	10	—	—	—	K28	—
0.1	1	9	11	23	35	36	37	58
0.2	—	K2	12	24	—	K18	K29	59
0.3	2	K3	13	25	K13	K19	K30	—
0.4	—	K4	14	26	—	K20	—	—
0.5	3	K5	15	27	K14	K21	K31	—
0.6	—	K6	16	28	—	K22	—	—
0.7	4	K7	17	29	K15	K23	K32	—
0.9	5	K8	18	30	K16	K24	K33	—
1.2	6	K9	19	31	—	—	—	—
1.55	—	K10	20	32	K17	K25	K34	60
2.05	7	K11	21	33	—	—	—	—
2.55	—	K12	22	—	—	K26	—	—
3.55	8	—	—	34	—	K27	—	K35

(1)设计高水位不同波高波浪作用下软黏土地基孔隙水压力分析

在设计高水位水深2.19m条件下,开展了从小波高到大波高波浪循环荷载作用下半圆形防波堤试验研究。试验工况见表4.1-8。

半圆形防波堤模型试验波浪条件参数表 表4.1-8

水深(m)	波浪参数		
	波高(m)	周期(s)	波浪个数(个波)
2.19	0.1,0.2,0.3,0.4,0.5,0.6	3.5	100

孔隙水压力均值即在完整波周期的试验过程中测试的全部孔隙水压力值的平均值,用于反映孔隙水压力的大小。孔隙水压力变幅值即在完整波周期的试验过程中测试的全部孔隙水压力值的最大值与最小值之差,用于反映孔隙水压力的变化范围。将试验中孔隙水压力测试值的计算结果即孔隙水压力均值及变幅值绘制成图,见图4.1-27~图4.1-32。

在设计高水位水深2.19m,波浪周期3.5s,波高0.1m、0.2m、0.3m、0.4m、0.5m、0.6m波浪作用下,从图4.1-27~图4.1-32可以得出如下结论:

①半圆形防波堤地基土体孔隙水压力均值随着土体深度的增加而增加,基本呈线性增加;防波堤基底下部土体孔隙水压力均值大于相同深度防波堤基底外侧土体的孔隙水压力均值。

②半圆形防波堤地基土体的孔隙水压力均值随着波高的增加总体呈增加趋势,但增加值相对较小。随着波高的增加,半圆形防波堤基底下部土体的孔隙水压力均值增加值大于半圆形防波堤基底之外土体孔隙水压力均值增加值。

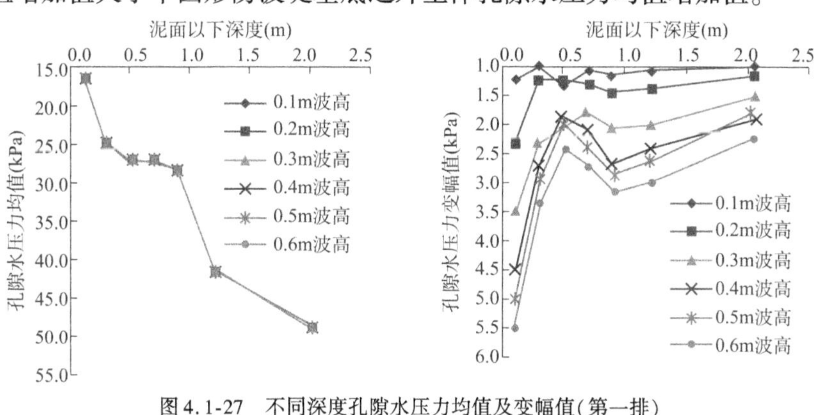

图4.1-27 不同深度孔隙水压力均值及变幅值(第一排)

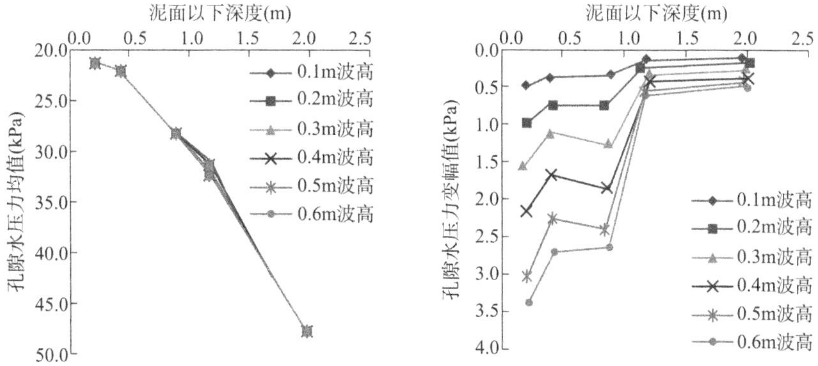

图4.1-28 不同深度孔隙水压力均值及变幅值(第二排)

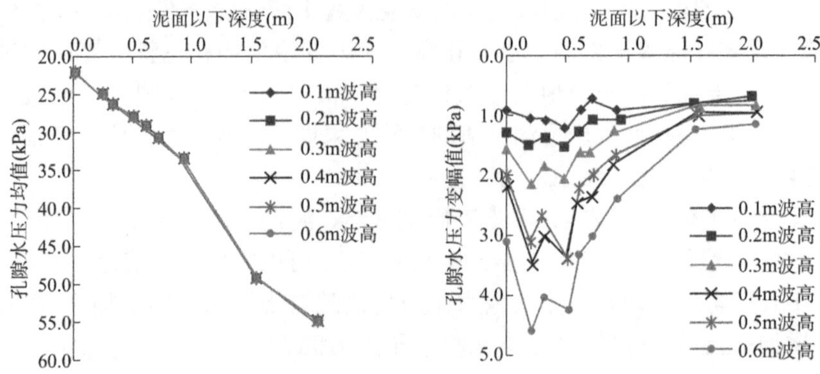

图 4.1-29　不同深度孔隙水压力均值及变幅值(第三排)

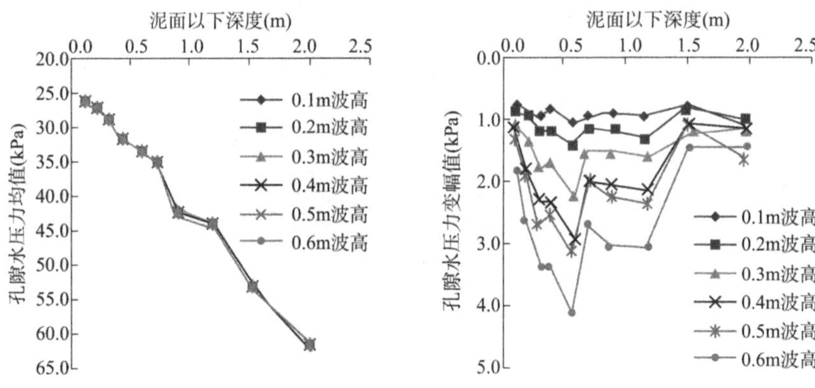

图 4.1-30　不同深度孔隙水压力均值及变幅值(第四排)

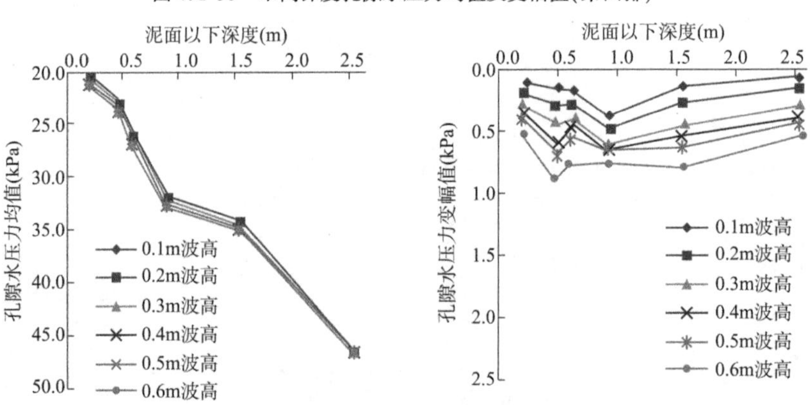

图 4.1-31　不同深度孔隙水压力均值及变幅值(第六排)

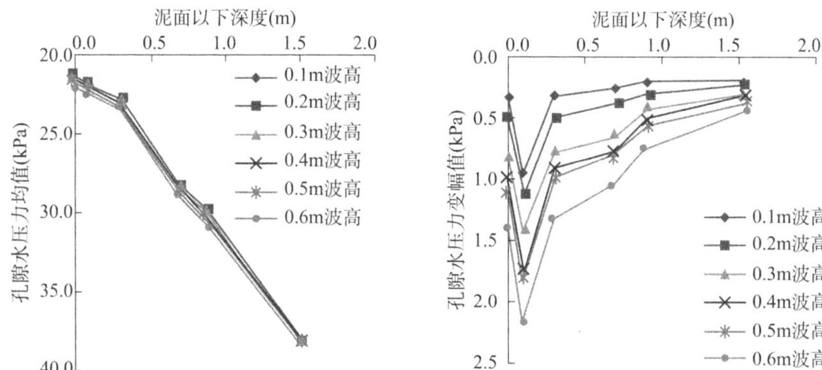

图4.1-32 不同深度孔隙水压力均值及变幅值(第七排)

③半圆形防波堤地基土体的孔隙水压力变幅值随着波高的增加而增大。迎浪侧第一排和第二排0.5m深度以内的土体在波浪作用下,孔隙水压力变幅值随着波高增加而明显增大;1.5m深度以下,土体孔隙水压力变幅值随着波高增加而略有增大,增大值明显减小。背浪侧第七排土体孔隙水压力变幅值变化与迎浪侧第一、二排的变化基本一致,0.5m深度以内的土体孔隙水压力变幅值随着波高增加而明显增大,1.5m深度以下土体孔隙水压力变幅值增加值明显减小。

④半圆形防波堤迎浪侧土体孔隙水压力变幅值大于半圆形防波堤背浪侧土体孔隙水压力变幅值。半圆形防波堤前趾附近区域土体孔隙水压力变幅值较其他位置要大。前趾附近第四排的土体孔隙水压力变幅值在0.1m和0.2m波高作用下变化相对均匀,不同土体深度变化值差别不大;在0.3m以上波高波浪作用,0.3~1.2m深度的土体孔隙水压力变幅值较大,大于其他深度土体的孔隙水压力变幅值。半圆形防波堤背浪侧第六排和第七排的土体孔隙水压力变幅值相对要小一些,总体变化相对均匀。

(2)设计低水位不同波高波浪作用下软黏土地基孔隙水压力分析

在设计低水位水深1.51m条件下,开展了从小波高0.1m到大波高0.6m波浪循环荷载作用下半圆形防波堤试验研究。试验工况见表4.1-9。

半圆形防波堤模型试验波浪条件参数表 表4.1-9

水深(m)	波高(m)	周期(s)	波浪个数(个波)
1.51	0.1,0.2,0.3,0.4,0.5,0.6	3.5	100

在波浪作用下土体孔隙水压力平均值及变幅值见图4.1-33~图4.1-38。第四排(前趾前部)泥面以下0.1m、0.2m、0.3m、0.4m、0.6m、0.7m、0.9m、1.2m、1.55m的土体在波高0.6m波浪作用下,孔隙水压力变化过程见图4.1-39。

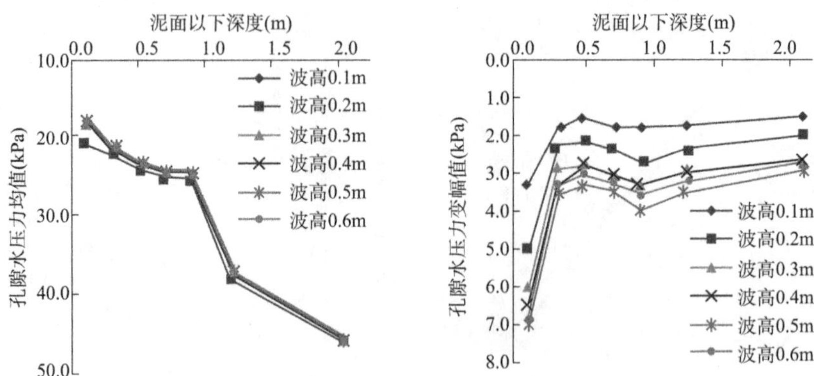

图 4.1-33　不同深度孔隙水压力均值及变幅值(第一排,水深 1.51m)

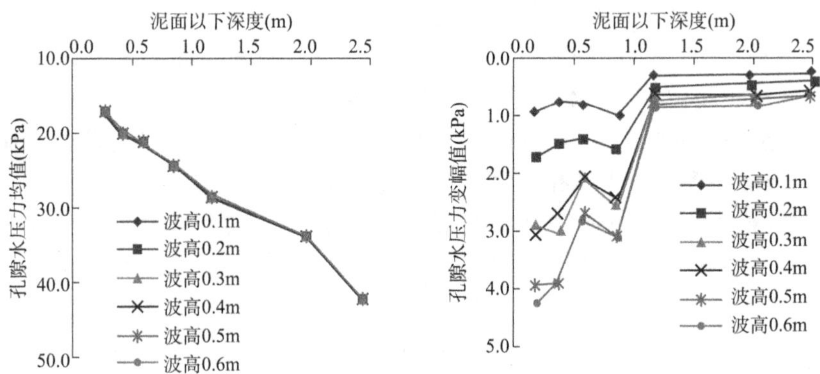

图 4.1-34　不同深度孔隙水压力均值及变幅值(第二排,水深 1.51m)

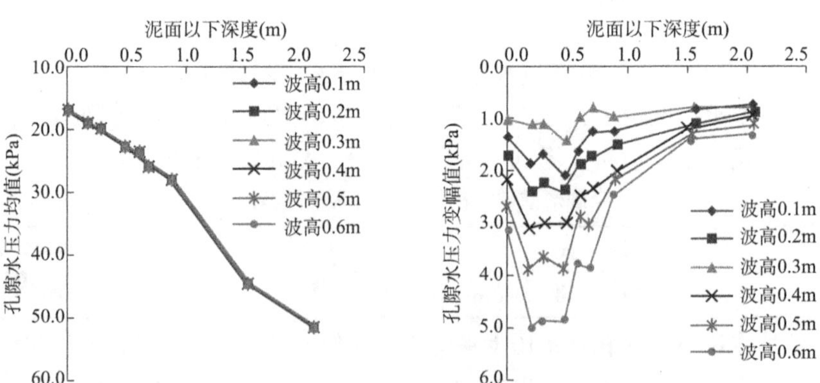

图 4.1-35　不同深度孔隙水压力均值及变幅值(第三排,水深 1.51m)

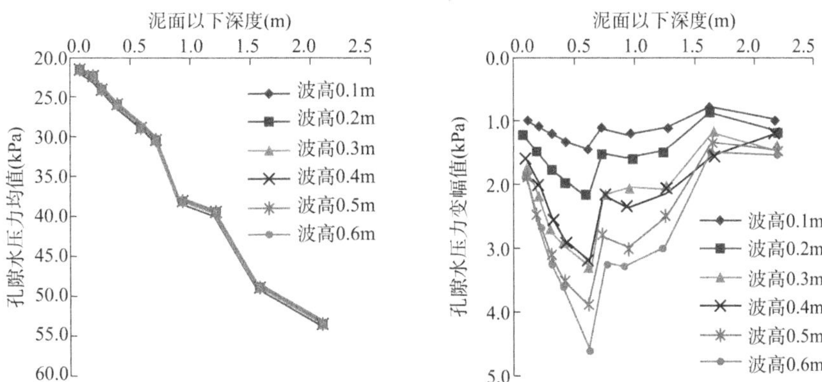

图 4.1-36 不同深度孔隙水压力均值及变幅值(第四排,水深 1.51m)

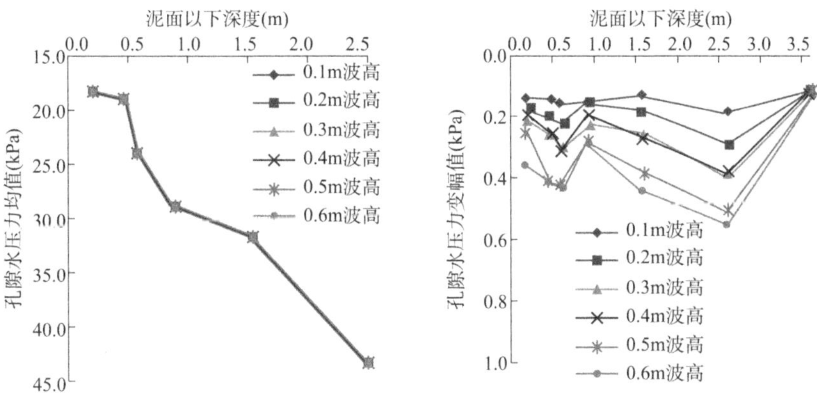

图 4.1-37 不同深度孔隙水压力均值及变幅值(第六排,水深 1.51m)

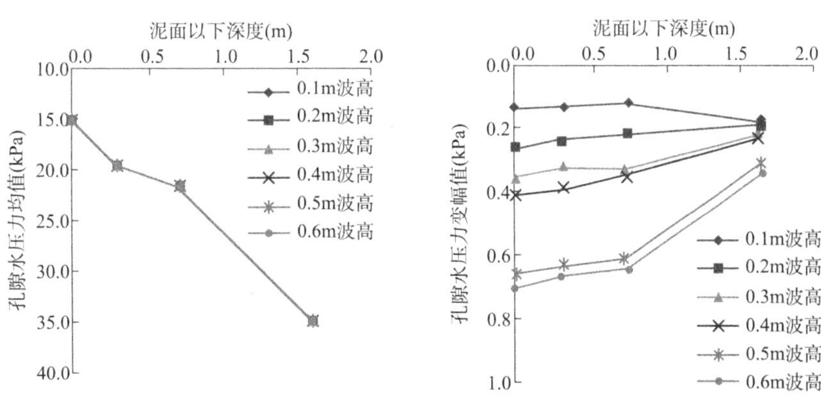

图 4.1-38 不同深度孔隙水压力均值及变幅值(第七排,水深 1.51m)

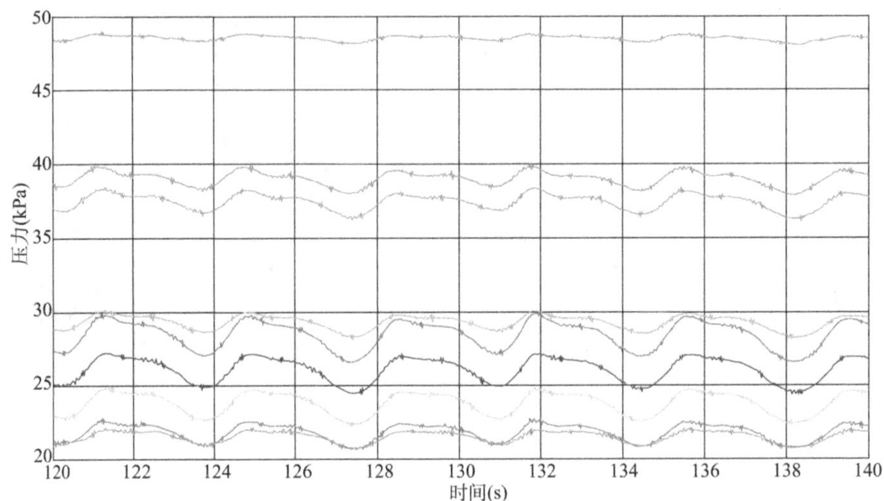

图4.1-39　低水位1.51m,波高0.6m,周期3.5s波浪作用下第四排孔隙水压力变化过程

注:图中曲线从上往下分别对应泥面以下0.1m,0.2m,0.3m,0.4m,0.6m,0.7m,0.9m,1.2m,1.55m压力结果。

在设计低水位水深1.51m,周期3.5s、波数100个波的波浪作用下,从图4.1-33～图4.1-38经分析可以得出如下结论:

①半圆形防波堤地基土体孔隙水压力均值随着土体深度的增加而增加;同一深度半圆形防波堤迎浪侧基底(第三排、第四排)的孔隙水压力值大于半圆形防波堤前部(第一排、第二排)和后部(第六排、第七排)的孔隙水压力值,主要因为设计低水位时,波高0.1～0.5m的波浪基本不越浪,波浪作用力的竖向分力主要作用在半圆形防波堤的迎浪侧,所以对半圆形防波堤前趾至中心线区域的地基土体作用明显,导致这一区域的土体孔隙水压力值较其他区域要大。

②半圆形防波堤前排土体孔隙水压力变幅值基本随着波高的增加而增大,半圆形防波堤前排(第一排、第二排)迎浪侧0.5m深度以内的土体在波浪作用下,孔隙水压力变幅值随着波高增加增大明显;1.5m深度以下,土体孔隙水压力变幅值随着波高增加而略有增大,增大值明显减小。半圆形防波堤后排(第七排)背浪侧土体孔隙水压力变幅值也随着波高的增加而增大,但增加值较小。半圆形防波堤后排土体孔隙水压力变幅值明显小于半圆形防波堤前排土体孔隙水压力变幅值。

③在相同波高、周期的波浪作用下,设计高水位时同一位置土体的孔隙水压力均值大于设计低水位的土体孔隙水压力均值;迎浪侧设计低水位孔隙水压力变幅值大于设计高水位孔隙水压力变幅值;背浪侧设计高水位孔隙水压力变幅值大于

设计低水位孔隙水压力变幅值，主要因为设计高水位半圆形防波堤处于淹没状态，波浪对防波堤背浪侧地基土体影响要远大于低水位条件下的影响。

④半圆形防波堤前趾前部（第四排）泥面以下土体孔隙水压力基本呈周期变化，变化周期与波浪周期基本相同（从下至上依次为泥面以下0.1m、0.2m、0.3m、0.4m、0.6m、0.7m、0.9m、1.2m、1.55m的土体孔隙水压力过程线）。泥面以下1.55m深度土体孔隙水压力峰值与谷值之差较小。说明随着地基土体深度的增加，波浪作用力的影响逐渐减弱。

2）波浪力测试结果分析

在设计高水位和设计低水位不同试验条件下，利用半圆形防波堤模型上布置的波压力传感器对波压力进行测试，对测试数据进行分析。

（1）设计低水位波浪力测试结果分析

选取测点压力绘制波压力过程图，见图4.1-40。对波浪作用半圆形防波堤产生的总的水平力和垂向力进行处理，结果见表4.1-10和图4.1-41。

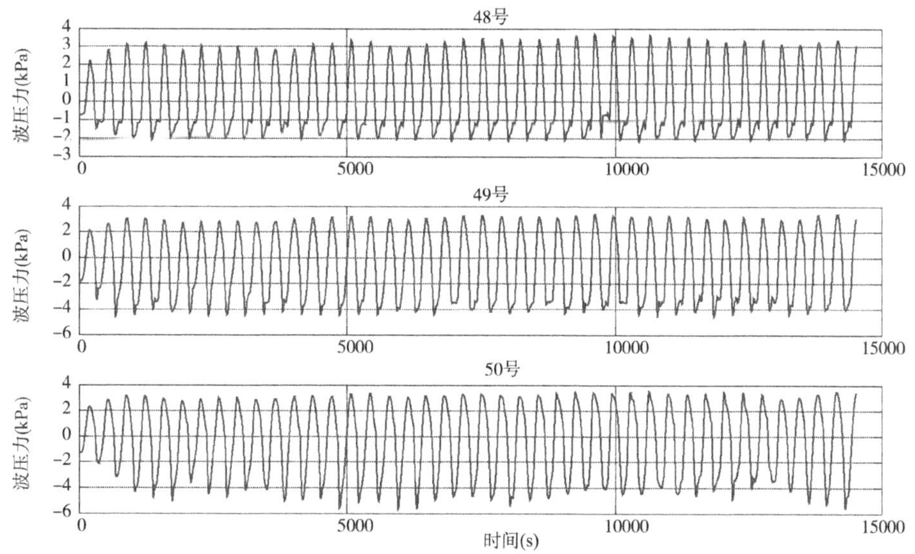

图4.1-40 设计低水位水深1.51m、波高0.6m、波周期3.5 s时波压力过程图

设计低水位水深1.51m、波高0.6m、波周期3.5s半圆形防波堤波压力特征值 表4.1-10

水平力(kN/m)				垂直力(kN/m)			
波峰		波谷		波峰		波谷	
平均值	最大值	平均值	最小值	平均值	最大值	平均值	最小值
5.16	5.54	-5.60	-6.22	2.00	2.17	-3.89	-4.30

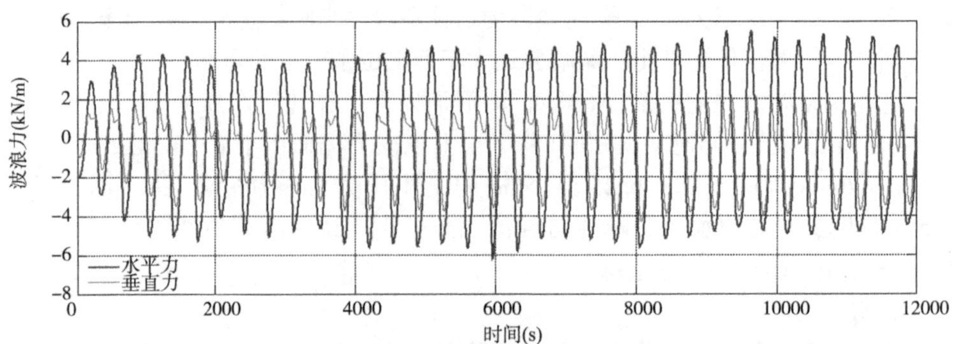

图 4.1-41　设计低水位水深 1.51m,波高 0.6m,波周期 3.5s 波压力水平力、垂直力过程图

(2)设计高水位波浪力测试结果分析

选取测点压力绘制波压力过程图,见图 4.1-42。对波浪作用半圆形防波堤产生总的水平力和垂向力进行处理,结果见表 4.1-11 和图 4.1-43。

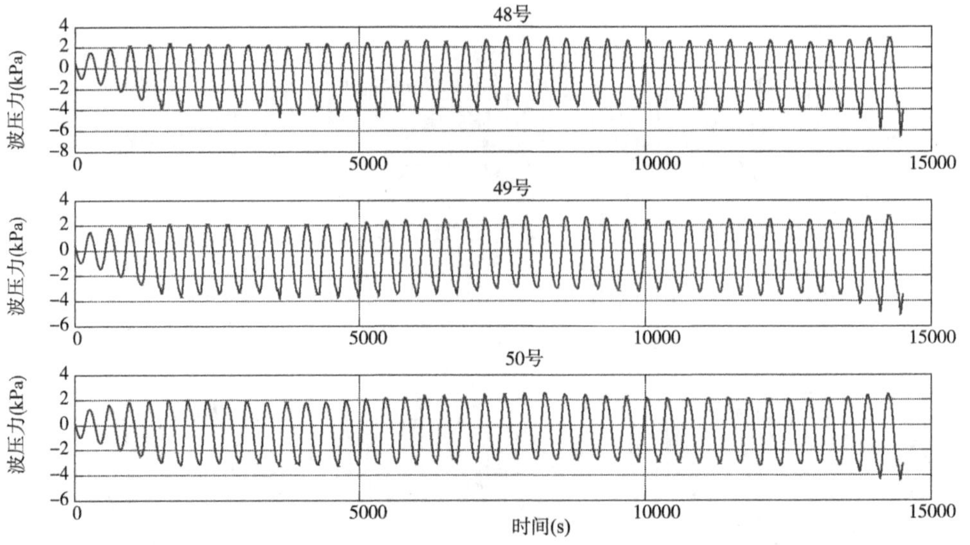

图 4.1-42　设计高水位 2.19m,波高 0.6m,波周期 3.5 s 时波压力过程

设计高水位水深 2.19m、波高 0.6m、波周期 3.5s 半圆形防波堤波压力特征值　　表 4.1-11

水平力(kN/m)				垂直力(kN/m)			
波峰		波谷		波峰		波谷	
平均值	最大值	平均值	最小值	平均值	最大值	平均值	最小值
4.56	4.71	-5.12	-5.34	3.19	3.35	-3.50	-3.60

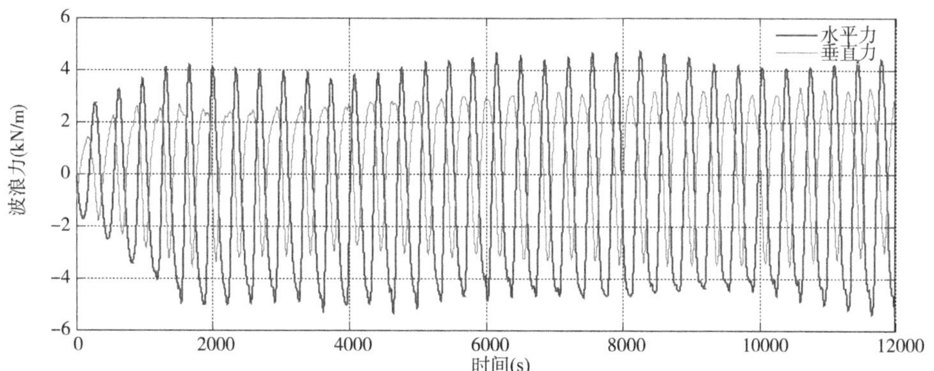

图 4.1-43 设计高水位 2.19m,波高 0.6m,波周期 3.5s 时波压力时水平力、垂直力过程

从试验数据看出,相同波高作用下,针对水平力分析,高水位时的水平力明显小于低水位。对于向下的垂直力,则正好相反,在高水位时波浪产生的垂直力明显大于低水位。

在波浪作用下,将半圆形防波堤受波浪力分为 3 个分量力,即水平力(向右为正)、下压力(向下为正)、浮托力(向下为正)。地基受力为下压力和浮托力之和,向下为正。各分量力方向示意图见图 4.1-44。

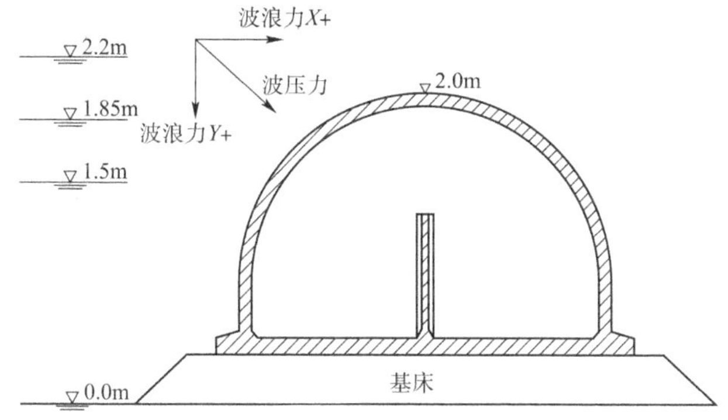

图 4.1-44 半圆形防波堤波浪力分解

设计低水位和设计高水位条件下,在波高 0.6m、波周期 3.5s 的波浪作用下,半圆形防波堤受到的波浪水平力、下压力和浮托力见表 4.1-12 和表 4.1-13 及图 4.1-45。

低水位水深 1.51m、波高 0.6m、周期 3.5s 波压力分量统计值(单位:kN/m) 表 4.1-12

类别	水平力		下压力		浮托力	
	波峰	波谷	波峰	波谷	波峰	波谷
水平力最大	5.54	-6.21	2.76	-1.15	-2.37	4.63

续上表

类　别	水　平　力		下　压　力		浮　托　力	
	波峰	波谷	波峰	波谷	波峰	波谷
地基荷载最大	-5.41	3.16	-0.93	0.29	5.23	-2.46
下压力最大	3.21	-4.90	3.20	-1.35	-3.14	3.53
浮托力最大	-5.41	1.96	-0.93	2.33	5.23	-3.60

高水位水深 2.19m、波高 0.6m、周期 3.5s 波压力分量统计值(单位:kN/m)　　表 4.1-13

类　别	水　平　力		下　压　力		浮　托　力	
	波峰	波谷	波峰	波谷	波峰	波谷
水平力最大	4.71	-5.44	3.18	-5.43	-1.96	2.50
地基荷载最大	2.03	-4.88	4.71	-5.95	-1.11	2.60
下压力最大	2.28	-4.65	5.52	-6.20	-2.16	3.03
浮托力最大	-4.94	0.05	-5.61	5.08	3.36	-2.77

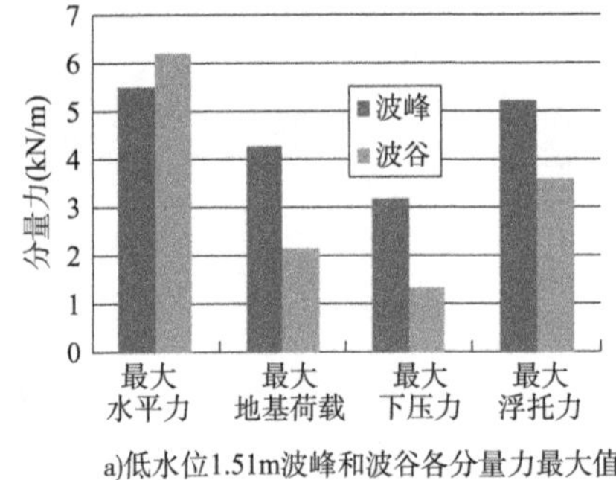

a)低水位1.51m波峰和波谷各分量力最大值

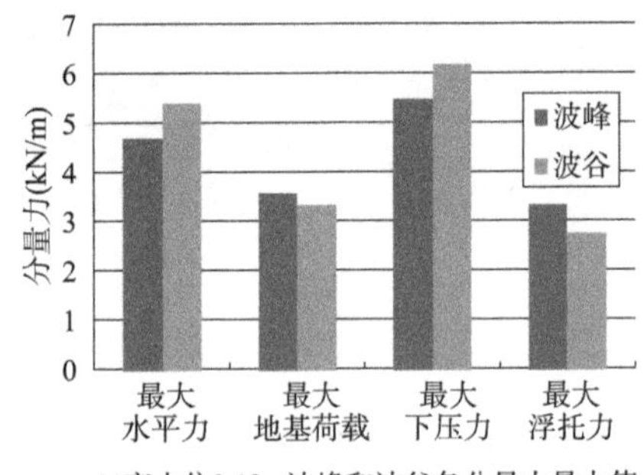

b)高水位2.19m波峰和波谷各分量力最大值

图 4.1-45　低水位、高水位波峰和波谷波浪力各分量力最大值

由波浪分量力统计结果可知,不同水位条件下,波峰和波谷时刻各分量力关系为:设计低水位 1.51m,波峰和波谷时刻下水平力均最大,各竖向分力在波峰时大于波谷;设计高水位 2.19m,波峰和波谷时刻下压力最大,各分量力在波峰和波谷时刻较为接近。

设计低水位 1.51m 的波浪水平力大于设计高水位 2.19m 的波浪水平力;设计高水位 2.19m 的波浪下压力大于设计低水位 1.51m 的波浪下压力;设计低水位 1.51m的波浪浮托力大于设计高水位 2.19m 的波浪浮托力。

3)波浪长时间作用软土地基孔隙水压力测试结果分析

为进行波浪长时间作用试验,对地基土体进行了重新更换,含水率为 40%,在

半圆形防波堤软黏土地基中布设了10排孔隙水压力传感器。传感器布置见图4.1-46。传感器位置及编号见表4.1-14。

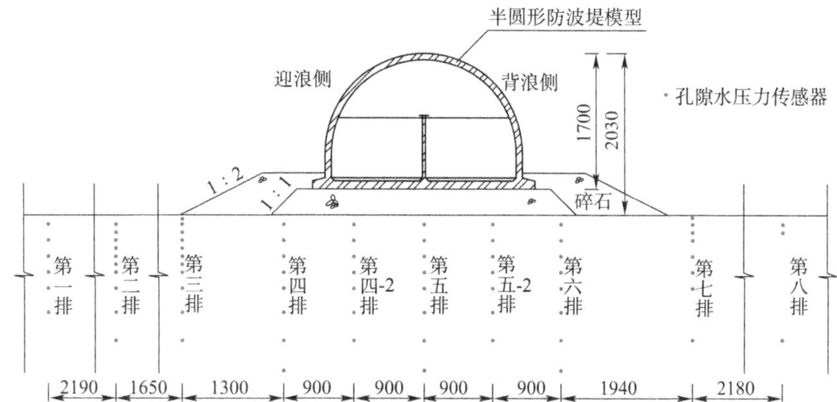

图4.1-46 传感器布置位置示意图(尺寸单位:mm)

传感器编号及在土层中埋设深度 表4.1-14

序号	深度(m)	第一排	第二排	第三排	第四排	第四-2排	第五排	第五-2排	第六排	第七排	第八排
1		K1		10						K28	
2	0.1	1	9	11						37	58
3	0.2		K2	12	25	K17	35	K100	K23	K29	59
4	0.3	2	K3	13						K30	
5	0.4		K4	14	30	K40	K42	K89	K19		
6	0.5	3	K5	15						K31	
7	0.6		K6	16	27	K38	K43	K97	K24		
8	0.7	4	K7	17						K32	
9	0.8	—	—	—	29	K98	K44	K41	K20	—	—
10	0.9	5	K8	18	—	—	—	—	—	K33	—
11	1.0	—	—	—	28	K99	K45	K22	36	—	—
12	1.2	6	K9	19	—	—	—	—	—	—	—
13	1.3	—	—	—	26	K37	K46	K90	K25	—	—
14	1.55	—	K10	20	—	—	—	—	—	K34	60
15	1.65	—	—	—	33	K39	K47	K21	K13	—	—

续上表

序号	深度(m)	第一排	第二排	第三排	第四排	第四-2排	第五排	第五-2排	第六排	第七排	第八排
16	2.05	7	K11	21	24	—	K48	—	K18	—	—
17	2.55	—	K12	22	—	—	—	—	K26	—	—
18	3.55	8	—	—	—	—	—	—	K27	—	K35

开展了半圆形防波堤在波浪长时间作用下的试验研究,半圆形防波堤内碎石满载,设计高水位水深2.19m,连续进行3次波高0.3m、周期3.5s、波个数1000个波的试验。试验工况见表4.1-15。

半圆形防波堤模型试验工况参数表 表4.1-15

水深(m)	波高(m)	周期(s)	波浪个数(个波)
2.19	0.3	3.5	1000,1000,1000

选取部分孔隙水压力传感器测试的孔隙水压力值绘制过程图,图名后面的(1)表示第1次1000个波作用孔隙水压力过程图,(2)表示第2次1000个波作用孔隙水压力过程图,(3)表示第3次1000个波作用孔隙水压力过程图。半圆形防波堤地基中软黏土孔隙水压力在波浪作用下变化过程如图4.1-47~图4.1-56所示。

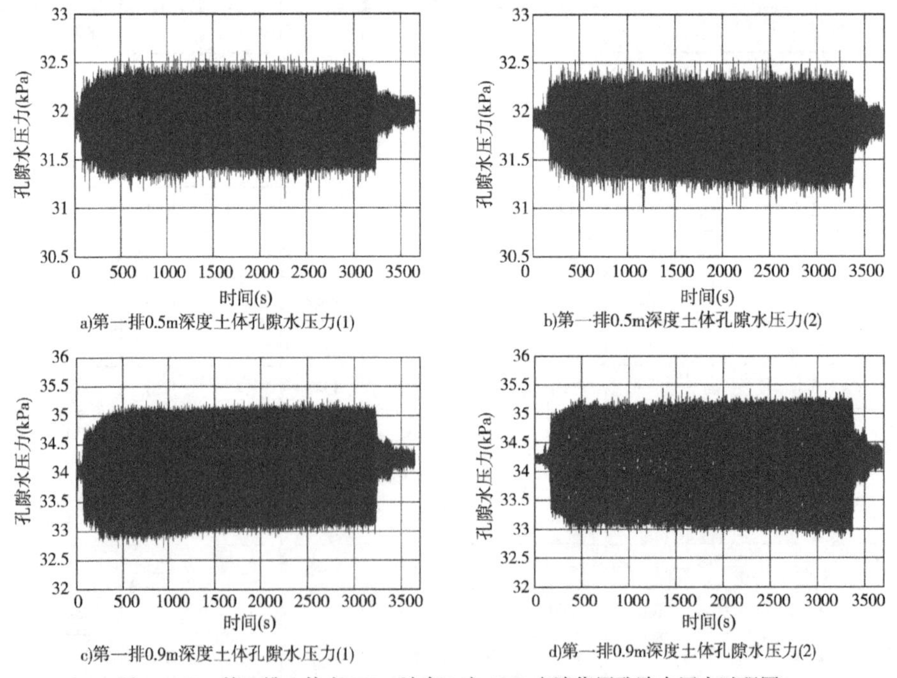

图4.1-47 第一排土体在0.3m波高2次1000个波作用孔隙水压力过程图

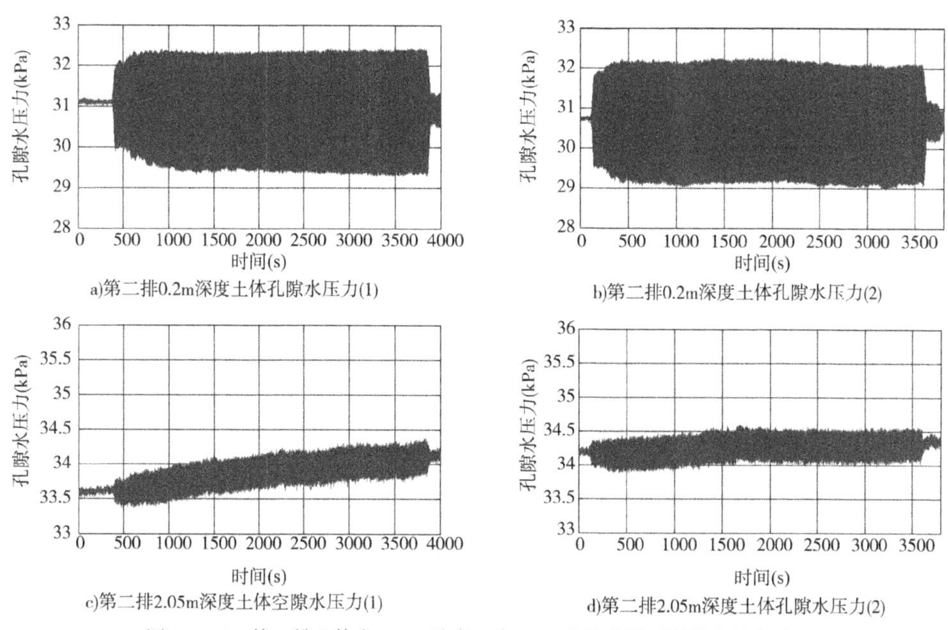

图4.1-48 第二排土体在0.3m波高2次1000个波作用下孔隙水压力过程

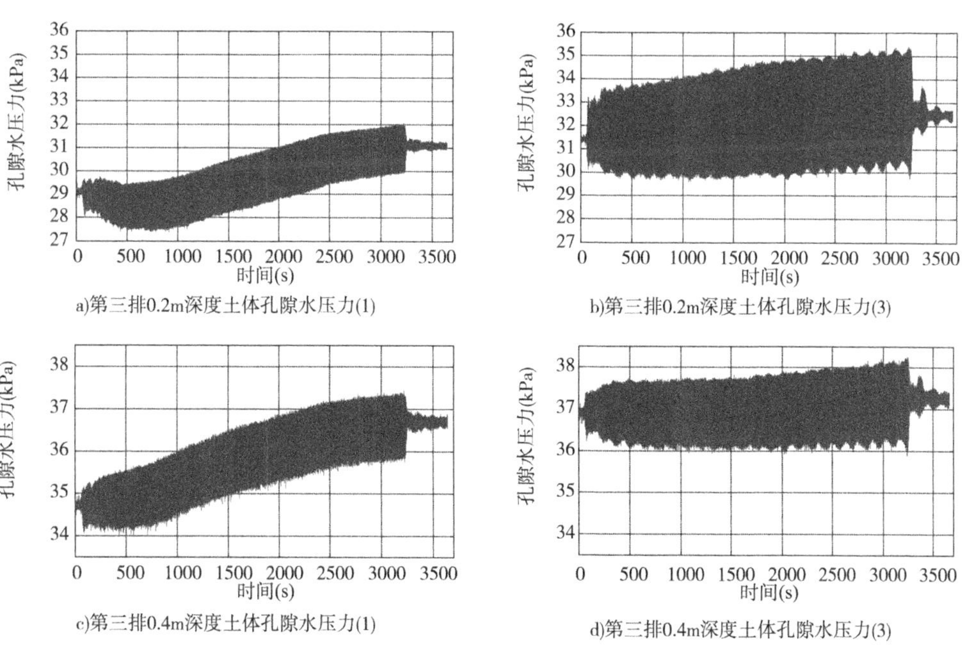

图 4.1-49

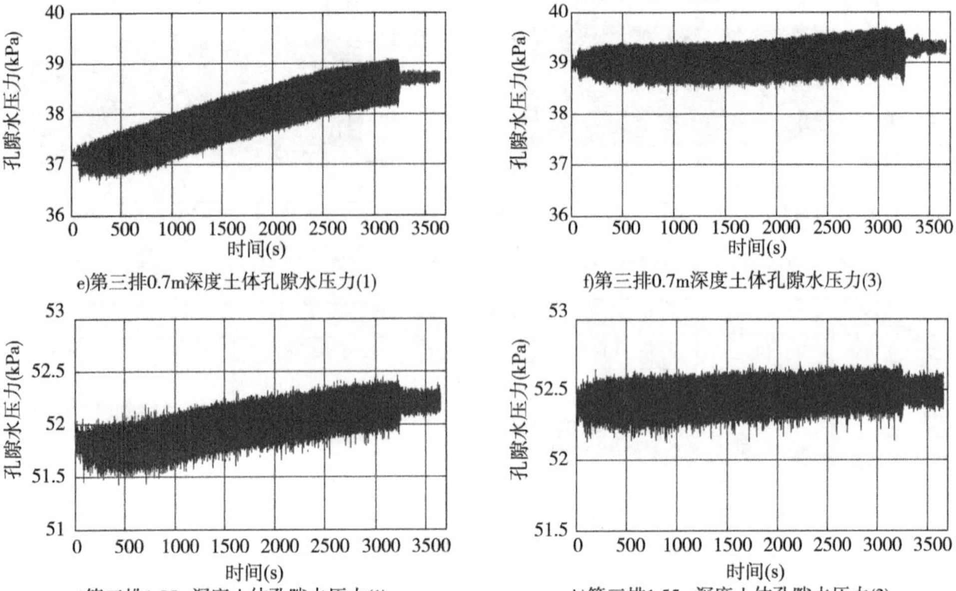

e)第三排0.7m深度土体孔隙水压力(1)

f)第三排0.7m深度土体孔隙水压力(3)

g)第三排1.55m深度土体孔隙水压力(1)

h)第三排1.55m深度土体孔隙水压力(3)

图 4.1-49　第三排土体在 0.3m 波高 3 次 1000 个波作用下孔隙水压力过程

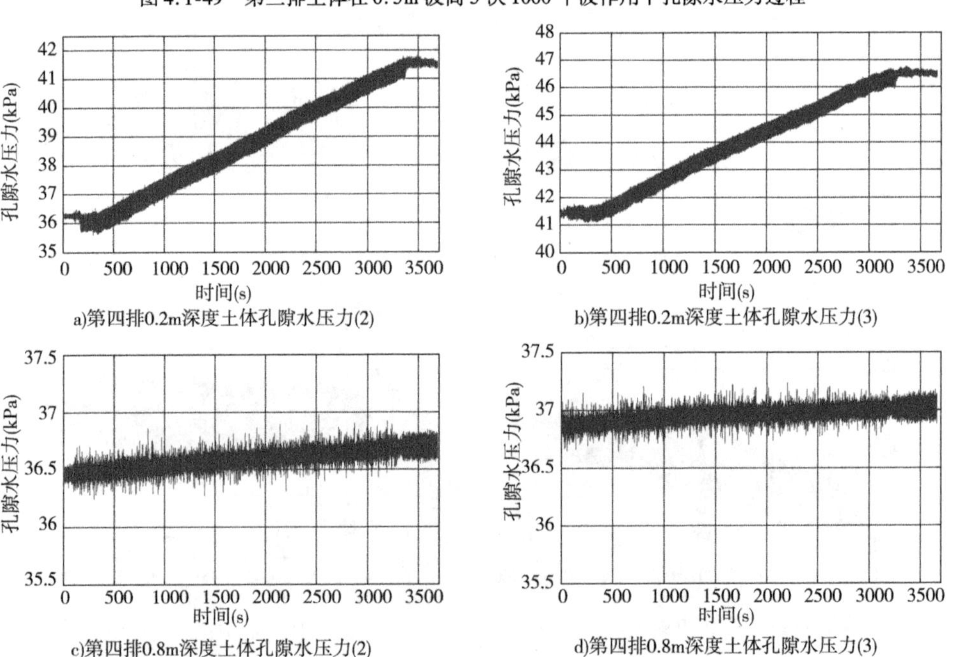

a)第四排0.2m深度土体孔隙水压力(2)

b)第四排0.2m深度土体孔隙水压力(3)

c)第四排0.8m深度土体孔隙水压力(2)

d)第四排0.8m深度土体孔隙水压力(3)

图　4.1-50

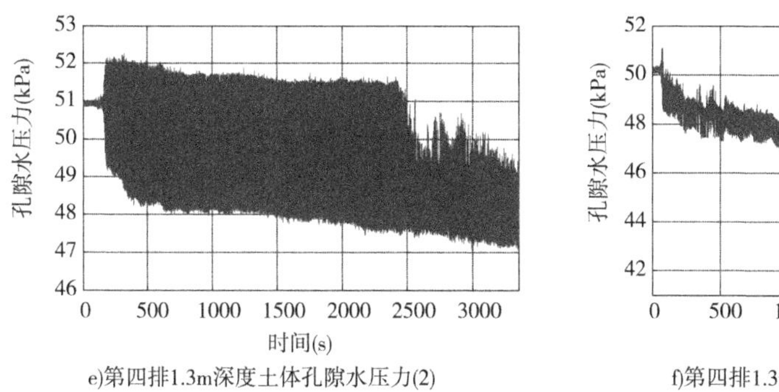

e)第四排1.3m深度土体孔隙水压力(2)

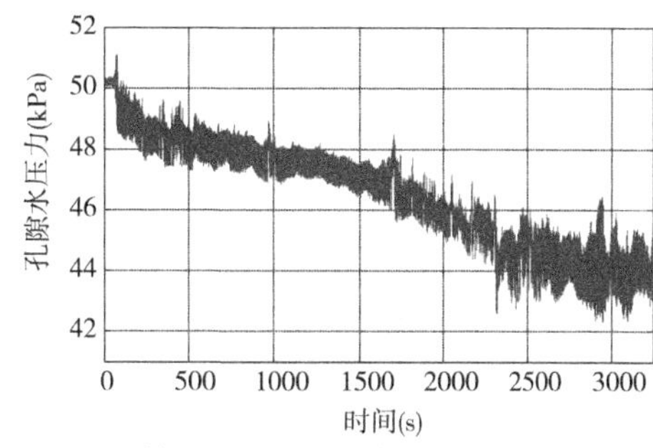

f)第四排1.3m深度土体孔隙水压力(3)

图 4.1-50　第四排土体在 0.3m 波高 3 次 1000 个波作用下孔隙水压力过程

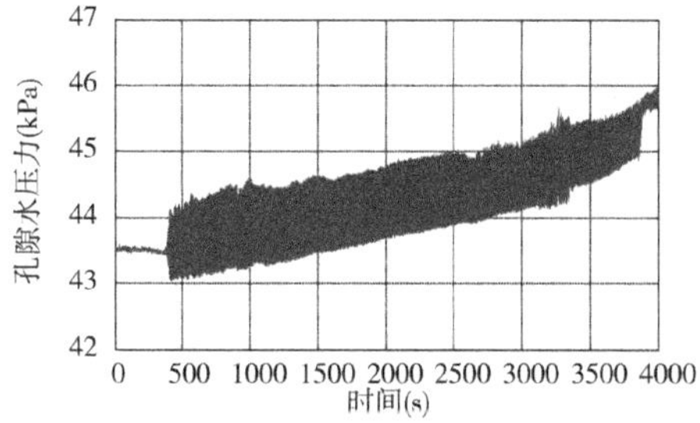

a)第四-2排0.2m深度土体孔隙水压力(1)

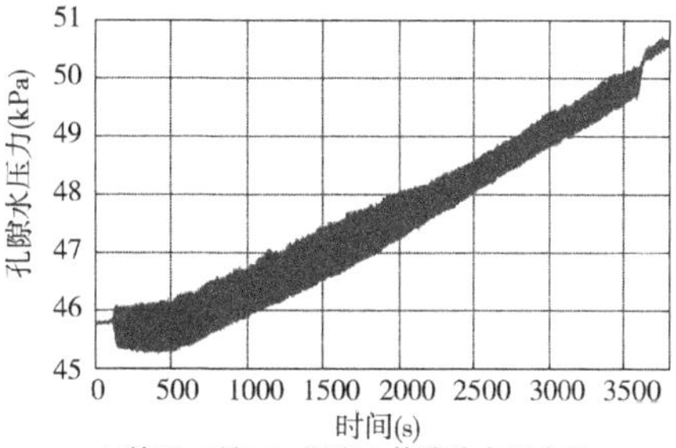

b)第四-2排0.2m深度土体孔隙水压力(2)

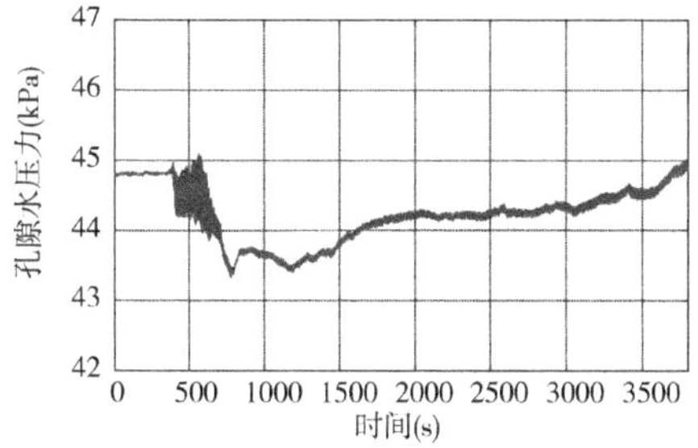

c)第四-2排0.4m深度土体孔隙水压力(1)

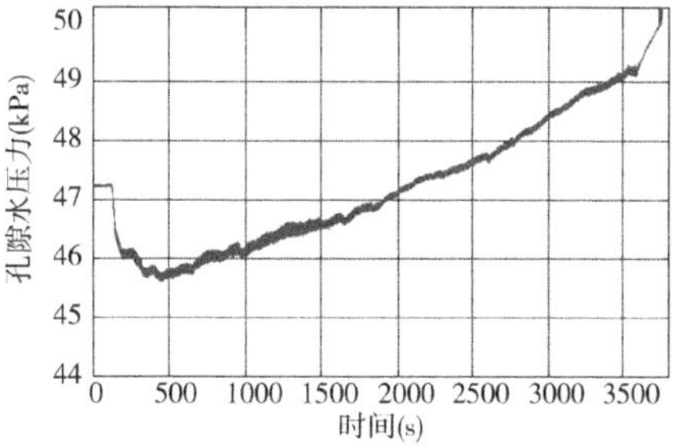

d)第四-2排0.4m深度土体孔隙水压力(2)

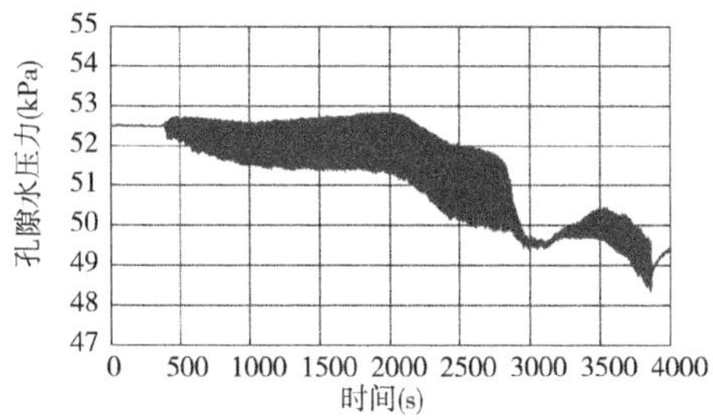

e)第四-2排1.0m深度土体孔隙水压力(1)

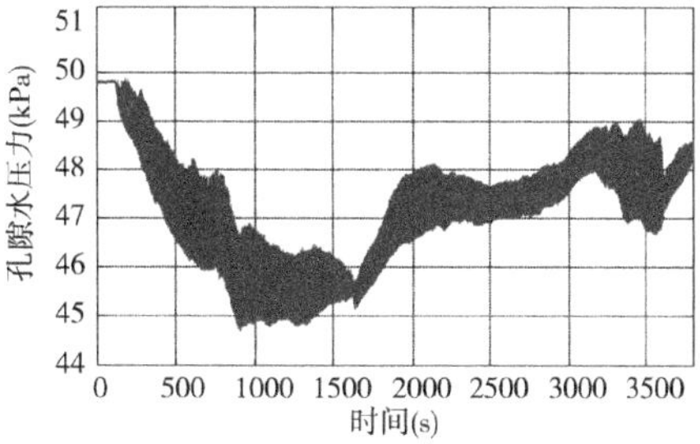

f)第四-2排1.0m深度土体孔隙水压力(2)

图　4.1-51

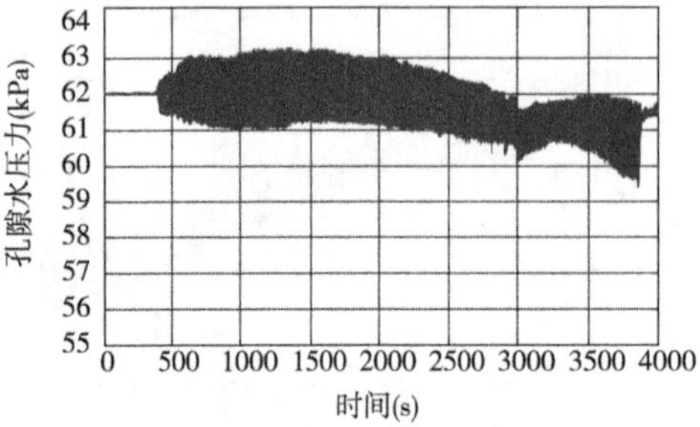

g)第四-2排1.3m深度土体孔隙水压力(1)

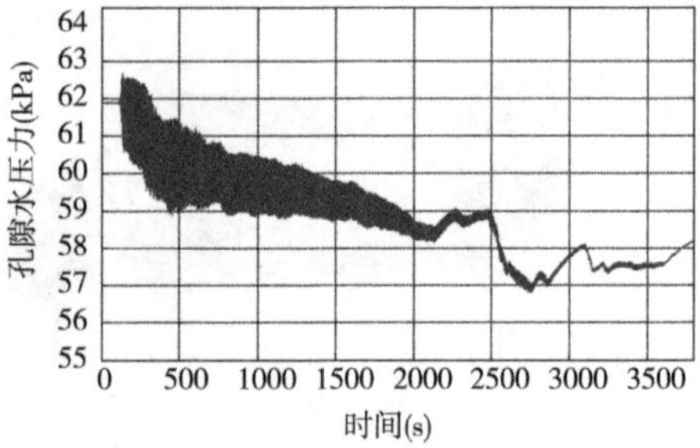

h)第四-2排1.3m孔隙水压力(2)

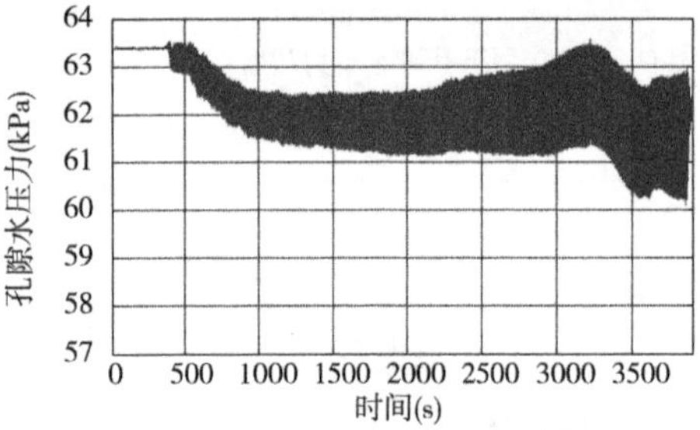

i)第四-2排1.65m深度土体孔隙水压力(1)

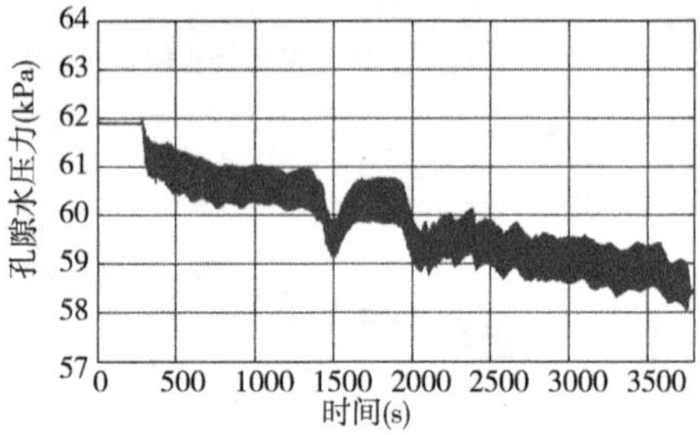

j)第四-2排1.65m深度土体孔隙水压力(3)

图 4.1-51　第四-2 排土体在 0.3m 波高 3 次 1000 个波作用下孔隙水压力过程

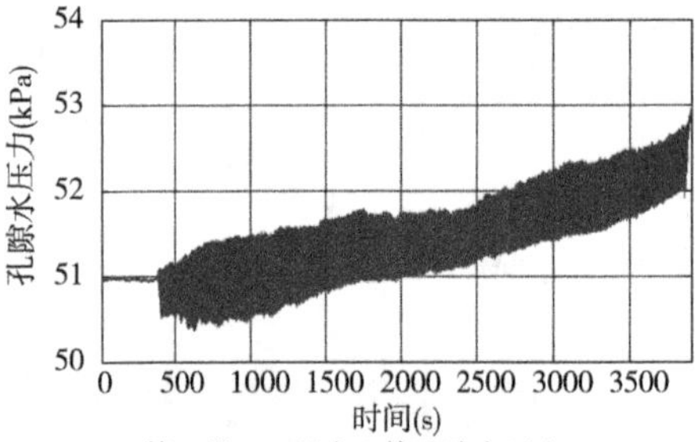

a)第五排0.6m深度土体孔隙水压力(1)

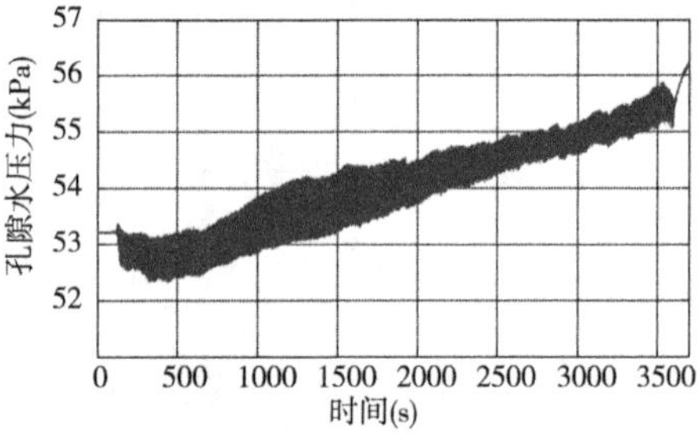

b)第五排0.6m深度土体孔隙水压力(2)

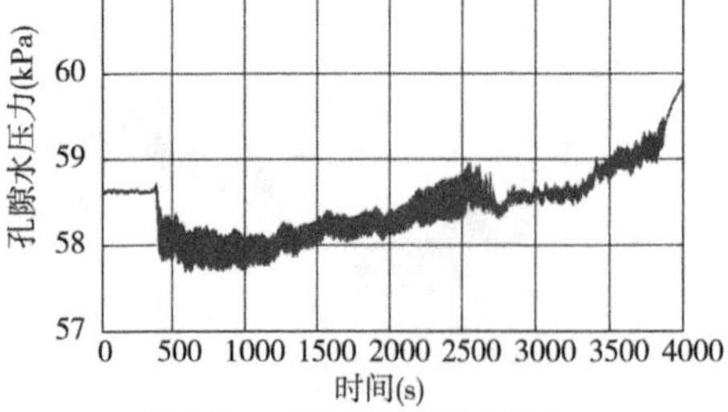

c)第五排0.8m深度土体孔隙水压力(1)

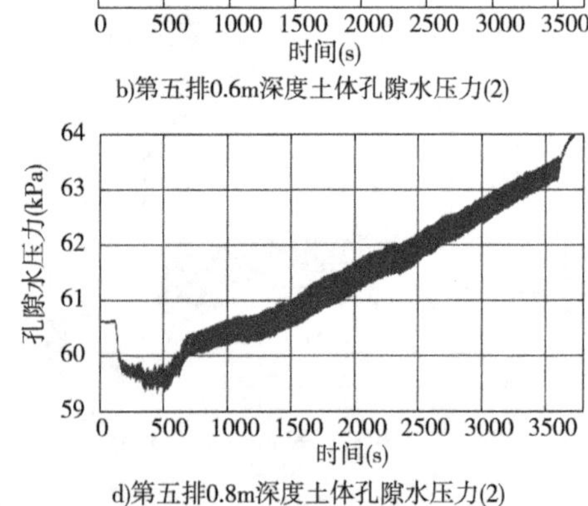

d)第五排0.8m深度土体孔隙水压力(2)

图　4.1-52

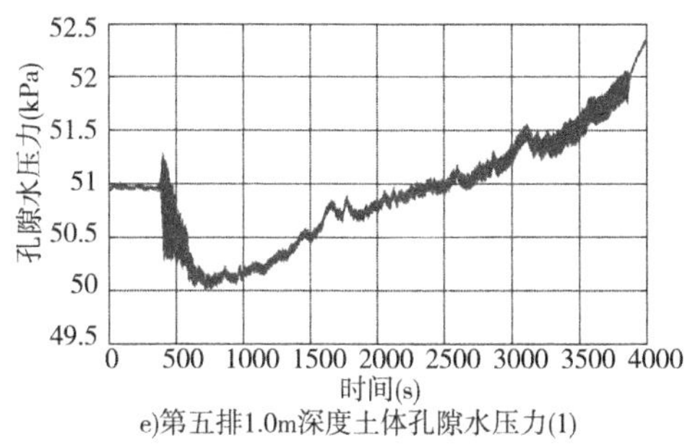

e)第五排1.0m深度土体孔隙水压力(1)

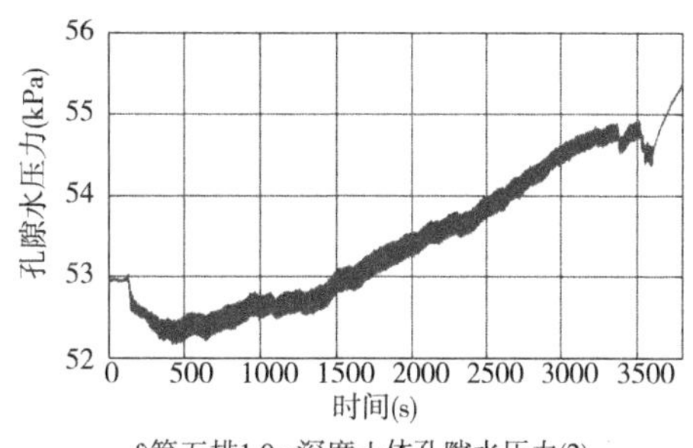

f)第五排1.0m深度土体孔隙水压力(2)

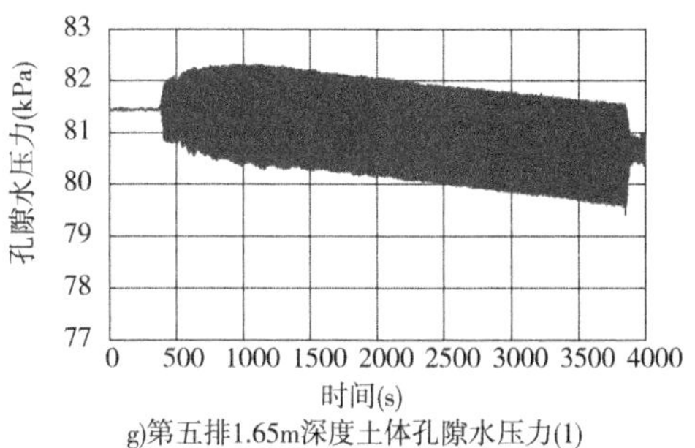

g)第五排1.65m深度土体孔隙水压力(1)

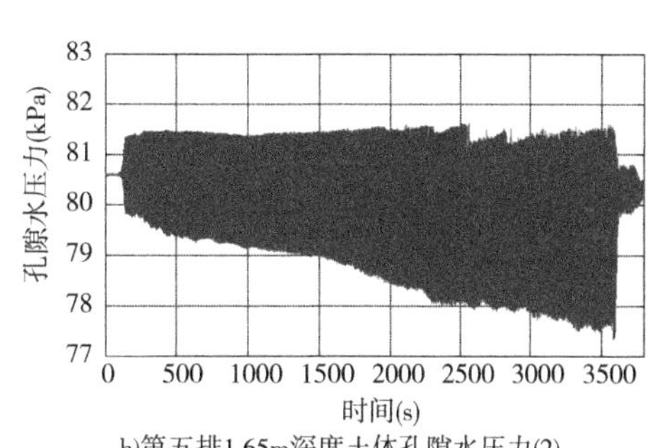

h)第五排1.65m深度土体孔隙水压力(2)

图 4.1-52　第五排土体在 0.3m 波高 3 次 1000 个波作用下孔隙水压力过程

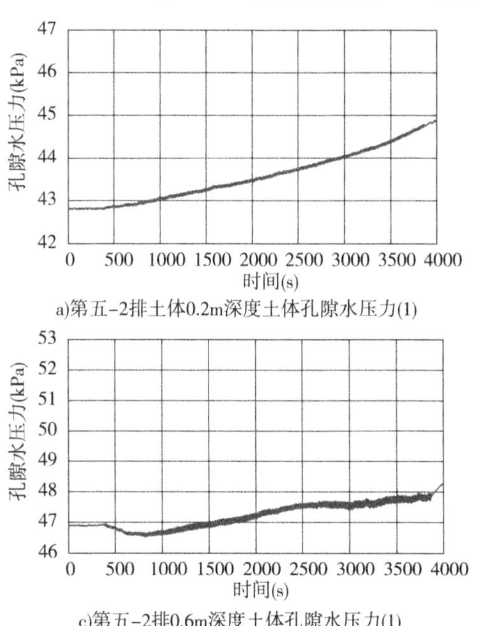

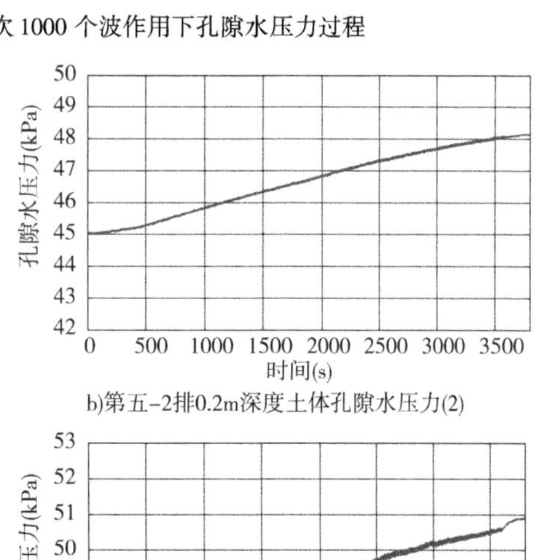

c)第五-2排0.6m深度土体孔隙水压力(1)

d)第五-2排0.6m深度土体孔隙水压力(2)

图　4.1-53

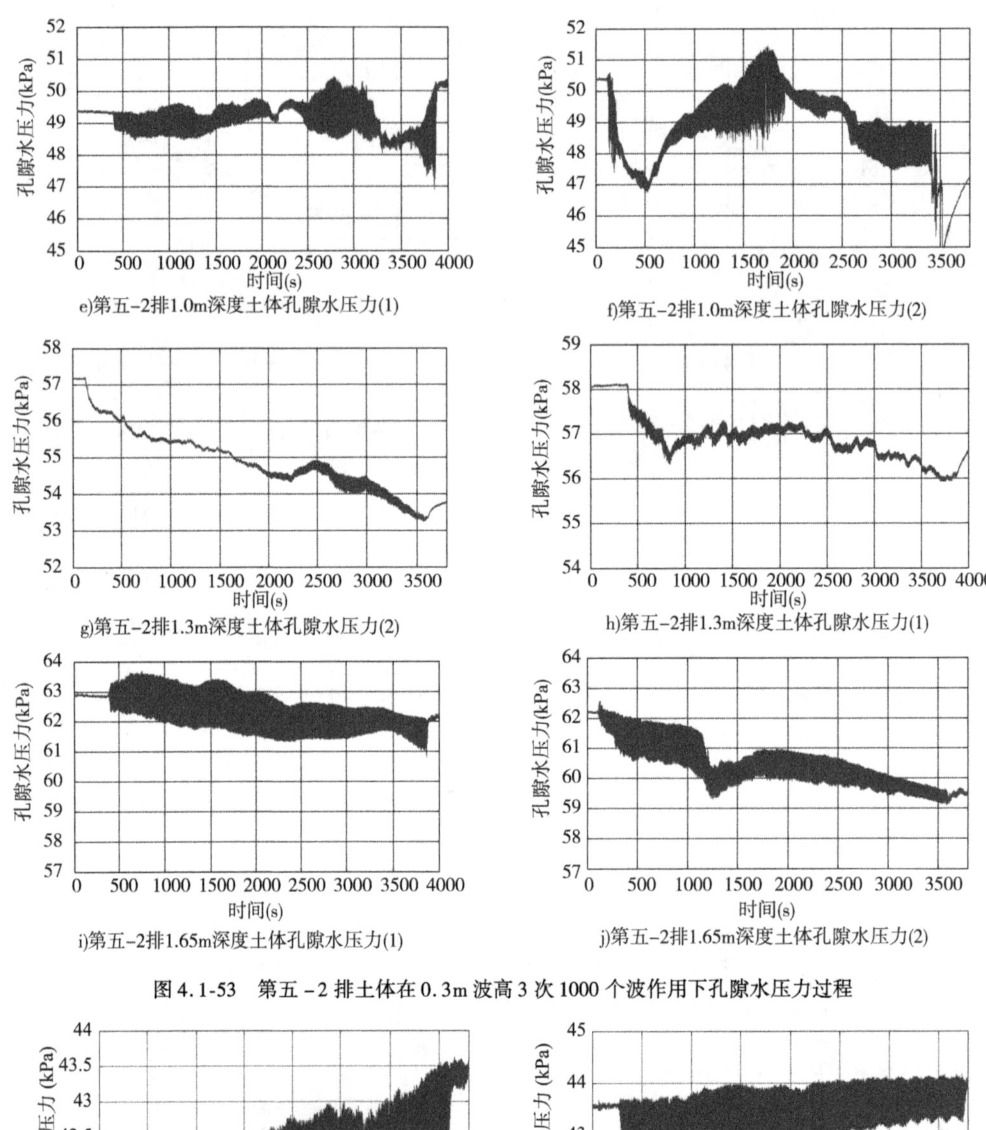

e)第五-2排1.0m深度土体孔隙水压力(1)

f)第五-2排1.0m深度土体孔隙水压力(2)

g)第五-2排1.3m深度土体孔隙水压力(2)

h)第五-2排1.3m深度土体孔隙水压力(1)

i)第五-2排1.65m深度土体孔隙水压力(1)

j)第五-2排1.65m深度土体孔隙水压力(2)

图 4.1-53　第五 -2 排土体在 0.3m 波高 3 次 1000 个波作用下孔隙水压力过程

孔隙水压力 (kPa)

时间(s)

a)第六排0.4m 深度土体孔隙水压力(2)

b)第六排0.4m深度土体孔隙水压力(3)

图　4.1-54

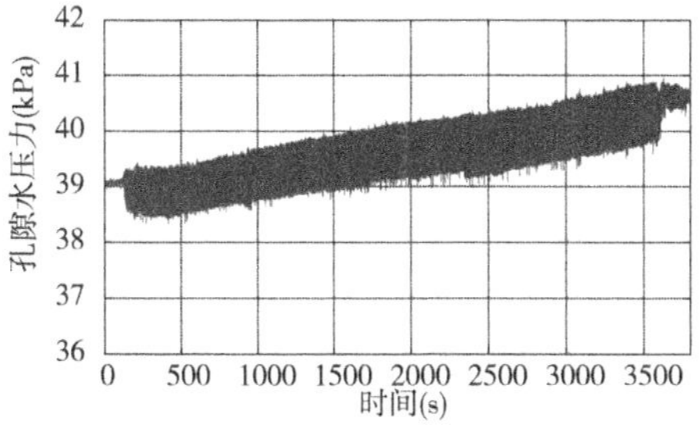

c)第六排0.6m深度土体孔隙水压力(2)

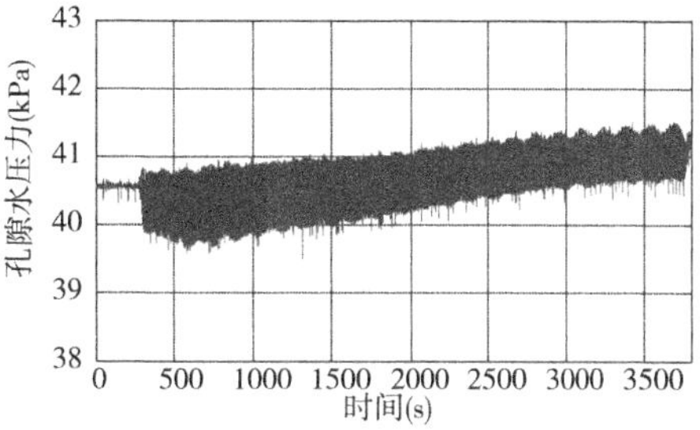

d)第六排0.6m深度土体孔隙水压力(3)

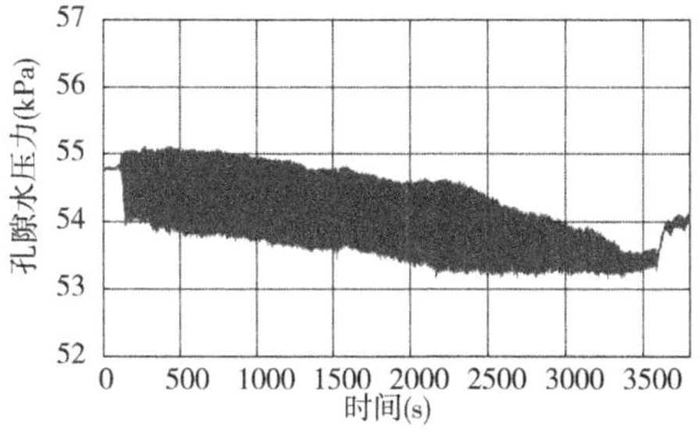

e)第六排1.3m深度土体孔隙水压力(2)

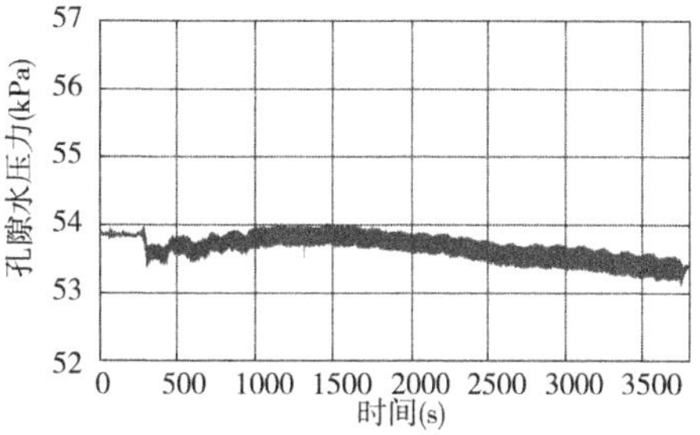

f)第六排1.3m深度土体孔隙水压力(3)

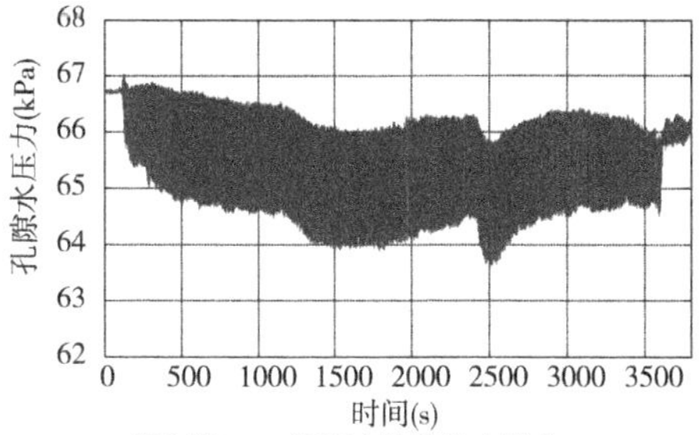

g)第六排2.05m深度土体孔隙水压力(2)

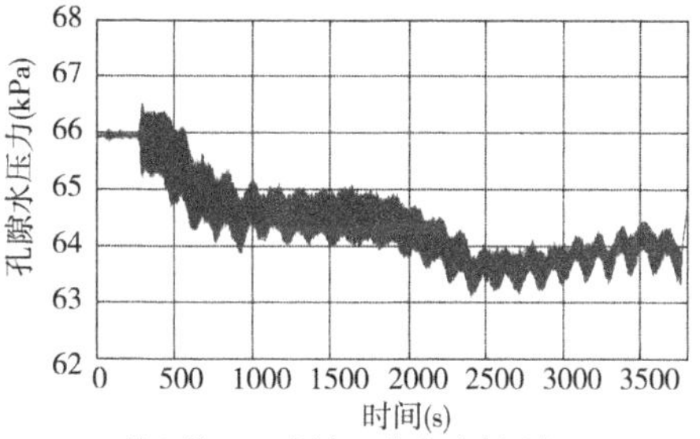

h)第六排2.05m深度土体孔隙水压力(3)

图 4.1-54　第六排土体在 0.3m 波高 3 次 1000 个波作用下孔隙水压力过程

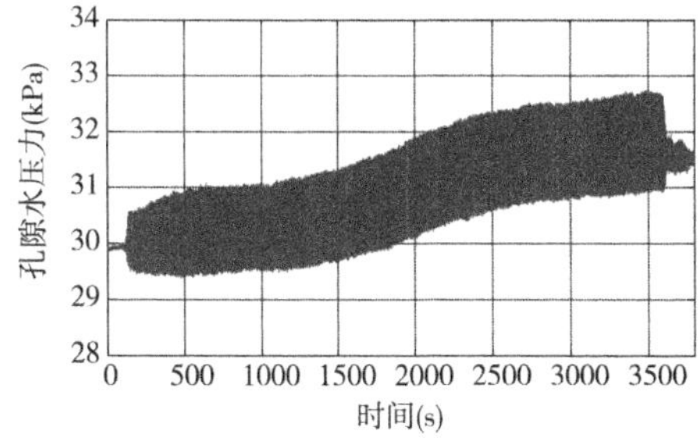

a)第七排0.3m深度土体孔隙水压力(2)

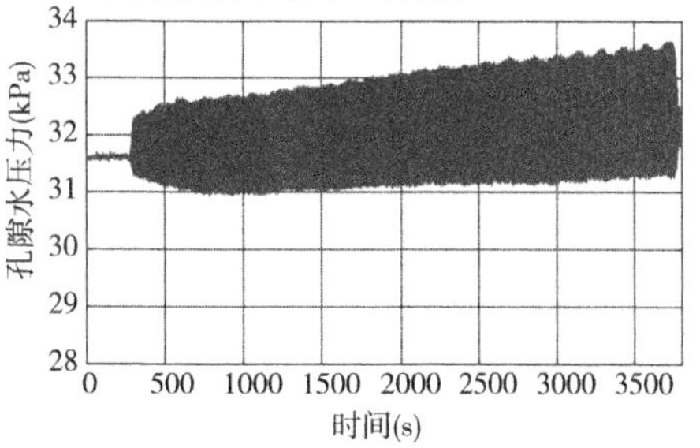

b)第七排0.3m深度土体孔隙水压力(3)

图　4.1-55

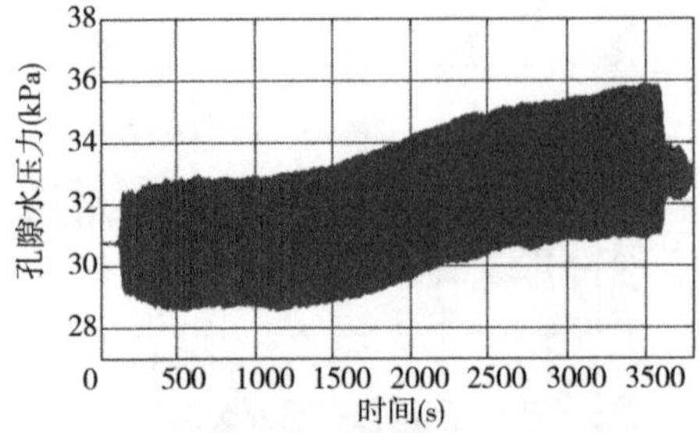

c)第七排0.7m深度土体孔隙水压力(2)

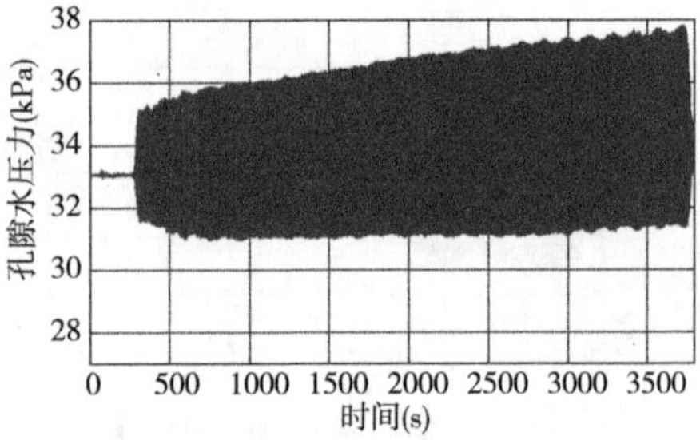

d)第七排0.7m深度土体孔隙水压力(3)

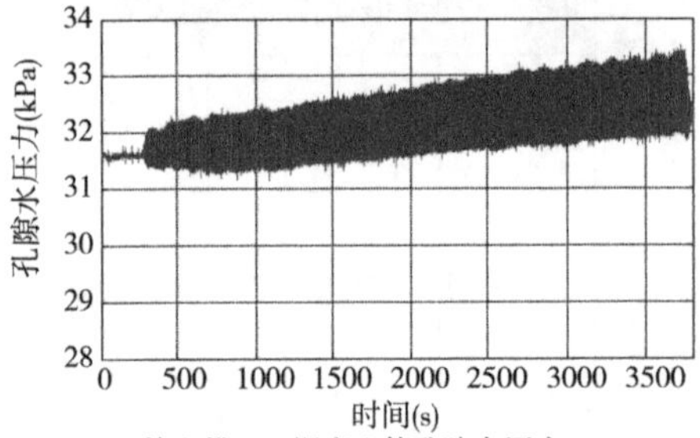

e)第七排0.9m深度土体孔隙水压力(3)

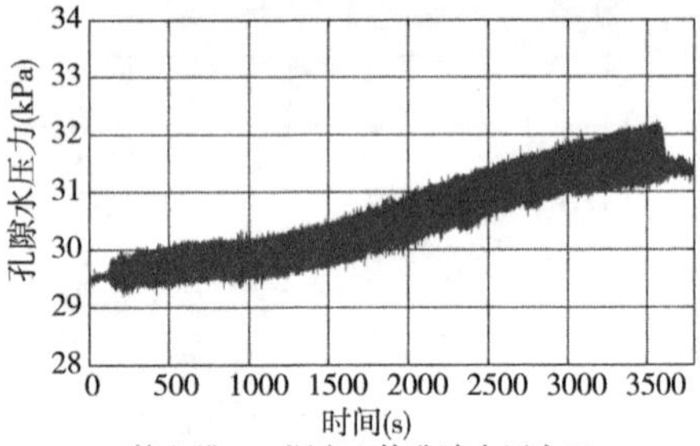

f)第七排0.9m深度土体孔隙水压力(2)

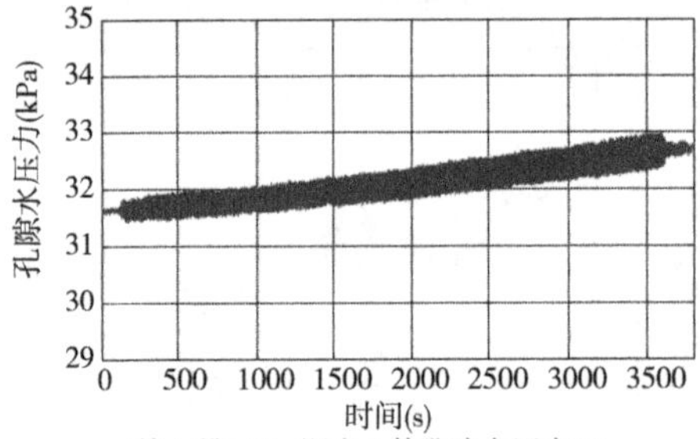

g)第七排1.55m深度土体孔隙水压力(2)

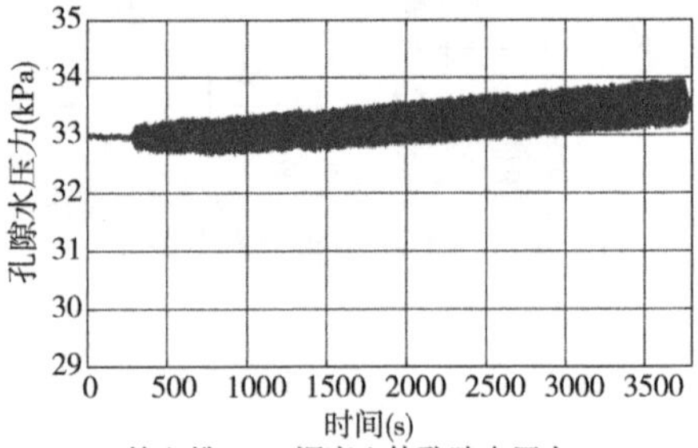

h)第七排1.55m深度土体孔隙水压力(3)

图 4.1-55　第七排土体在 0.3m 波高 3 次 1000 个波作用下孔隙水压力过程

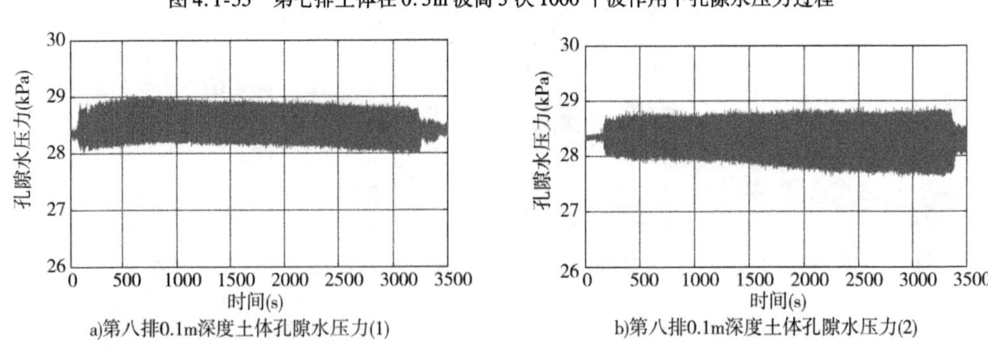

a)第八排0.1m深度土体孔隙水压力(1)

b)第八排0.1m深度土体孔隙水压力(2)

图　4.1-56

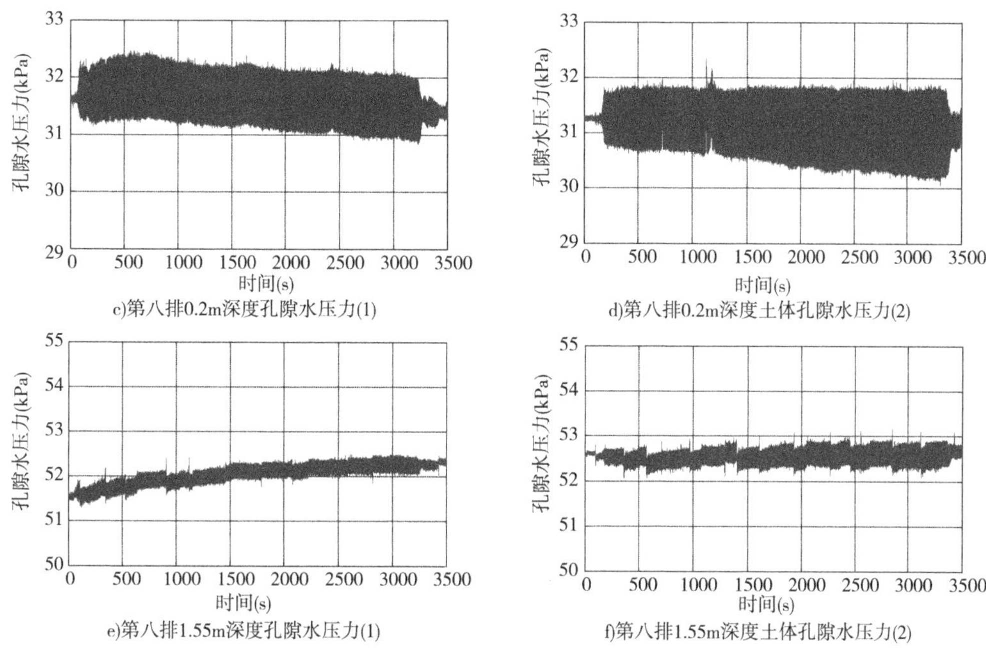

c)第八排0.2m深度孔隙水压力(1)

d)第八排0.2m深度土体孔隙水压力(2)

e)第八排1.55m深度孔隙水压力(1)

f)第八排1.55m深度土体孔隙水压力(2)

图4.1-56 第八排土体在0.3m波高3次1000个波作用下孔隙水压力过程

第一排不同深度土体孔隙水压力呈现规则变化,没有出现明显的增加或减小趋势。主要由于第一排埋设孔隙水压力传感器的位置距离半圆形防波堤中心线水平距离很远,达6.95m,这一距离的土体在波浪作用下,半圆形防波堤对其基本没有直接影响。0.5m、0.9m深度土体孔隙水压力波峰值与波谷值之差分别在1.5kPa、2.5kPa。

第二排土体0.2m深度孔隙水压力呈规则变化,波峰值和波谷值基本保持不变。2.05m深度土体孔隙水压力在第一次1000个波作用下明显增加,说明波浪作用防波堤后对其产生影响;在第二次1000个波作用下基本保持不变。

第三排土体不同深度的孔隙水压力随着深度的增加而增大;同一深度孔隙水压力在波高0.3m、周期3.5s、作用波数1000个波(连续3次)的波浪作用下呈现增加趋势,且第1次1000个波作用过程中孔隙水压力增加明显,第3次1000个波作用过程孔隙水压力略有增加。0.2m深度土体孔隙水压力在第3次1000个波作用下随着波浪作用波数的增加,孔隙水压力峰值呈现明显的增加,谷值基本保持不变,峰值与谷值之差由3kPa增加至5kPa。0.4m和0.7m深度孔隙水压力过程曲线很相似,在第3次1000个波作用下,孔隙水压力谷值基本不变,波峰值逐渐增加。1.55m深度土体孔隙水压力在波浪作用下呈缓慢增加,同一深度不同时刻波峰值与波谷值之差基本保持不变,在0.5~1.0kPa之间。

第三排位于半圆形防波堤碎石基础前沿,同一位置的地基土体受到波浪的影响存在不断深化的过程,表层的土体更为明显,沿土体深度方向的影响逐渐减弱。

第四排位于半圆形防波堤前趾之前0.38m,在波浪作用下,0.2m、0.8m深度内土体孔隙水压力呈现增加趋势。0.2m深度土体在第2次和第3次1000个波作用下,孔隙水压力直线上升,增加值达到5.0kPa;0.8m深度土体在3次1000个波作用下,孔隙水压力缓慢上升;1.3m深度土体孔隙水压力在第2次1000个波作用下,孔隙水压力峰值和谷值都逐渐下降,总体下降近2kPa;在第3次1000个波作用下,孔隙水压力下降近6kPa,但峰值与谷值之差明显减小。波浪动荷载通过防波堤堤身传递到地基土体中,导致土体孔隙水压力增加,0.2m深度增加明显,0.8m深度略有增加。

第四-2排位于半圆形防波堤基底的前趾与中轴线之间,在中轴线前面(向迎浪侧方向)0.9m,在前趾后面0.52m。在波浪作用下,0.2m深度土体在第1次1000个波作用下,孔隙水压力总体增加近2.0kPa,在第2次1000个波作用下,孔隙水压力增加近5.0kPa。0.4m深度土体孔隙水压力总体增加近4.0kPa,每次1000个波作用下,孔隙水压力先降低约1.5kPa,然后增加,且增加值大于开始的增加值。1.0m深度土体在第2次1000个波作用下,孔隙水压力先降低7.0kPa,后增加近3.0kPa。1.3m深度土体总体下降4.0kPa,第2次1000个波作用下下降明显。1.65m深度土体孔隙水压力下降5.0kPa,第3次1000个波作用下下降明显;第1次1000个波作用下,孔隙水压力峰值与谷值之差呈增加趋势,第3次1000个波作用下峰值与谷值之差变化较小。

第五排位于半圆形防波堤中轴线,在波浪作用下,1.0m深度以内土体的孔隙水压力增加。0.6m、0.8m、1.0m深度土体孔隙水压力增加约5.0kPa、5.0kPa、4.5kPa。1.65m深度土体在第1次1000个波作用下,孔隙水压力下降约1.2kPa,峰值与谷值之差基本恒定为2.0kPa;在第2次1000个波作用下,孔隙水压力峰值基本不变,谷值下降近2.5kPa,峰值与谷值之差最大达到4.0kPa。

第五-2排位于半圆形防波堤基底的中轴线与后趾之间,在中轴线后面(背迎浪侧方向)0.9m,在前趾前面0.52m。土体在波高0.3m、周期3.5s、作用波数1000个波(3次)的波浪作用下,0.2m、0.6m深度土体的孔隙水压力不断增加,第1次1000个波作用下增加1.0~2.0kPa;第2次1000个波作用下增加2.0~3.0kPa。1.3m、1.65m深度土体孔隙水压力下降3.5~4.5kPa。1.0m深度土体孔隙水压力在波浪作用下有升有降,第2次1000个波作用下孔隙水压力上升、下降超过4.0kPa。

第六排位于半圆形防波堤后趾之后(背浪侧方向)0.38m。0.4m、0.6m深度土体在波高0.3m、周期3.5s、作用波数1000个波(连续3次)的波浪作用下,孔隙水压力增加2.0~3.0kPa。1.3m、2.05m深度土体在3次1000个波作用下,孔隙水压力下降,其中1.3m深度土体孔隙水压力下降约1.5kPa,2.05m深度土体孔隙水压力下降约3.0kPa。

第七排位于半圆形防波堤中轴线后面(背浪侧)3.74m,后趾后面(背浪侧)2.32m。1.55m深度以内的土体在波高0.3m、周期3.5s、作用波数1000个波(连续3次)的波浪作用下,孔隙水压力呈现增加趋势,在第2次1000个波作用下,孔隙水压力增加1.0~2.5kPa;在第3次1000个波作用下,孔隙水压力增加0.5~2.5kPa。0.3m、0.7m深度孔隙水压力峰值与谷值之差随着深度增加而增大;0.9m、1.55m深度孔隙水压力峰值与谷值之差减小。同一深度土体在波浪作用下,孔隙水压力峰值与谷值之差随着作用波数的增加而增大,尤其是在第3次1000个波作用下,孔隙水压力峰值与谷值之差增加明显。从试验测试的孔隙水压力值可以看出,波浪对地基土体的作用沿土体深度方向不断深化,达到一定深度后逐渐减弱;在同一深度的地基土体受波浪的作用,随着作用时间的增长不断深化,即孔隙水压力峰值呈上升趋势。

第八排位于半圆形防波堤中轴线后方(背浪侧)5.92m,土体在波高0.3m、周期3.5s、作用波数1000个波(连续3次)的波浪作用下,0.1m、0.2m深度孔隙水压力峰值基本保持不变,谷值略有下降。随着波浪作用波数的增加,孔隙水压力峰值与谷值之差略微增大。1.55m深度的土体孔隙水压力在第1次1000个波的作用下增加约0.75kPa,第2次1000个波作用下基本不变。由于水深2.19m,半圆形防波堤处于淹没状态,因此波浪对防波堤后侧即背浪侧的土体能产生一定的影响,尤其是对地基表层的土体有影响,而对深层1.55m深度土体影响很小。

4.1.7 孔隙水压力发展模型

根据试验测试的地基土体孔隙水压力值,从工程安全不利角度选取路径四、四-2、五和五-2排的增长型曲线进行数据拟合,从而得到半圆形防波堤软土地基孔隙水压力发展模型。如图4.1-57~图4.1-60所示,公式(4.1-28)的对数型孔隙水压力发展模型与试验规律基本吻合。

$$u = J\ln N + K \tag{4.1-28}$$

式中:u——累积孔压;

N——荷载循环次数;

J、K——相关的试验拟合参数。

图 4.1-57 ~ 图 4.1-60 为路径四、四-2、五和五-2 排不同深度处累积孔压数据和对应的拟合曲线，表 4.1-16 为根据对数型模型拟合得到的系数 J、K 值。

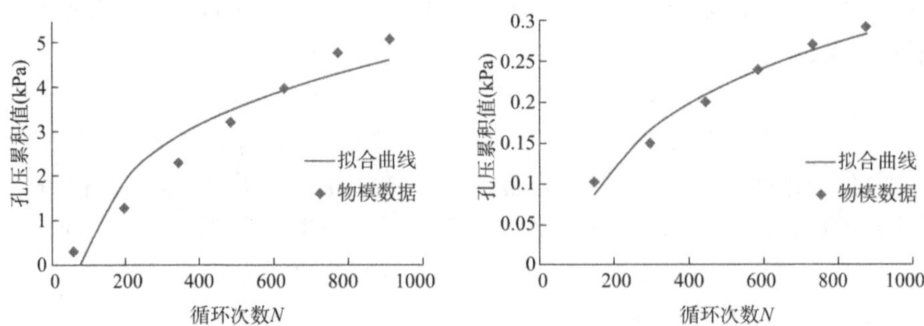

图 4.1-57　路径四排 0.2m 和 0.8m 深度处累积孔压数据和对应的拟合曲线

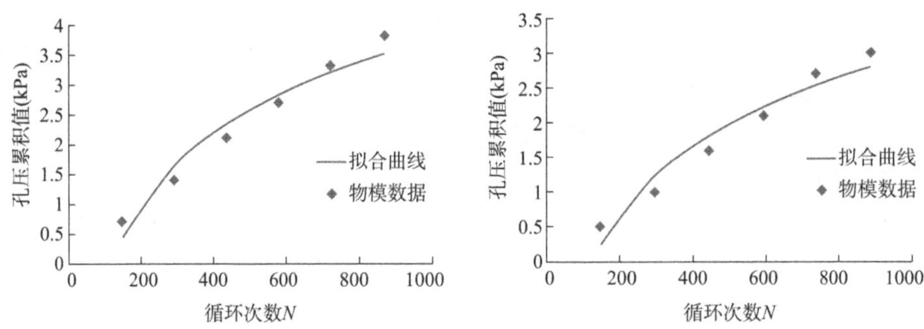

图 4.1-58　路径四-2 排 0.2m 和 0.4m 深度处累积孔压数据和对应的拟合曲线

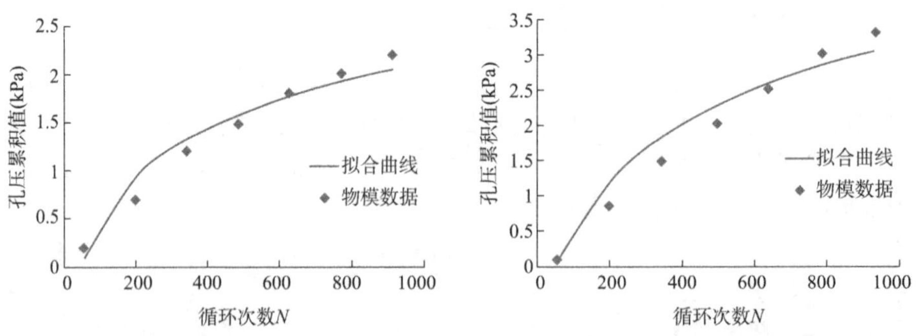

图 4.1-59　路径五排 0.6m 和 0.8m 深度处累积孔压数据和对应的拟合曲线

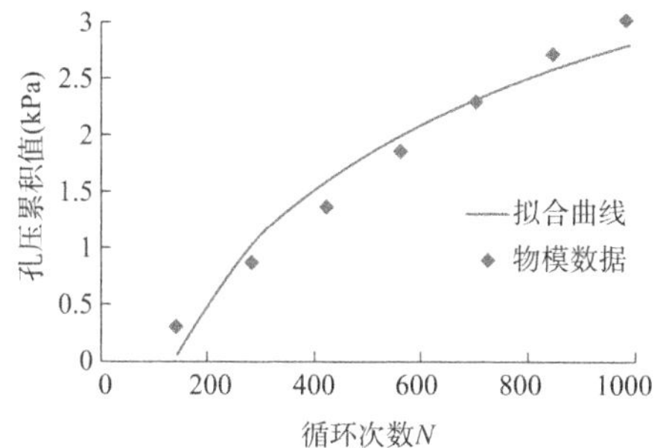

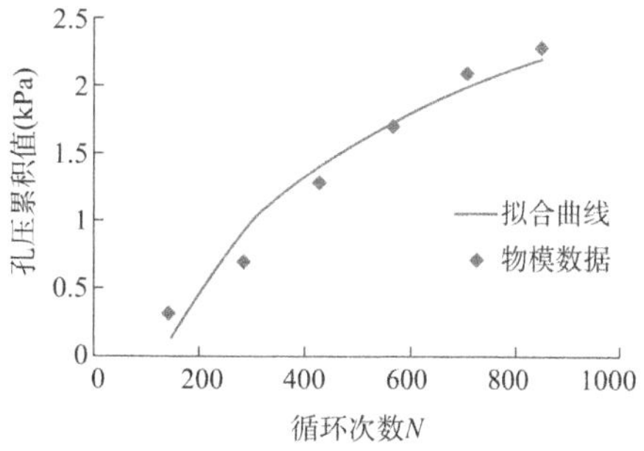

图 4.1-60　路径五-2 排 0.2m 和 0.6m 深度处累积孔压数据和对应的拟合曲线

对数型模型系数 *J*、*K* 值　　表 4.1-16

路　径	土体深度 *d*(m)	*J*	*K*	相关系数 R^2
四	0.2	1.7748	-7.4727	0.917
	0.8	0.1093	-0.4536	0.982
四-2	0.2	1.726	-8.122	0.960
	0.4	1.426	-6.822	0.948
五	0.6	0.732	-2.944	0.978
	0.8	1.202	-5.156	0.985
五-2	0.2	1.412	-6.962	0.959
	0.6	0.166	-5.664	0.963

4.1.8　波浪作用下半圆形防波堤沉降分析

在设计高水位水深 2.19m，波高 0.3m，周期 3.5s，波浪长时间作用下，半圆形防波堤发生了沉降。在第 1 次 1000 个波作用下，选取波浪作用时间 100s(位移计每 100s 记录的数据储存于一个.xls 文件)半圆形防波堤左侧位移计的读数值绘制防波堤沉降过程，如图 4.1-61 所示。从图中可以看出，波浪作用下半圆形防波堤的沉降是渐进的，位移计读数也存在和波浪周期相同的周期。将 1000 个波作用的整个试验过程半圆形防波堤沉降数据进行整理，绘制半圆形防波堤沉降如图 4.1-62 所示。防波堤位移结果为：半圆形防波堤左侧即沿着波浪入射波向的左手侧沉降 168.7mm，半圆形防波堤右侧即沿着波浪入射波向的右手侧沉降为 130.0mm。从图中可以看出：在波浪作用 700s 时，半圆形防波堤沉降数值约 7.5mm，左右两侧均匀沉降。700s 之后，防波堤左侧沉降加快、而右侧相对平缓，出现不均匀沉降现象。右侧防波堤在 2600s 之后沉降速度加快。试验结束后将水槽内水全部放完，半圆形防波堤及地基基础情况见图4.1-63、图4.1-64。

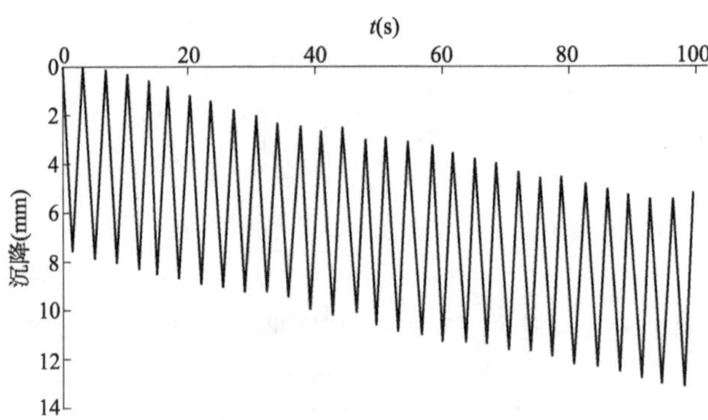

图4.1-61 波浪作用下半圆形防波堤沉降过程

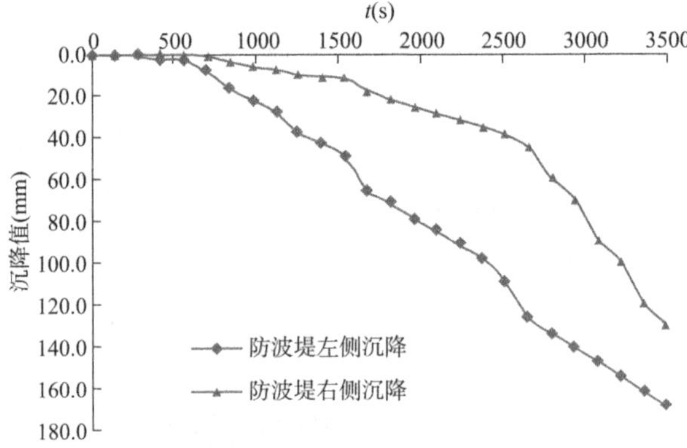

图4.1-62 波浪作用下半圆形防波堤沉降

图4.1-63 半圆形防波堤迎浪侧沉降情况

图4.1-64 半圆形防波堤背浪侧沉降情况

4.1.9 波浪作用对软土强度的影响分析

试验前在试验区域0.5m深度测试了土体力学指标，土体含水率平均值为41.4%。试验结束后在试验区域0.5m深度又进行了土体力学指标测试，土体含水率平均值为43.25%。试验结果见表4.1-17。

土体力学指标试验表

表4.1-17

钻孔编号	土样编号	取土深度(m)	取土状态	含水率 w(%)	界限含水率				土样分类与定名	试验情况
					液限 w_L(%)	塑限 w_p(%)	塑性指数 I_p	液性指数 I_L		
1	1FW	0.50	扰动	42.0	28.0	16.7	11.3	2.24	淤泥质粉质黏土	试验前
2	1FE	0.50	扰动	40.8	27.1	16.5	10.6	2.29		
3	2LE	0.50	扰动	45.1	27.4	16.5	10.9	2.62	淤泥质粉质黏土	试验后
4	2LW	0.50	扰动	41.4	27.3	16.5	10.8	2.31		

试验前、后采用十字板测试了试验区域的土体抗剪强度，试验结果见图4.1-65。

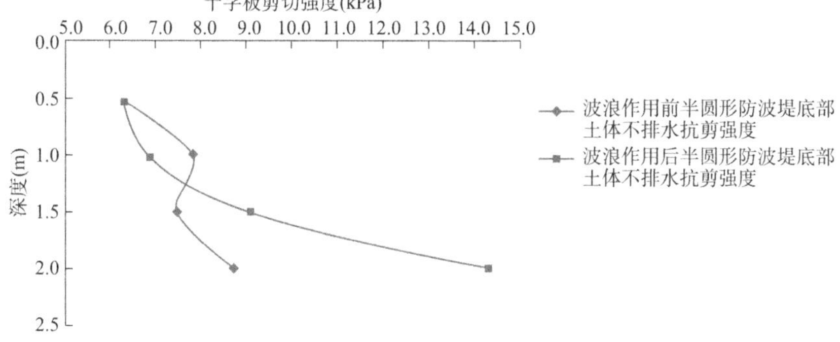

图4.1-65 半圆形防波堤在波浪长时间作用前、后基底土体十字板剪切强度

从十字板测试土体抗剪强度结果可以看出：试验前0.5～2.0m深度土体十字板剪切强度在6.0～9.0kPa，强度随着深度增加总体略有增大。试验后1.5～2.0m深度土体强度比试验前有明显的增加。1.5m深度土体增加21%，2.0m深度土体增加64%。主要因为在波浪长时间作用下，防波堤堤身产生了较大的沉降，波浪的作用力通过防波堤堤身传递到地基土体上，使1.5～2.0m深度土体更加密实，强度增加。从半圆形防波堤基底埋设孔隙水压力测试值的变化过程可以看出，在波浪长时间作用下，半圆形防波堤前趾附近(埋设的第四排和第四－2排孔隙水压力传感器)1.3m深度孔隙水压力减小，见图4.1-50、图4.1-51；防波堤中心线(埋设第五排孔隙水压力传感器)1.65m深度孔隙水压力减小(1.3m孔隙水压力计坏掉没有

读数),见图4.1-52;防波堤后趾附近(埋设第五-2排、第六排孔隙水压力传感器)1.3m深度的孔隙水压力减小,见图4.1-53、图4.1-54。说明土体内孔隙水排出,土体强度增加。

试验后0.5~1.0m深度土体强度比试验前减小,这部分土体属于表层土,受波浪作用明显,且为软黏土,在波浪动荷载作用下易发生强度弱化。从试验过程中测试的孔隙水压力过程图可以看出,半圆形防波堤前趾附近(埋设的第四排和第四-2排孔隙水压力传感器)1.0m左右深度孔隙水压力增加,见图4.1-50、图4.1-51;防波堤中心线(埋设第五排孔隙水压力传感器)0.6m深度孔隙水压力增加,见图4.1-52;防波堤后趾附近(埋设第五-2排、第六排孔隙水压力传感器)0.6m深度的孔隙水压力增加,见图4.1-53、图4.1-54。土体孔隙水压力增加,发生弱化致使其强度降低。

土体十字板剪切强度测试结果与孔隙水压力计测试结果对半圆形防波堤基底土体强度的反映完全相同。即在设计高水位、波高0.3m、周期3.5s波浪长时间作用下,半圆形防波堤基底1.0m以内深度土体强度降低,1.3m以下深度的土体强度增加。

4.1.10 小结

以波浪荷载作用下软土地基上半圆形防波堤为研究对象,物理模型试验水槽长450m、宽5m、深8~12m,防波堤模型比尺为1:5。通过防波堤结构模拟、波浪造波、软土地基制备等实现波浪—防波堤—软土地基三维动力耦合,建立波浪—防波堤—软土地基实际工作状态模拟系统及稳定性试验方法。开展了不同水深、不同波高、不同波浪作用个数等系列试验,研究了半圆形防波堤迎浪侧、防波堤基础底部、背浪侧不同深度孔隙水压力变化规律,并结合土体十字板剪切强度测试分析了土体强度变化。得出如下结论:

(1)孔隙水压力均值随着土体深度的增加而增加;孔隙水压力均值随着波高的增加总体呈增加趋势,半圆形防波堤基础下部土体的孔隙水压力均值增加值总体上大于半圆形防波堤基础之外土体孔隙水压力均值增加值。半圆形防波堤前面迎浪侧土体在波浪作用下孔隙水压力变幅值随着波高增加而增大。半圆形防波堤后面背浪侧土体孔隙水压力变幅值变化与前排基本一致,但总体上半圆形防波堤后排土体孔隙水压力变幅值小于半圆形防波堤前排土体孔隙水压力变幅值。

(2)在相同波高、周期的波浪作用下,设计高水位时同一位置土体的孔隙水压力均值大于设计低水位的土体孔隙水压力均值;迎浪侧设计低水位孔隙水压力变

幅值大于设计高水位孔隙水压力变幅值;背浪侧设计高水位孔隙水压力变幅值大于设计低水位孔隙水压力变幅值。

(3)根据试验现象,提出孔隙水压力发展趋势可分为四种:①基本不变型,主要发生在远离防波堤堤身基础区域;②增长型,主要发生在防波堤堤身附近表层区域,且迎浪侧的软黏土孔隙水压力增长幅度明显大于背浪侧的软黏土孔隙水压力增长幅度;③消散型以及④先消散后增长型,主要发生在防波堤堤身附近底部软土区域。此外,相比防波堤堤身外侧附近区域,软黏土的孔隙水压力值及幅值在防波堤堤身附近明显增大。软黏土孔隙水压力均值随着水深的增加而增大,幅值随着波高增加而增大。该结论对于软土地基上半圆形防波堤的设计具有重要参考价值。

(4)从工程安全不利角度选取增长型曲线进行数据拟合,得到半圆形防波堤下软土地基对数型最大孔隙水压力发展模型。与试验数据进行拟合,验证了该对数型最大孔隙水压力发展模型的合理性。

(5)根据大比尺物理模型试验结果,研究软土地基的不排水强度及防波堤的沉降特性。波浪幅值较大时,半圆形防波堤底部软土地基表层土体循环后不排水强度减小,深层土体循环后强度增加,并发生明显的沉降位移。试验水深和波高条件下,半圆形防波堤的失稳模式为软土地基的不均匀沉降。

4.2 港口工程之二:烟台港西港区二期防波堤工程软土地基直立式沉箱结构大比尺物理模型试验

采用第4章4.1节试验方法,针对另一种港口工程常用结构形式——直立式沉箱防波堤,开展大比尺物理模型试验。研究波浪作用下软黏土地基直立式沉箱结构的稳定性问题,探求波浪循环荷载作用下软黏土地基孔隙水压力的变化规律,波浪荷载长时间作用结构的地基应力以及软黏土强度变化机理。

4.2.1 模型设计与制作

1)直立沉箱的制作

选取烟台港西港区防波堤二期工程的直立式沉箱结构为试验原型结构。直立式沉箱防波堤几何尺寸宽21.7m、高21.0m,结构断面见图4.2-1。按照模型与原型为1:5的模型几何比尺,即$\lambda_L=5$。直立式沉箱模型高4.2m,沿波浪传播方向宽4.34m。试验水槽宽度5.0m,为便于防波堤模型的起吊和安放,两侧各预留0.10m安放宽度(模型安放完成后用塑料泡沫或硬质海绵封住),防波堤模型长度为

4.8m。由于本次试验不对防波堤结构本身的受力进行研究，为方便模型结构的制作和试验，采用 10mm 厚的钢板制作沉箱防波堤结构。沉箱防波堤加工制作图见图 4.2-2。

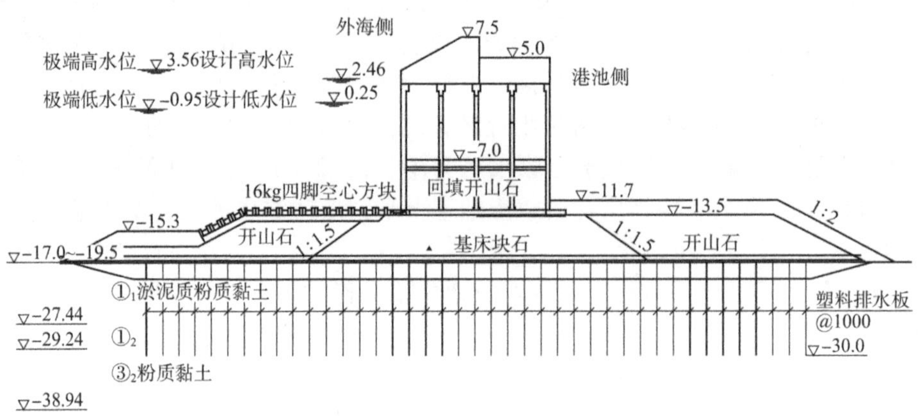

图 4.2-1 直立式沉箱防波堤结构断面图(高程单位:m)

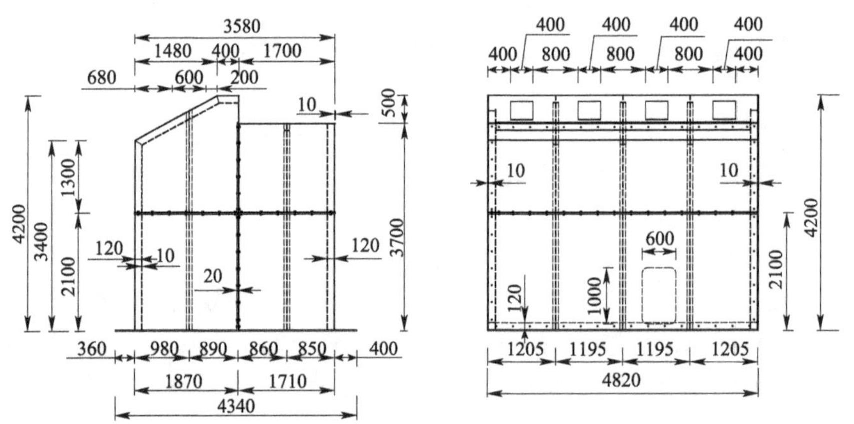

图 4.2-2 直立式沉箱防波堤结构模型加工制作图(尺寸单位:mm)

考虑整个沉箱防波堤一体化加工制作难度大，且试验吊装和安放困难，因此，制作时将沉箱防波堤高度分成 4 段分别进行加工制作，试验过程中进行拼装和安放。沉箱防波堤模型加工制作的结构构造见图 4.2-3，吊装及运输见图 4.2-4。

2）地基土体制作

根据烟台港西港区防波堤二期工程地质勘查报告，直立式沉箱防波堤典型代表段的下卧土由 5.0m 的$①_{3-1}$淤泥质粉质黏土，2.5m 的$①_{3-2}$淤泥质粉质黏土，3.3m 的

①$_{3-3}$淤泥质粉质黏土和其下层的①$_4$层粉质黏土构成。典型断面下卧土层的物理力学指标分别见表4.2-1、表4.2-2。

图4.2-3 直立式沉箱防波堤结构模型构造

图4.2-4 直立式沉箱防波堤结构模型吊装运输

烟台港西港区防波堤二期工程典型断面下卧土层的物理力学指标 表4.2-1

土层分布	天然状态的基本物理性质指标				塑性界限		渗透系数($\times 10^{-7}$)	
	土层厚度(m)	天然重度(kN/m^3)	天然含水率(%)	天然孔隙比	液性指数 I_L	塑性指数 I_p	垂直 K_v(cm/s)	水平 K_h(cm/s)
①$_{3-1}$淤泥质粉质黏土	5.0	17.7	40.8	1.11	1.54	14.4	2.99	15.2
①$_{3-2}$淤泥质粉质黏土	2.5	17.9	39.6	1.07	1.43	14.5	3.60	9.02
①$_{3-3}$淤泥质粉质黏土	3.3	18.0	38.1	1.05	1.26	15.5	7.25	13.0
①$_4$粉质黏土	10.2	20.1	22.8	0.62	0.50	12.8	2.51	3.45
夹层粉土	1.45	20.0	22.4	0.62	0.57	7.0	39.8	17.1

烟台港西港区防波堤二期工程典型断面下卧土层力学指标表 表4.2-2

土层分布	土层厚度 D(m)	直剪试验				压缩试验	
		快剪		固结快剪		压缩系数 $\alpha_{0.1\sim0.2}$(MPa^{-1})	压缩模量 $E_{s0.1\sim0.2}$(MPa)
		黏聚力 c(kPa)	内摩擦角 φ(°)	黏聚力 c(kPa)	内摩擦角 φ(°)		
①$_{3-1}$淤泥质粉质黏土	5.0	6.0	0.2	12.0	18.0	0.74	2.89
①$_{3-2}$淤泥质粉质黏土	2.5	7.0	0.6	13.0	18.1	0.78	2.74
①$_{3-3}$淤泥质粉质黏土	3.3	12.0	0.2	14.0	18.1	0.74	2.95
①$_4$粉质黏土	10.2	12.0	13.1	30.0	21.4	0.24	6.95
夹层粉土	1.45	24.0	28.3	24.0	27.9	0.15	11.5

工程中对表层5.5m深度的淤泥质粉质黏土进行了换填,因此,选用①$_{3-2}$淤泥质粉质黏土的力学指标作为原型土指标,按照土体极限承载力满足相似比尺的要求,计算模型土体强度。根据表4.2-2,①$_{3-2}$淤泥质粉质黏土固结快剪指标 $c = 13.0\text{kPa}$,$\varphi = 18.1°$,天然重度 $\gamma = 17.9\text{kN/m}^3$。

利用太沙基极限荷载公式计算

$$P_u = cN_c + qN_q + \frac{1}{2}\gamma' bN_\gamma \tag{4.2-1}$$

当 $\varphi = 18.1°$,查得太沙基公式承载力系数:$N_c = 15.5$,$N_q = 5.80$,$N_\gamma = 2.90$。由于基础没有埋深,取 $q = 0$。经计算得出:$P_u = 213.25\text{kPa}$。

根据库仑公式

$$\tau_f = c + \sigma\tan\varphi \tag{4.2-2}$$

对于模型试验的软黏土,近似为饱和软黏土,$\varphi = 0°$,根据式(4.2-2)得出

$$\tau_f = c \tag{4.2-3}$$

根据太沙基公式 $P_u = cN_c + qN_q + \frac{1}{2}\gamma' bN_\gamma$,得出模型土的极限承载力公式为:

$$P_{um} = cN_{cm} + qN_{qm} + \frac{1}{2}\gamma' bN_{\gamma m} \tag{4.2-4}$$

式中: P_{um}——模型土的极限承载力;

N_{cm}、N_{qm}、$N_{\gamma m}$——模型土的承载力系数。

当 $\varphi = 0°$时,查得太沙基公式承载力系数:$N_{cm} = 5.71$,$N_{qm} = 1.0$,$N_{\gamma m} = 0$。

由式(4.2-3)得出模型土的十字板剪切测试强度为:$\tau_f = c$。将 $N_{cm} = 5.71$,$N_{qm} = 1.0$,$N_{\gamma m} = 0$,$q = 0$,带入式(4.2-4)得出:

$$P_{um} = cN_{cm} \tag{4.2-5}$$

由式(4.2-5)得出:

$$c = \frac{P_{um}}{N_{cm}} \tag{4.2-6}$$

根据模型比尺的定义,

$$\lambda_p = \frac{P_u}{P_{um}} \tag{4.2-7}$$

式中:λ_p——压强比尺;

P_u——原型土的极限承载力;

P_{um}——模型土的极限承载力。

由式(4.2-7)得出

$$P_{um} = \frac{P_u}{\lambda_p} \tag{4.2-8}$$

根据模型相似的压强比尺公式(4.1-23)，$\lambda_p = \lambda_L$，带入式(4.2-8)得

$$P_{um} = \frac{P_u}{\lambda_L} \tag{4.2-9}$$

将式(4.2-9)带入式(4.2-6)得

$$c = (P_u/\lambda)/N_{cm} = (213.25/5)/5.71 = 7.47\text{kPa} \tag{4.2-10}$$

选择模型土十字板剪切强度约为7.5kPa的重塑土体进行试验。

试验选用的地基土体颗粒组成与半圆形防波堤模型试验的土体完全相同，采用相同的方法对原状土进行重塑处理。根据半圆形防波堤试验土体的不同含水率强度试验，选用含水率31%的土体进行试验。原状土含水率27.5%，经计算每160kg原状土加水4.39kg，用搅拌机搅拌均匀，即可得到含水率为31%的模型土。将搅拌好的软黏土翻倒到泥斗里，用吊车吊运至水槽试验区域倒出并摊开。在软黏土地基土的配制过程中，每层添加0.5m后，人工踩平并用振动机械振动压实。用十字板剪切试验测试土体强度检验是否达到要求。

3）仪器安装与调试

孔隙水、土压力计的埋设及注意事项见第4.1.4节。

4）沉箱抛石基床制作

依据烟台港西港区防波堤二期工程直立式沉箱防波堤的设计断面尺寸，按照1∶5的模型比尺，确定抛石基床平面位置和高程。分层逐步进行抛石基床的施工，控制抛石基床的高程和密实性。由于抛石基床较厚，为方便模型试验抛石基床的铺设和试验结束后基床的拆除，基床底层采用塑料网兜内装碎石进行铺设。用吊车将网兜碎石吊入水槽内，由人工进行铺装。基床表层用散粒碎石人工铺平，以保证基床的平整性和密实性。底层和表层抛石基床铺设见图4.2-5、图4.2-6。

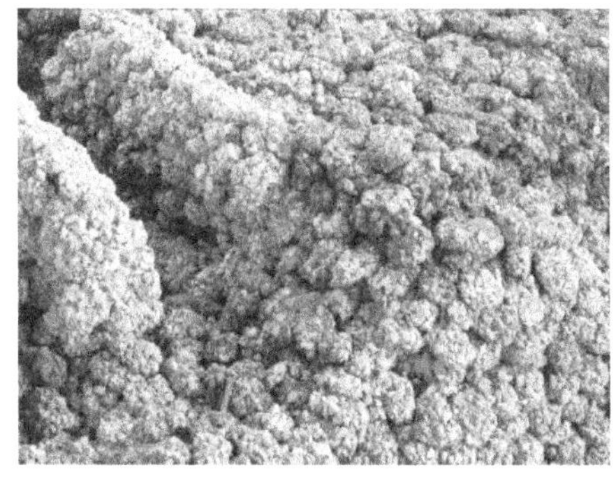

图4.2-5 网兜装碎石用于抛石基床制作

图4.2-6 沉箱防波堤基床制作及整平

4.2.2　试验设施和试验仪器设备

测波系统采用电阻式测波系统和量程 2.0m 大型动态电容式波高测量系统。波浪力采用 2008 型微型点压力采集系统,该系统可以自动采集波浪压强并对采集到的点压力进行处理。

土压力传感器使用丹东三达仪表有限公司生产的 DYB-1 型和北京电阻应变式土压力传感器,孔隙水压力传感器采用丹东三达生产的电阻应变式孔隙水压力传感器和北京的孔隙水压力传感器,并配备相应的测试系统。土体强度采用十字板剪切仪进行测试,土体的参数通过试验场地现场取样,在室内试验测试。地基及基础高程采用全站仪和经纬仪测量,沉箱防波堤沉降采用电子位移计测量。

4.2.3　模型的安放和测试仪器设备布设

1)沉箱模型的安放

沉箱基础碎石铺好后,用水准仪测试高程,符合要求后,进行沉箱的吊装工作。用吊车将沉箱底部第一段调入水槽内,调整位置,接近基床时通过人工进行位置微调直至下放落入基础上的位置与试验确定的位置相同。第一段安放完成后进行第二段的安放,为方便吊运及填充,采用网兜碎石进行沉箱内碎石填料填充。

按照几何比尺 $\lambda_L = 5$,重力比尺 $\lambda_G = \lambda_L^3 = 5^3 = 125$,经计算,钢筋混凝土沉箱箱体重为 53.37t,填料重 31.13t,合计 84.50t。加工制作的沉箱模型重 12t,需要配重 72.5t,大约需要石子 $43m^3$,石子在沉箱中高度约为 2.5m。按照重量比尺进行网兜碎石填充,然后进行沉箱第三段的安放,完成碎石填充,最后进行沉箱顶板安放。沉箱防波堤模型吊放及沉箱内碎石填充见图 4.2-7 ~ 图 4.2-9。

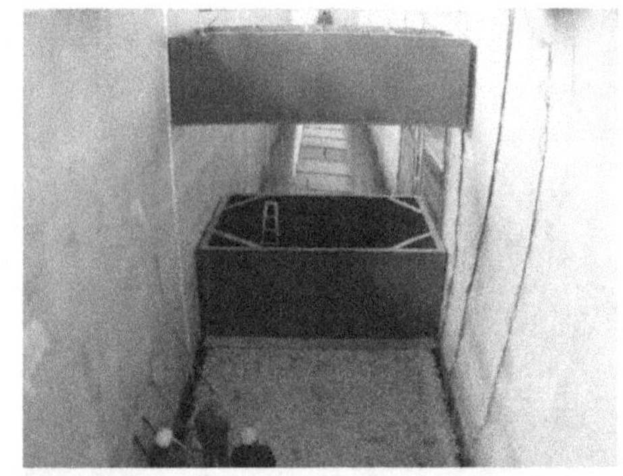

图 4.2-7　沉箱防波堤模型吊装安放

图 4.2-8 沉箱防波堤模型内碎石填充

图 4.2-9 沉箱防波堤模型顶板安放

2)测试仪器设备的布设

(1)土压力计和孔隙水压力计布设

在地基土体中布设土压力计和孔隙水压力计,在沉箱的中间横断面沿波浪方向共计布设 8 排,其中第五排位置是沉箱的中轴线,迎浪侧布置 4 排,依次距离沉箱中轴线 6.93m、4.75m、3.10m、1.80m;背浪侧布置 3 排,分别距离沉箱中心线 1.80m、3.74m、5.92m。第一排布设了 9 个孔隙水压力和 6 个土压力传感器,孔隙水压力传感器分别位于土层表面和土体深度 0.1m、0.3m、0.5m、0.7m、0.9m、1.2m、2.05m、3.55m,土压力传感器分别位于土层深度 0.1m、0.5m、0.9m、1.55m、2.05m、3.55m。第 1 排至第 8 排土压力和孔隙水压力传感器布设深度、位置及编号见图 4.2-10 和表 4.2-3。深度的起始零点从土体表面开始计算,表中传感器在土层中深度表示从土体表面向土体下部的深度。表中孔压表示孔隙水压力计,土压表示土压力计,表中数字表示孔隙水压力计和土压力计的编号。

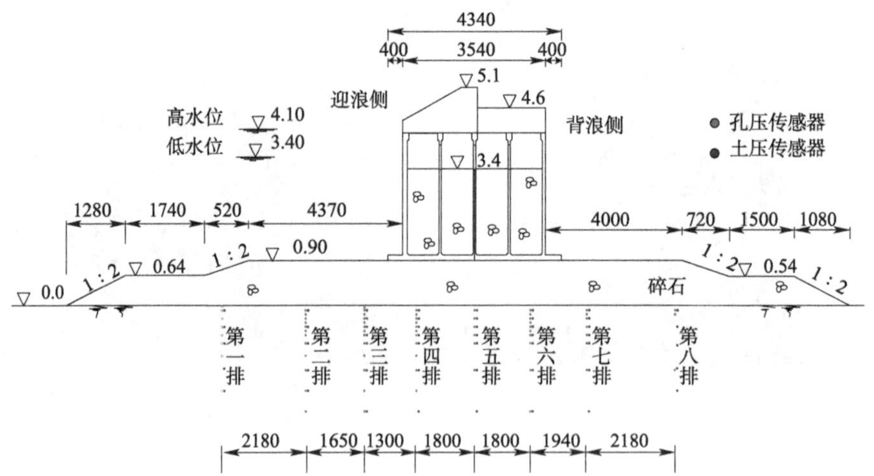

图 4.2-10 土压力计和孔隙水压力计布置深度及位置示意图(尺寸单位:mm;高程单位:m)

传感器编号及在土层中埋设深度 表 4.2-3

深度(m)	第一排		第二排		第三排		第四排		第五排		第六排		第七排		第八排	
	孔压	土压	孔压	土压	孔压	土压	孔压	土压	孔压	土压	孔压	土压	孔压	土压	孔压	土压
0.0	K1				10								K28			
0.1	1	38	9	39	11	40	23	41	35	49	36	55	37	56	58	57
0.2			K2		12		24				K18		K29		59	
0.3	2		K3		13	T69	25	42	K13	50	K19	T60	K30	T54		
0.4			K4		14		26				K20					
0.5	3	T79	K5	T75	15	T70	27	43	K14	51	K21	T61	K31	T55		T49
0.6			K6		16		28				K22					
0.7	4		K7		17	T71	29	44	K15	52	K23	T62	K32	T56		
0.9	5	T81	K8	T76	18	T72	30	45	K16	53	K24	T63	K33	T57		T50
1.2	6		K9		19		31									
1.55		T82	K10	T77	20	T73	32	46	K17	54	K25	T64	K34	T58	60	T51
2.05	7	T83	K11	T78	21		33			T67						T52
2.55			K12		22	T74		47		T68	K26	T65		T59		
3.55	8	T84					34	48			K27	T66			K35	T53

(2)位移传感器布设

在沉箱顶部两侧布设位移传感器,用于测试波浪作用下沉箱的位移。位移计布设见图 4.2-11。

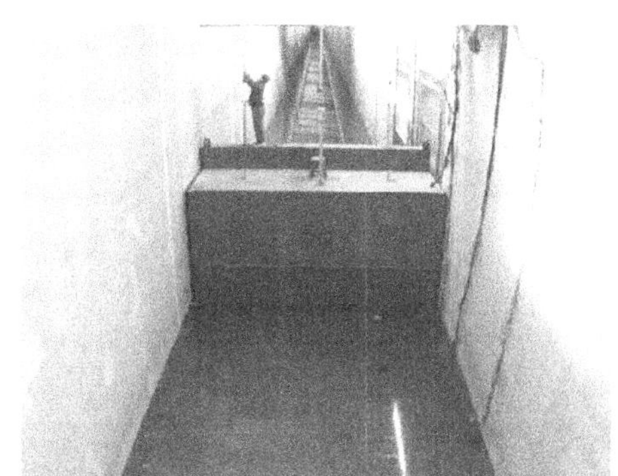

图 4.2-11 沉箱顶部布设位移传感器

4.2.4 试验方案

烟台港西港区二期防波堤工程直立式沉箱极端高水位 3.56m,极端低水位 -0.95m,设计高水位 2.46m,设计低水位 0.25m,泥面高程 -18.0m。50 年一遇设计波高 $H_{1\%}=6.4\text{m}$,波浪周期 $T_s=9.6\text{s}$。

根据几何比尺 $\lambda_L=5$ 和时间比尺公式(4.1-18),得出时间比尺 $\lambda_t=\lambda_L^{1/2}=\sqrt{5}$。模型试验的波浪周期为 $t_m=\frac{t_p}{\lambda_t}=\frac{T_s}{\lambda_t}=\frac{9.6}{\sqrt{5}}=4.3\text{s}$,设计高水位水深为 20.45m,按照几何比尺,模型试验水深为 4.1m;极端低水位水深为 17.05m,按照几何比尺,模型试验水深为 3.4m。

开展不同波浪条件下的试验研究工作,试验水深分别为 3.4m 和 4.1m,波浪周期为 4.3s,波浪作用波数为 100、1000、2000 个波,试验工况见表 4.2-4。

试验条件参数表 表 4.2-4

水深(m)	波高(m)	周期(s)	波浪个数(个波)
3.4,4.1	0.2,0.3,0.4,0.5,0.6,0.7,0.8	4.3	100
3.4,4.1	0.6,1.1	4.3	1000
4.1	0.9	4.3	2000

4.2.5 试验前土体参数的测试及试验准备

试验开始前在大比尺水槽内对制备的土体进行取样,在试验室对土体参数指标进行测试,测试结果见表 4.2-5。

直立式沉箱防波堤试验土参数　　表4.2-5

取土深度(m)	土的物理性质					界限含水率					压缩性		固结系数	工程分类
	含水率 w (%)	土粒比重 G_s	湿密度 ρ (g/m³)	干密度 ρ_d (g/cm³)	饱和度 S_r (%)	孔隙比 e	液限 w_L (%)	塑限 w_p (%)	塑性指数 I_p	液性指数 I_L	压缩系数 $a_{v0.1\sim0.2}$ (MPa^{-1})	压缩模量 (MPa)	($\times10^{-3}$ cm²/s)	土样分类
0.5	31.6	2.72	1.92	1.46	99.4	0.86	29.5	17.2	12.3	1.17	0.538	3.46	0.75	粉质黏土
0.5	32.1	2.72	1.91	1.45	99.1	0.88	27.6	16.6	11.0	1.41	0.525	3.58	1.50	粉质黏土
1~1.5	30.5	2.72	1.93	1.48	98.9	0.84	33.6	18.3	15.3	0.80	0.458	4.01	0.91	粉质黏土

连接孔隙水压力、土压力、位移、波压力和波高传感器至数据采集系统，检测传感器和造波机控制系统的完好性。向大比尺波浪水槽内注水，量测水位高度直至达到试验水位。按照试验方案开展试验。大比尺波浪水槽注水和试验中波浪越过沉箱顶部的图片见图4.2-12和图4.2-13。

图4.2-12　大比尺波浪水槽注水

图4.2-13　波浪越过沉箱防波堤顶部

4.2.6　试验结果分析

1)波浪力作用下软黏土地基土体孔隙水压力分析

(1)设计低水位不同波高对孔隙水压力的影响分析

直立式沉箱防波堤模型试验的波浪条件：设计低水位水深3.4m，进行了从小波高0.2m到大波高0.8m的波浪循环荷载试验，试验参数见表4.2-6。

直立式沉箱防波堤模型试验波浪条件参数表　　表4.2-6

水深(m)	波高(m)	周期(s)	波浪个数(个波)
3.4	0.2,0.3,0.4,0.5,0.6,0.7,0.8	4.3	100

选取试验测试的不同位置、不同深度的孔隙水压力值进行处理。第一、二、三、四排依次位于沉箱防波堤中轴线的迎浪侧，距离沉箱中轴线距离分别为6.93m、4.75m、3.10m、1.80m；第五排位于沉箱的中轴线，第六、七、八排位于沉箱防波堤中轴线的背浪侧，分别距离沉箱防波堤中轴线1.80m、3.74m、5.92m，具体位置见图4.2-10。土体深度从地基土体表面起算。

孔隙水压力均值即某一孔隙水压力传感器在试验过程中测试的孔隙水压力值(100个稳定波周期时间内)的计算平均值，用于反映该位置孔隙水压力的大小。孔隙水压力变幅值即在试验过程中测试的孔隙水压力值(100个稳定波周期时间内)的最大值与最小值之差，用于反映孔隙水压力的变化范围。将试验中孔隙水压力测试值即孔隙水压力均值及变幅值绘制成图，见图4.2-14～图4.2-20。

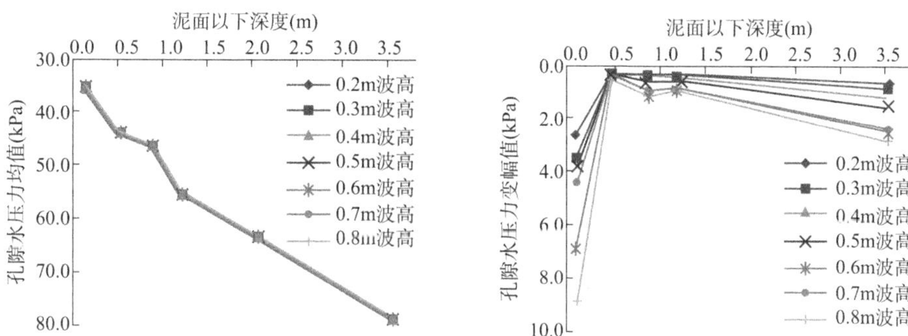

图4.2-14　不同深度孔隙水压力均值及变幅值

(第一排，迎浪侧，距离沉箱中线6.93m)

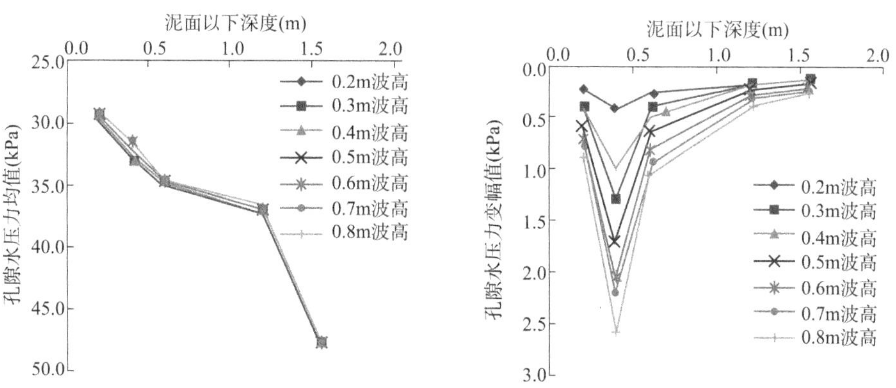

图4.2-15　不同深度孔隙水压力均值及变幅值

(第二排，迎浪侧，距离沉箱中线4.75m)

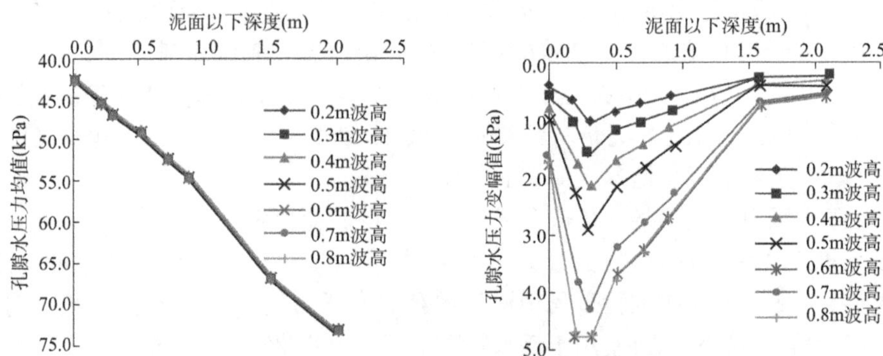

图 4.2-16　不同深度孔隙水压力均值及变幅值
（第三排，迎浪侧，距离沉箱中线 3.10m）

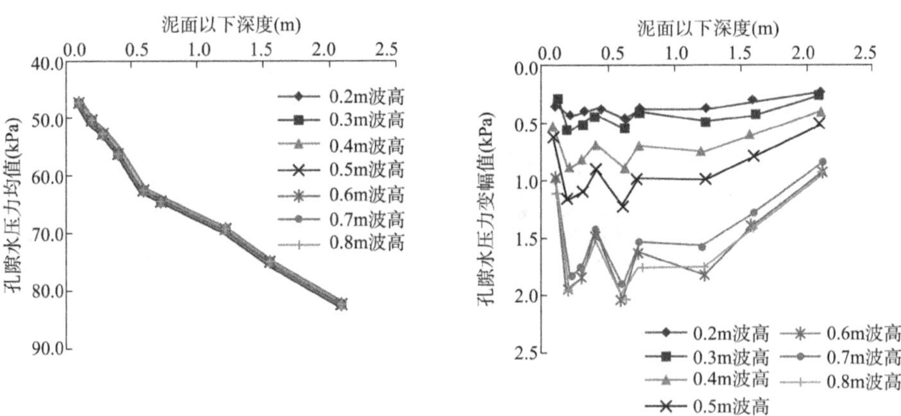

图 4.2-17　不同深度孔隙水压力均值及变幅值
（第四排，迎浪侧，距离沉箱中线 1.80m）

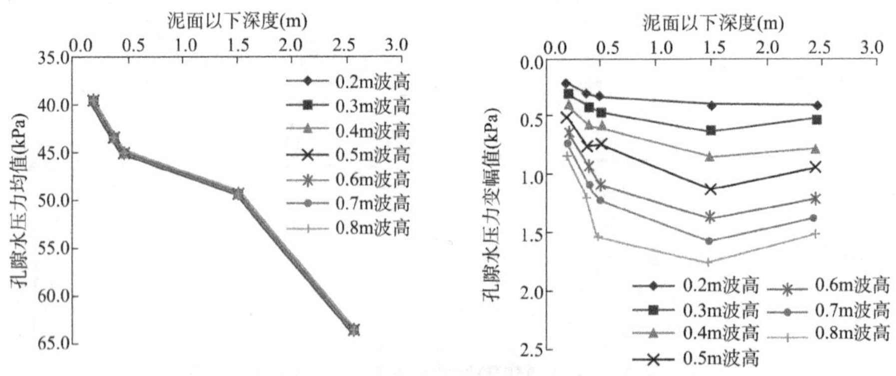

图 4.2-18　不同深度孔隙水压力均值及变幅值
（第六排，背浪侧，距离沉箱中线 1.80m）

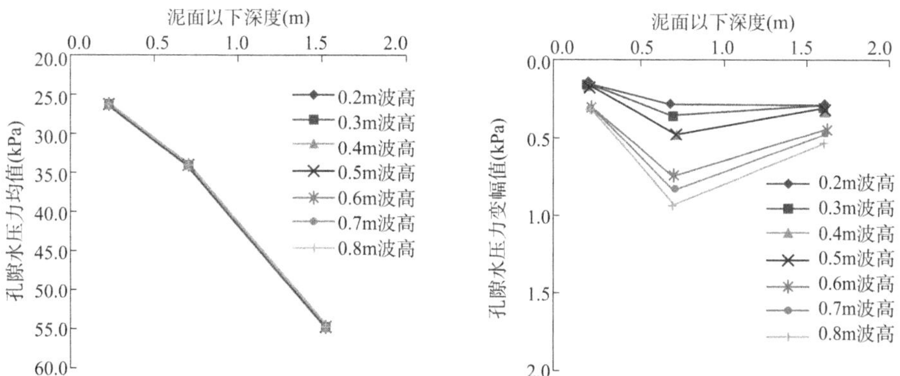

图 4.2-19　不同深度孔隙水压力均值及变幅值

（第七排，背浪侧，距离沉箱中线 3.74m）

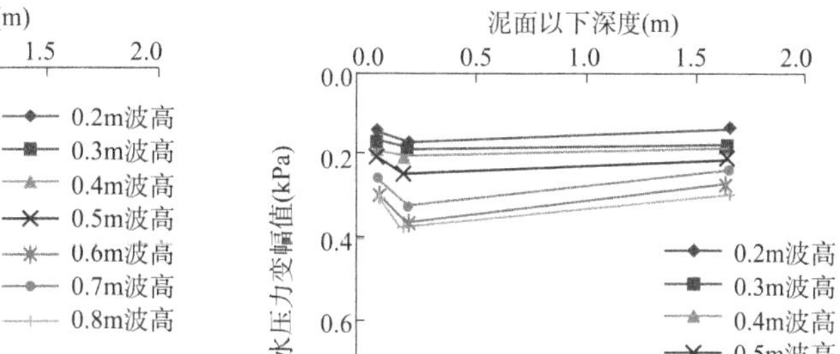

图 4.2-20　不同深度孔隙水压力均值及变幅值

（第八排，背浪侧，距离沉箱中线 5.92m）

选取直立式沉箱防波堤前趾附近区域迎浪侧第三排（距离沉箱中线 3.10m，沉箱前趾前 0.93m）在泥面以下深度分别为 0.05m、0.2m、0.3m、0.4m、0.5m、0.6m、0.7m、0.9m、1.55m、2.05m、2.55m 埋设的孔隙水压力传感器，读取它们在水深 3.4m、波高 0.8m、周期 4.3s 波浪作用下的孔隙水压力测试值，绘制孔隙水压力变化过程线，如图 4.2-21 所示。从下向上依次为泥面以下深度 0.05m、0.2m、0.3m、0.4m、0.5m、0.6m、0.7m、0.9m、1.55m、2.05m、2.55m。

在设计低水位水深 3.4m，波浪周期 4.3s、波高分别为 0.2m、0.3m、0.4m、0.5m、0.6m、0.7m、0.8m 的波浪，连续作用 100 个波的情况下，通过对孔隙水压力数据分析可以得出如下结论：

①直立式沉箱防波堤软黏土地基土体孔隙水压力均值由于所处的位置和深度不同而表现不同数值。

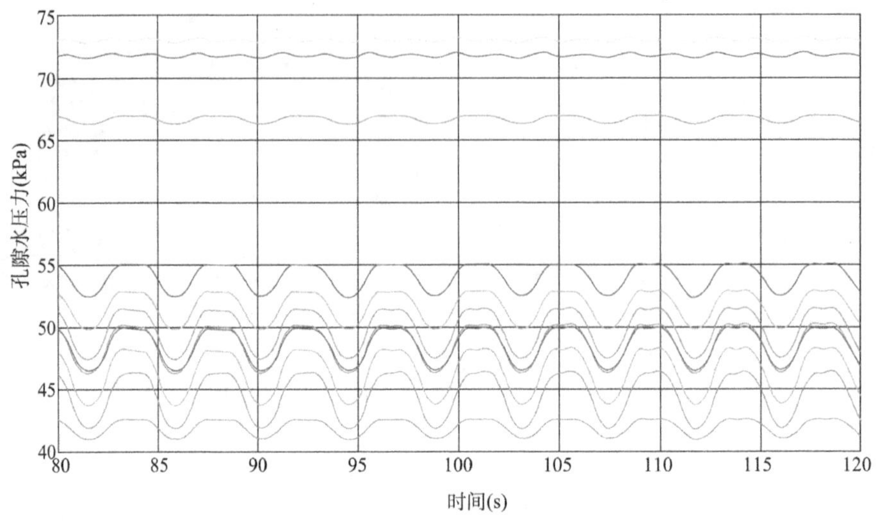

图4.2-21　在0.8m波高波浪作用下防波堤前趾附近区域土体不同深度孔隙水压力变化过程

对于不同深度,孔隙水压力均值随着土体深度的增加而增加,距离防波堤水平距离较远的区域,不同深度孔隙水压力均值随深度增加基本呈线性增加趋势。对于不同位置,直立式沉箱防波堤堤身下部地基土体孔隙水压力均值大于相同深度防波堤基底之外土体的孔隙水压力均值,主要由于防波堤堤身及箱内碎石填料的重量对基底下部土体产生超静孔隙水压力。直立式沉箱防波堤前趾下的土体孔隙水压力均值大于其他区域的土体孔隙水压力均值,主要因为波浪的动荷载作用通过直立式沉箱防波堤堤身传递到地基基础中,沉箱基底的前趾受到的波浪力最大,传递到前趾附近区域地基土体的波浪动荷载就大,导致前趾附近区域土体孔隙水压力值增大。

②直立式沉箱防波堤软黏土地基土体孔隙水压力变幅值由于所处的位置和深度不同而表现不同变化。

对于不同波高,孔隙水压力变幅值随着波高的增加而增大。直立式沉箱防波堤迎浪侧前面第一排、第二排0.5m深度以内的土体在波浪作用下,孔隙水压力变幅值随着波高增加而明显增大,0.5~1.5m深度土体,孔隙水压力变幅值随着波高增加而略有增大,增大值明显减小。说明在沉箱迎浪侧前排的第一排、第二排,波浪力的作用即波峰与波谷直接对表层及0.5m深度以内的土体的孔隙水压力变幅值产生明显影响,波浪力作用在土体中沿深度方向的传递逐渐减弱。直立式沉箱防波堤背浪侧后面第七排、第八排土体孔隙水压力变幅值随着波高增加略有增大,

变幅值较小，小于1.0kPa，主要因为在水深3.4m，波高0.1～0.8m波浪作用下，不产生越浪，波浪作用对直立式沉箱防波堤背浪侧后方土体的影响很小。沉箱前趾受到的波压力和波吸力均较大，导致前趾附近区域的孔隙水压力变幅值较大，波压力大导致土体孔隙水压力大，波吸力大导致土体孔隙水压力小，波浪的波压力和波吸力循化作用就会造成土体孔隙水压力变幅值大。直立式沉箱防波堤底部的第四排和第六排土体在0.2～0.8m波高的波浪作用下，孔隙水压力变幅值在深度方向的变化相对均匀，在0.5～2.0kPa范围内，主要由于直立式沉箱防波堤重量很大，碎石基床很密实且均匀，所以波浪力作用通过防波堤堤身传递到地基土体中，对地基基础的作用相对均匀。

③波浪力作用对直立式沉箱防波堤地基基础不同位置的影响不同。

对于距离防波堤堤身水平较远的迎浪侧土体，就是由于波浪的波峰与波谷周期变化造成表层土体孔隙水压力变幅值变化，对一定深度1.0m之下影响迅速变小。波浪力作用对直立式沉箱防波堤迎浪侧尤其是前趾附近区域土体影响较大，一定深度内随着土体深度增加逐渐减弱。直立式沉箱防波堤前趾附近的土体在0.2～0.8m波高的波浪作用下，孔隙水压力变幅值变化明显，尤其是0.0～0.5m深度的土体孔隙水压力变幅值增加明显；0.5～1.5m深度土体孔隙水压力变幅值逐渐减小，1.5～2.0m深度土体孔隙水压力变幅值变化很小。主要由于波浪作用通过防波堤堤身传递至地基土体中，波浪力在防波堤前趾附近区域表现最为明显，沿深度方向逐渐减弱。波浪对防波堤背浪侧后方土体影响较小，主要由于在设计低水位水深3.4m、波高0.1～0.8m波浪作用下不产生越浪。

④波浪力通过防波堤结构传递到地基土体中，随着土体深度的增加，波浪力对土体作用效果逐渐减弱。在0.8m波高波浪作用下，直立式沉箱防波堤前趾附近泥面以下土体的孔隙水压力成周期性变化，与波浪周期基本相同。0.9m深度以内的土体孔隙水压力变化值较大，1.55m深度以下的土体孔隙水压力变化幅值较小。

(2)设计高水位不同波高对孔隙水压力的影响分析

开展设计高水位水深4.1m，波高从0.3m至0.9m，作用波数100个波的波浪试验，试验参数见表4.2-7。按照3.6.1节中的方法对孔隙水压力值测试数据进行处理，试验结果见图4.2-22～图4.2-28。

直立式沉箱模型试验波浪条件参数表 表4.2-7

水深(m)	波高(m)	周期(s)	波浪个数(个波)
4.1	0.3,0.4,0.5,0.6,0.7,0.8,0.9	4.3	100

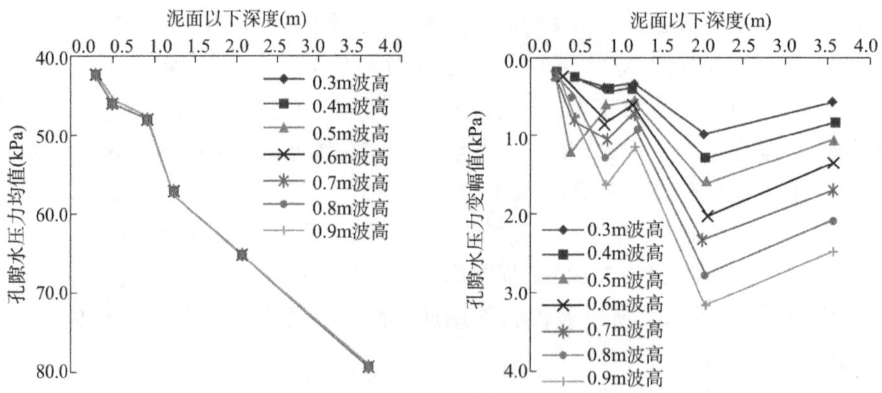

图 4.2-22　不同深度孔隙水压力均值及变幅值
（第一排，迎浪侧，距离沉箱中线 6.93m）

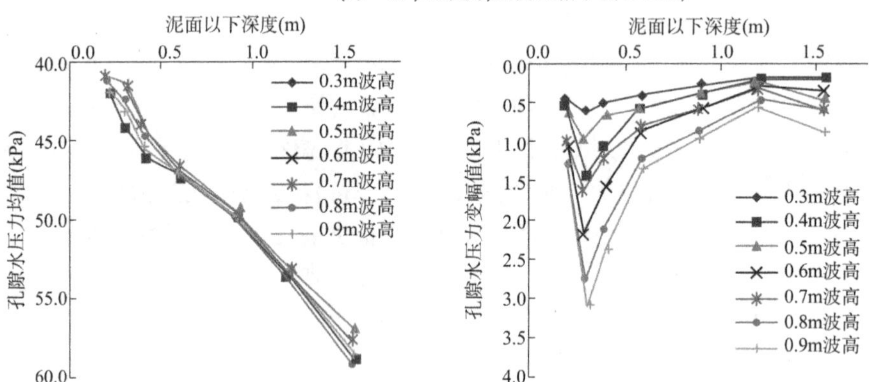

图 4.2-23　不同深度孔隙水压力均值及变幅值
（第二排，迎浪侧，距离沉箱中线 4.75m）

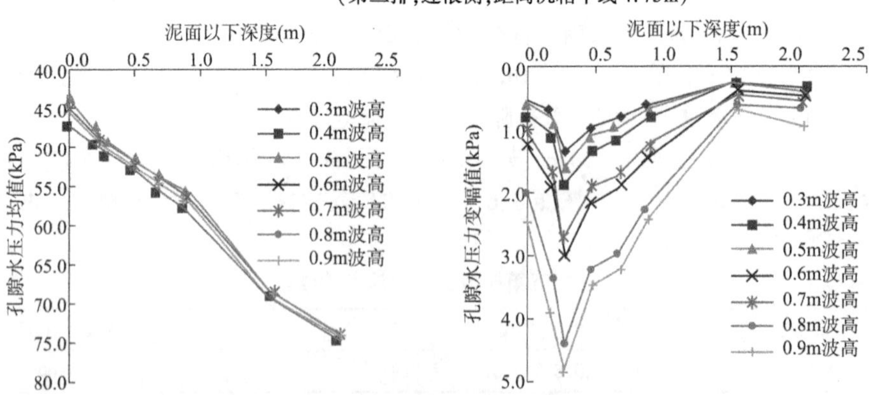

图 4.2-24　不同深度孔隙水压力均值及变幅值
（第三排，迎浪侧，距离沉箱中线 3.10m）

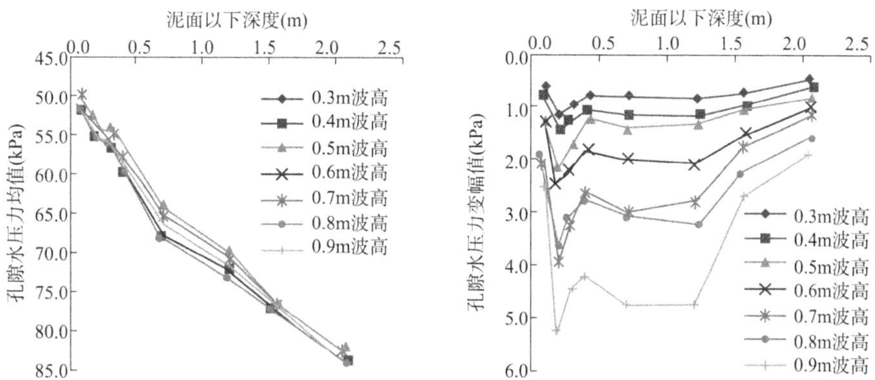

图4.2-25 不同深度孔隙水压力均值及变幅值

(第四排,迎浪侧,距离沉箱中线1.80m)

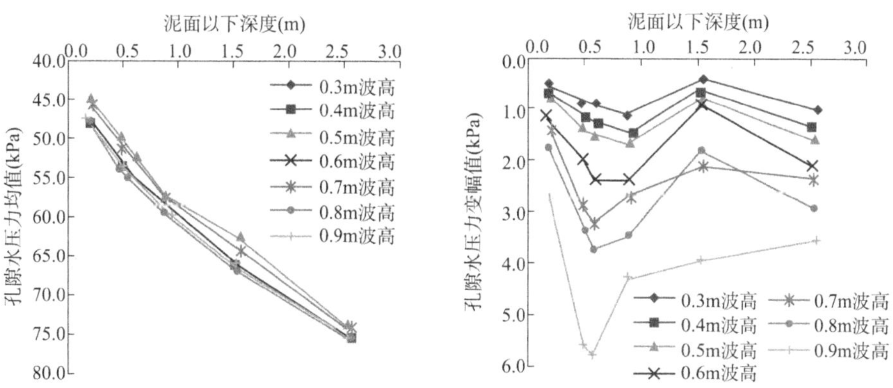

图4.2-26 不同深度孔隙水压力均值及变幅值

(第六排,背浪侧,距离沉箱中线1.80m)

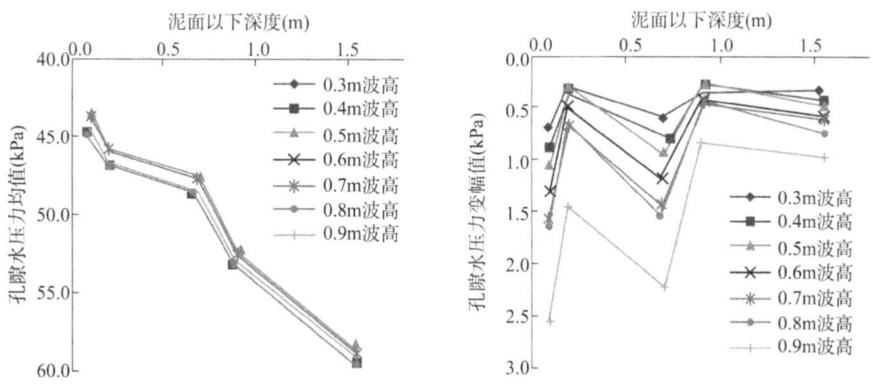

图4.2-27 不同深度孔隙水压力均值及变幅值

(第七排,背浪侧,距离沉箱中线3.74m)

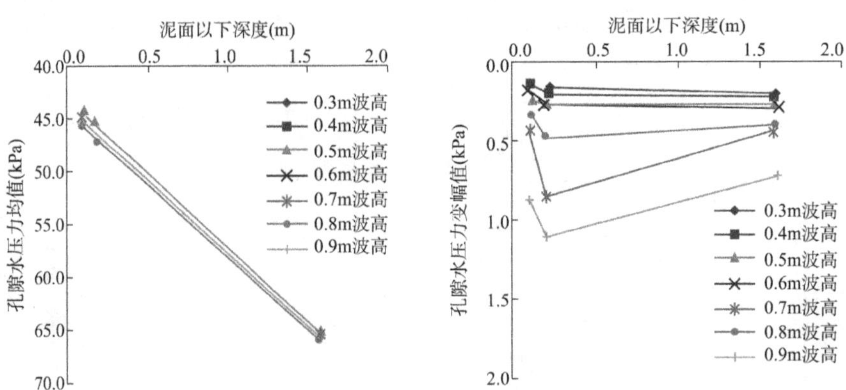

图4.2-28 不同深度孔隙水压力均值及变幅值

(第八排,背浪侧,距离沉箱中线5.92m)

从图4.2-22~图4.2-28可以得出如下结论:

①在设计高水位水深4.1m,波浪周期4.3s、波高0.3~0.9m波浪作用下,结构地基土体孔隙水压力均值随土体深度的增加而增加。距离直立式沉箱水平距离较远不受防波堤堤身影响的区域,不同深度孔隙水压力均值随深度增加基本呈线性增加趋势。结构基底下部地基土体孔隙水压力均大于其他位置,主要由于结构自重对基底下部土体产生超静孔隙水压力;防波堤前趾附近的土体孔隙水压力均值大于其他位置,原因为防波堤前趾受到的波浪力最大。

②孔隙水压力变幅值随着波高的增加而增大,迎浪侧大于背浪侧。防波堤之后(第七排、第八排)背浪侧土体孔隙水压力变幅值随着波高增加略有增大,波高0.9m的波浪作用下,幅值增加明显,原因为越浪对背浪侧土体产生影响。防波堤前趾附近的土体在0.3~0.9m波高的波浪作用下,孔隙水压力变幅值变化明显,尤其是0.0~0.5m深度的土体孔隙水压力变幅值增加明显;0.5~1.5m深度土体孔隙水压力变幅值逐渐减小,1.5~2.0m深度土体孔隙水压力变幅值变化很小。主要由于波浪力通过防波堤堤身传递至地基土体中,在防波堤前趾附近区域波浪力最大,波浪力传递至地基,造成前趾附近区域土体孔隙水压力增加明显;同时波浪力沿土体深度方向传播逐渐减弱,造成土体1.5m深度以下孔隙水压力变幅值减小。直立式沉箱防波堤底部(第四排、第六排)土体在0.3~0.8m波高的波浪作用下,孔隙水压力变幅值变化相对均匀,主要因为波浪的作用通过直立式沉箱防波堤堤身传递到地基基础,防波堤和碎石基床的重量较大,且防波堤为强度很大的刚体,在地基表层及1.5m深度内作用明显,向1.5m深度以下传递作用逐渐减弱。0.9m波高波浪作用下,通过防波堤堤身传递到地基的波浪力较大,导致地基土体孔隙水压力变幅值增加值较大。

③在波浪作用下,相同深度土体在设计高水位的孔隙水压力均值大于设计低

水位的孔隙水压力均值;相同水深,孔隙水压力变副值随着波高增大而增大。沉箱前排和前趾下土体的孔隙水压力变幅值大于沉箱后排土体孔隙水压力变幅值;随着波高的增加,浅层土体孔隙水压力变幅值总体上大于深层土体孔隙水压力变幅值。说明水深对孔隙水压力均值有较大影响,波高对孔隙水压力变幅值有较大影响;波浪对沉箱前排和前趾下土体的影响大于对沉箱后方土体的影响。

(3)波浪长时间作用对孔隙水压力的影响

试验条件为:设计高水位水深4.1m,波高0.9m,波浪周期4.3s,波浪作用波数2000个波。试验的水深及波浪条件见表4.2-8。

直立式沉箱防波堤模型试验水深及波浪参数 表4.2-8

水深(m)	波高(m)	周期(s)	波浪个数(个波)
4.1	0.9	4.3	2000

选取直立式沉箱防波堤软土地基第一排至第八排部分孔隙水压力传感器测试的孔隙水压力值,绘制成过程图,如图4.2-29~图4.2-36所示。

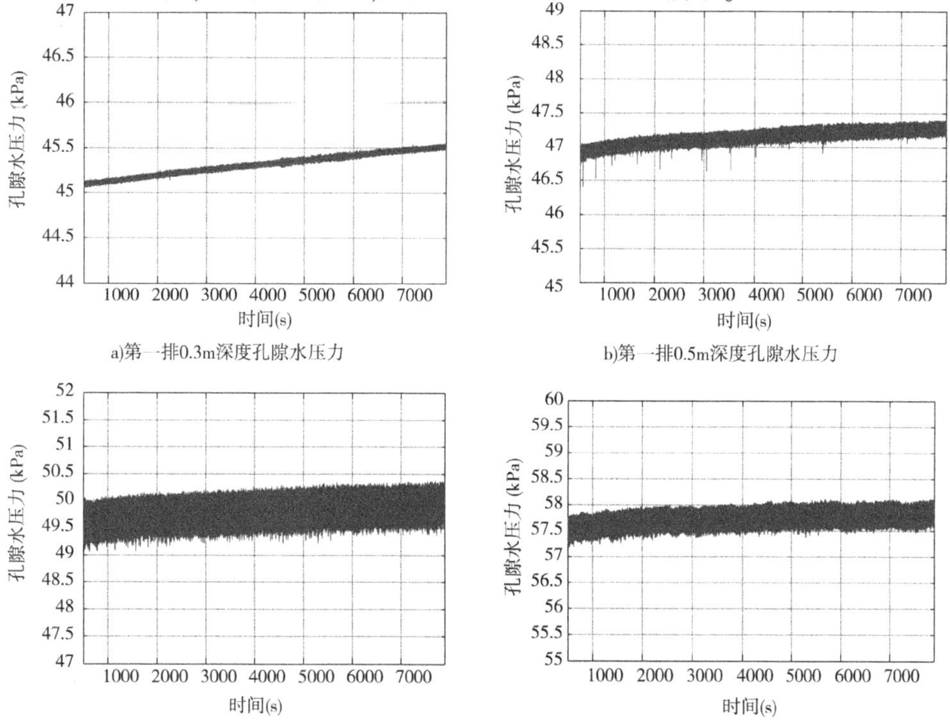

a)第一排0.3m深度孔隙水压力

b)第一排0.5m深度孔隙水压力

c)第一排0.9m深度孔隙水压力

d)第一排1.2m深度孔隙水压力

图4.2-29 第一排(迎浪侧,距离沉箱中线6.93m)
地基土体不同深度孔隙水压力变化过程

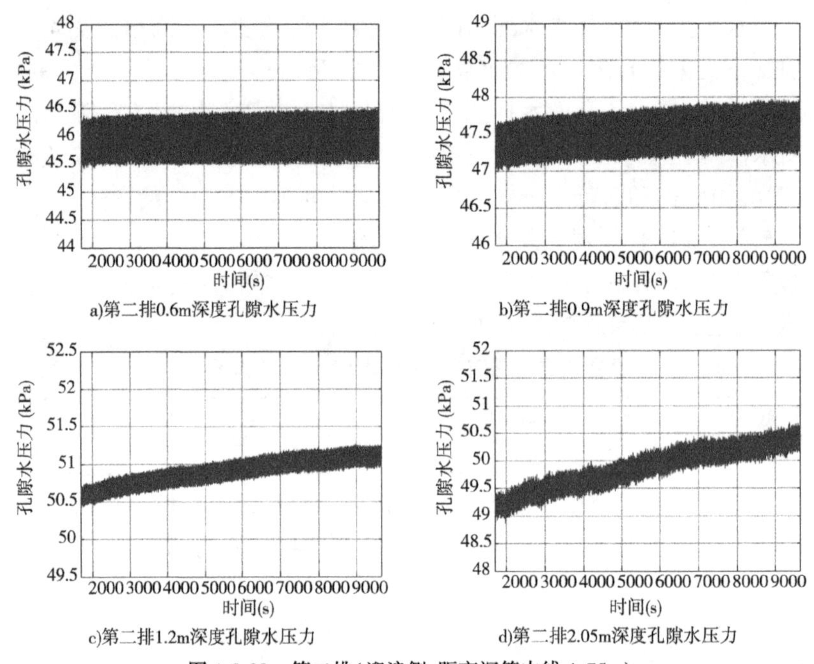

a)第二排0.6m深度孔隙水压力

b)第二排0.9m深度孔隙水压力

c)第二排1.2m深度孔隙水压力

d)第二排2.05m深度孔隙水压力

图 4.2-30　第二排(迎浪侧,距离沉箱中线 4.75m)地基土体不同深度孔隙水压力变化过程

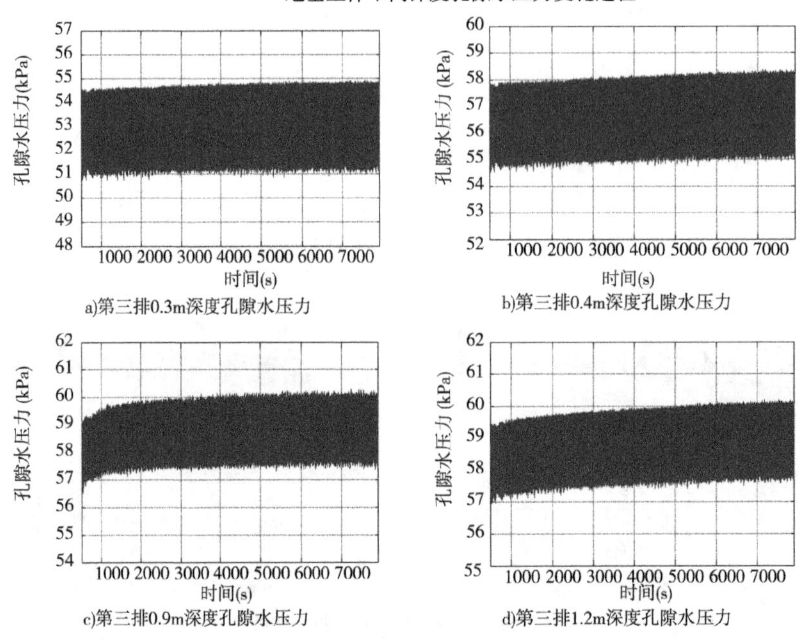

a)第三排0.3m深度孔隙水压力

b)第三排0.4m深度孔隙水压力

c)第三排0.9m深度孔隙水压力

d)第三排1.2m深度孔隙水压力

图　4.2-31

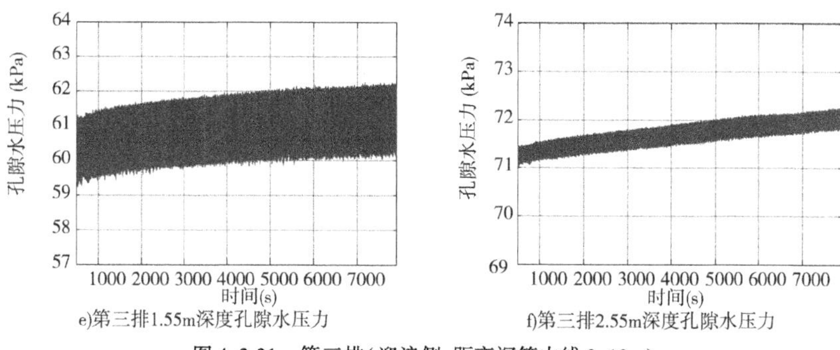

e)第三排1.55m深度孔隙水压力

f)第三排2.55m深度孔隙水压力

图 4.2-31 第三排(迎浪侧,距离沉箱中线 3.10m)地基土体不同深度孔隙水压力变化过程

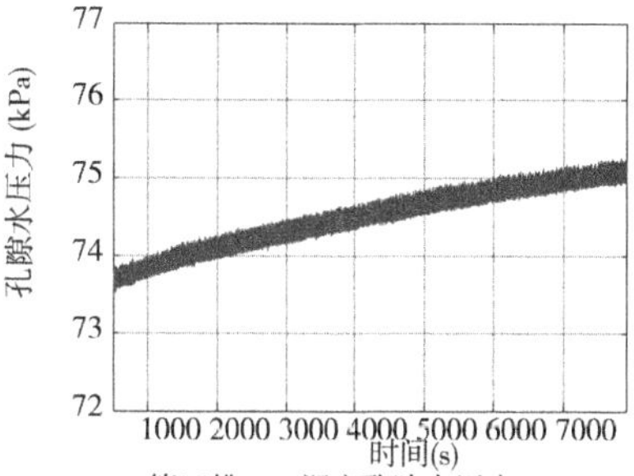

a)第四排0.2m深度孔隙水压力

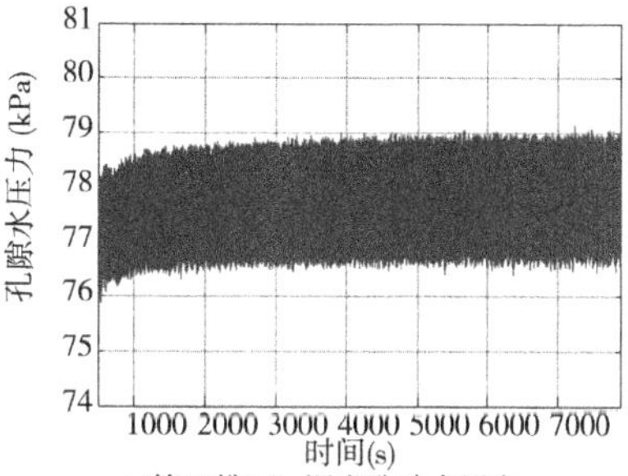

b)第四排0.3m深度孔隙水压力

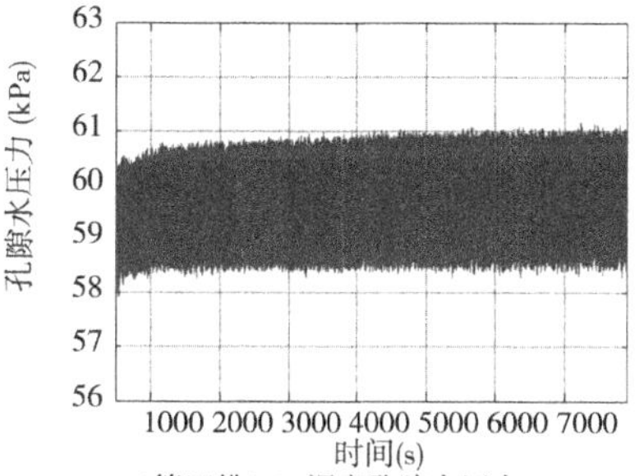

c)第四排0.5m深度孔隙水压力

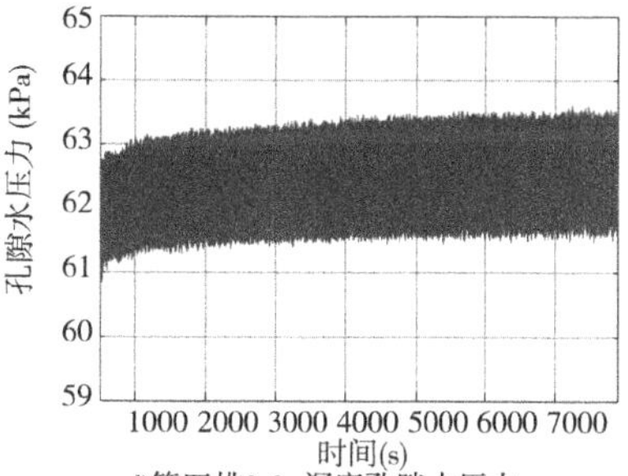

d)第四排0.6m深度孔隙水压力

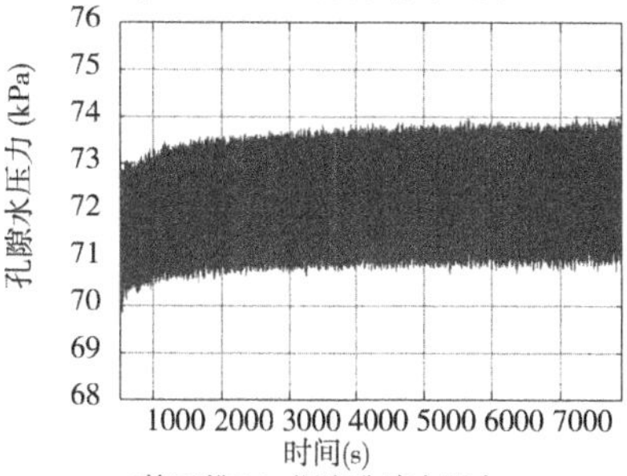

e)第四排0.9m深度孔隙水压力

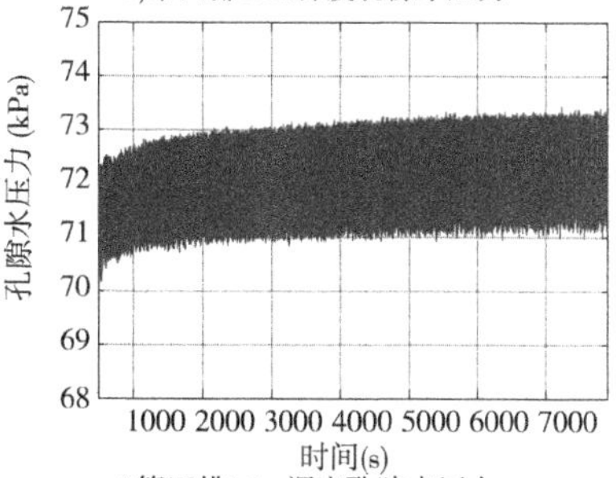

f)第四排1.2m深度孔隙水压力

图 4.2-32

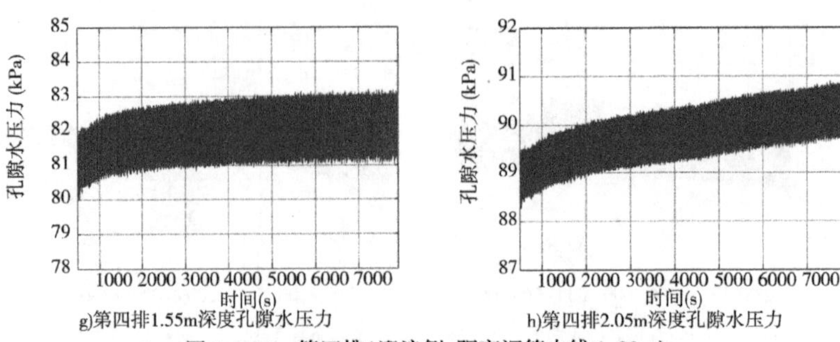

g)第四排1.55m深度孔隙水压力

h)第四排2.05m深度孔隙水压力

图 4.2-32　第四排(迎浪侧,距离沉箱中线 1.80m)
地基土体不同深度孔隙水压力变化过程

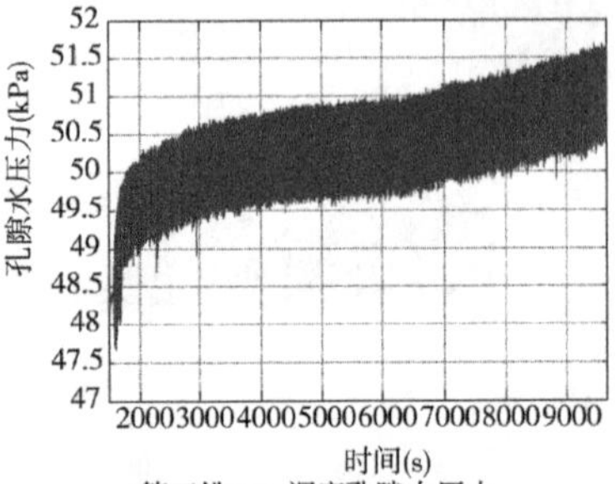

a)第五排0.3m深度孔隙水压力

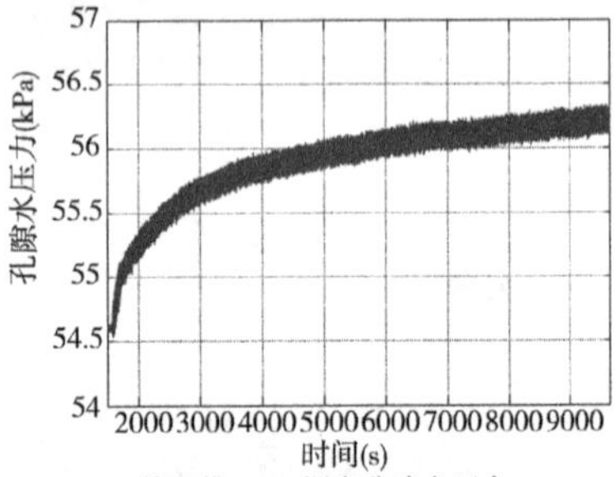

b)第五排1.55m深度孔隙水压力

图 4.2-33　第五排(沉箱中线)地基土体不同深度孔隙水压力变化过程

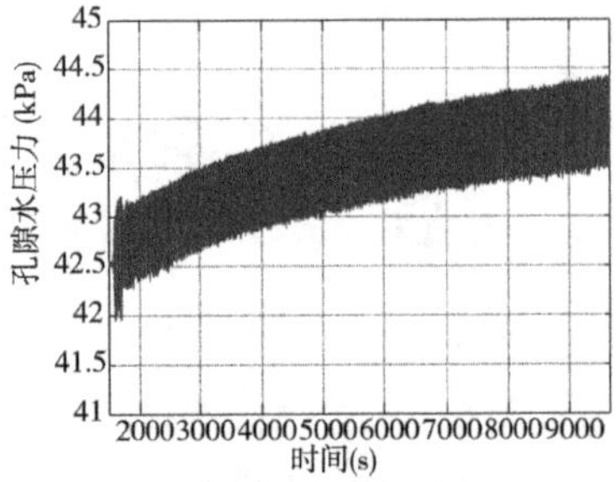

a)第六排0.2m深度孔隙水压力

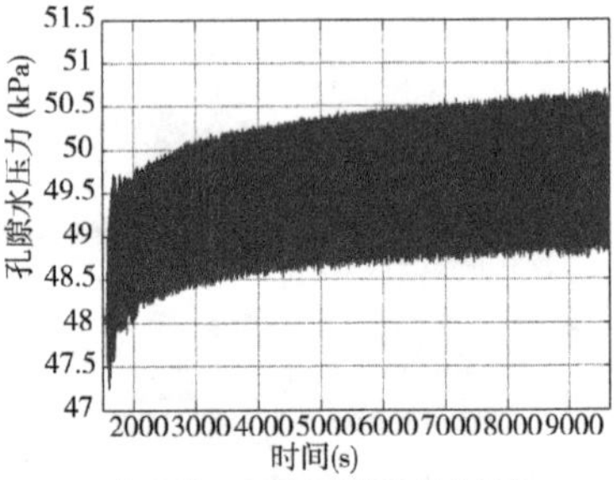

b)第六排0.5m深度土体孔隙水压力

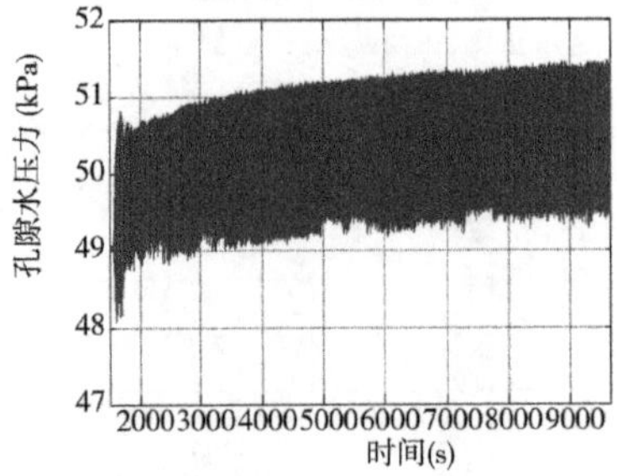

c)第六排0.6m深度孔隙水压力

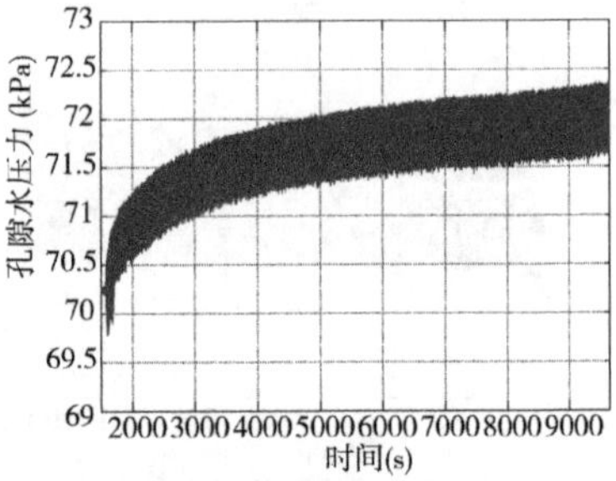

d)第六排0.9m深度孔隙水压力

图　4.2-34

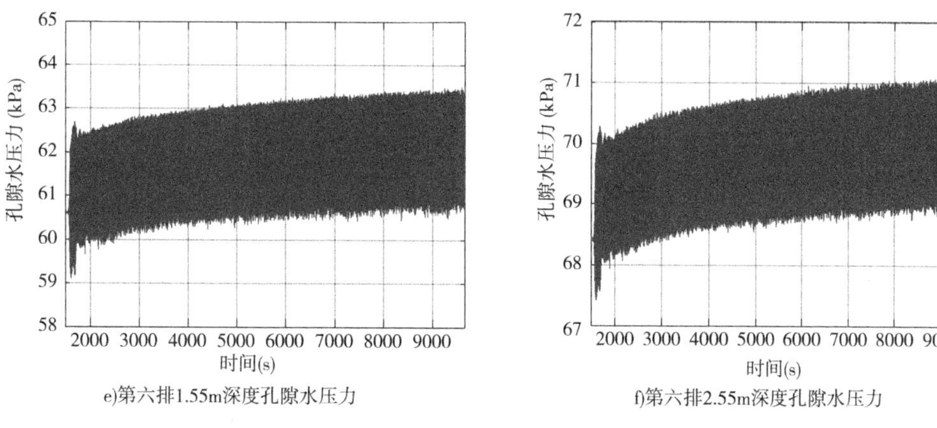

e)第六排1.55m深度孔隙水压力

f)第六排2.55m深度孔隙水压力

图 4.2-34　第六排(背浪侧,距离沉箱中线 1.80m)
地基土体不同深度孔隙水压力变化过程

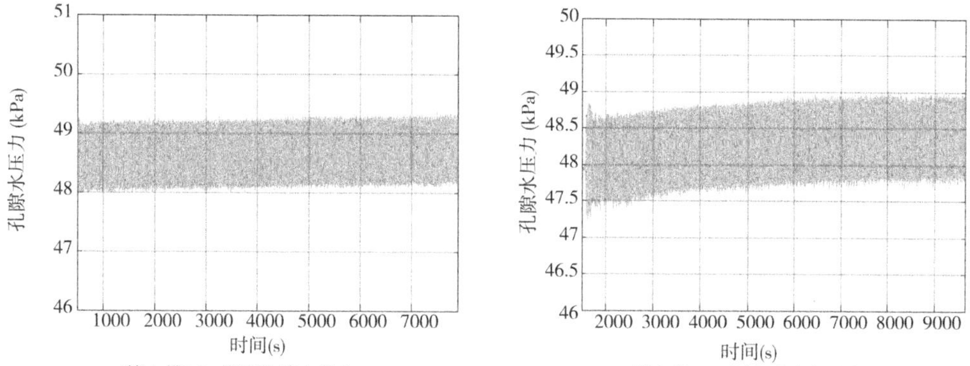

a)第七排0.1m深度孔隙水压力

b)第七排0.7m深度孔隙水压力

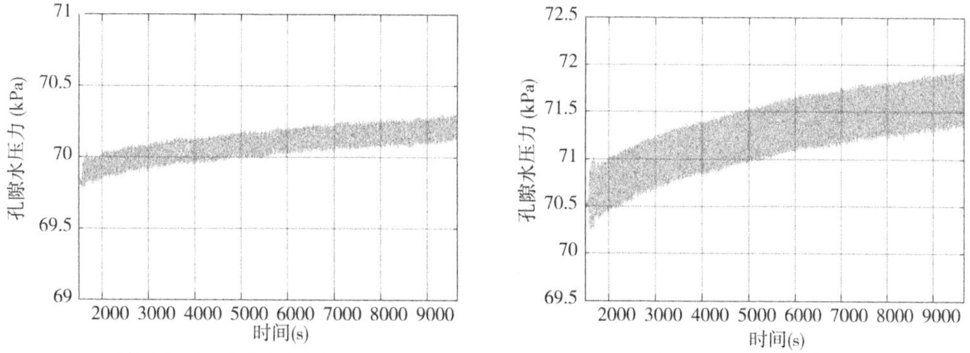

d)第七排0.9m深度孔隙水压力

c)第七排1.55m孔隙水压力

图 4.2-35　第七排(背浪侧,距离沉箱中线 3.74m)
地基不同深度土体孔隙水压力变化过程

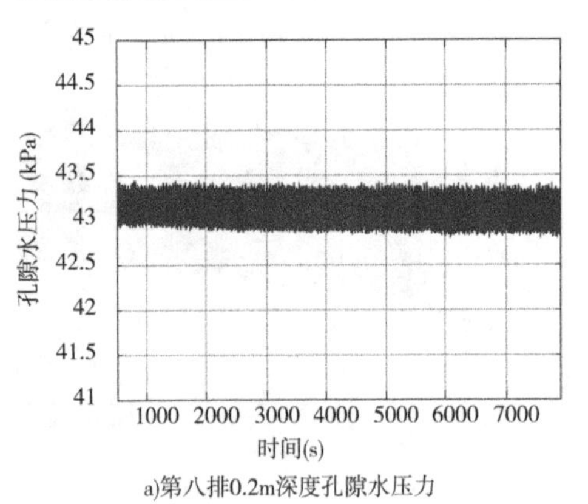

a)第八排0.2m深度孔隙水压力

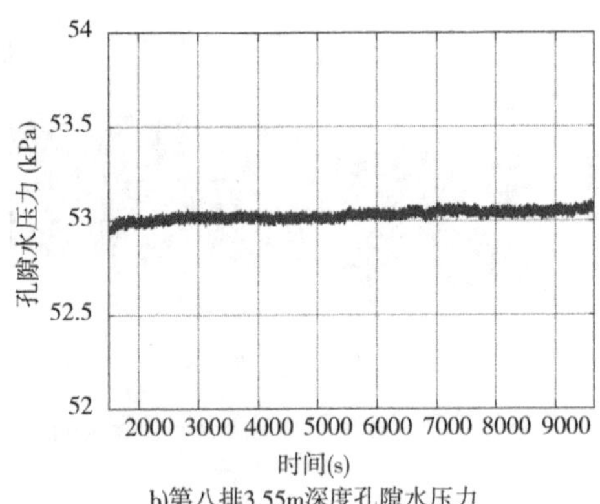

b)第八排3.55m深度孔隙水压力

图 4.2-36 第八排(背浪侧,距离沉箱中线 5.92m)地基土体不同深度孔隙水压力变化过程

从图 4.2-29 ~ 图 4.2-36 可以看出,在设计高水位水深 4.1m,波高 0.9m、周期 4.3s,波数 2000 个波的波浪作用下,直立式沉箱防波堤地基土体孔隙水压力变化情况如下。

第一排(防波堤迎浪侧,距离中心线 6.93m)土体的孔隙水压力随波浪作用略有增加,增加值为 0.3 ~ 0.5kPa。

第二排(防波堤迎浪侧,距离中心线 4.75m)土体孔隙水压力随波浪作用有所增加,1.2m 深度以内增加值为 0.3 ~ 0.5kPa,2.05m 深度增加约 1.2kPa。

第三排(防波堤迎浪侧,距离中心线 3.10m,前趾前 0.93m)土体孔隙水压力随波浪作用总体呈增加趋势,0.2m、0.3m 深度孔隙水压力增加值很小,约 0.3kPa;0.9 ~ 2.55m 深度孔隙水压力增加在 0.5 ~ 1.0kPa。

第四排(基底前趾后侧 0.37m、距离防波堤中线 1.80m)土体孔隙水压力随波浪作用呈增加趋势,0.5 ~ 1.55m 深度孔隙水压力增加值为 0.5 ~ 1.0kPa,变幅值较大;0.2m 和 2.05m 深度孔隙水压力增加约 1.5kPa,但变幅值较小;前 500 个波作用孔隙水压力值增加明显。

第五排(防波堤基底中线)土体泥孔隙水压力随波浪作用呈增加趋势,增加值约 2.0kPa,前 1000 个波作用孔隙水压力值增加明显大于后 1000 个波作用,尤其是前 500 个波作用孔隙水压力值增加明显。

第六排(基底后趾前侧 0.37m、距离防波堤基底中心线 1.80m)土体孔隙水压力随波浪作用呈增加趋势,增加值在 1.0 ~ 2.0kPa,前 1000 个波作用孔隙水压力值增加大于后 1000 个波作用。一个波周期孔隙水压力峰值与谷值之差随着波浪作用时间增长逐渐增大。说明波浪作用在地基土体中传递存在不断深化的过程。

第七排(背浪侧,距离防波堤基底中心线3.74m)土体0.1m深度孔隙水压力随波浪作用呈周期变化,峰值与谷值保持不变;0.7m和0.9m深度孔隙水压力略微增加,为0.25~0.50kPa;1.55m深度孔隙水压力增加1.0kPa。

第八排(背浪侧,距离防波堤基底中心线5.92m)土体0.2m深度孔隙水压力随波浪作用呈周期变化,波峰值与波谷值保持不变,两者之差约0.5kPa;泥面以下3.55m深度孔隙水压力基本恒定,孔隙水压力峰值与谷值之差很小,约0.1kPa。主要因为距离直立式沉箱防波堤较远,基本不受其影响。

总体上说,在水深4.1m、周期4.3s、波高0.9m的波浪长时间作用下,直立式沉箱防波堤基底及其影响的区域泥面以下孔隙水压力随波浪作用时间的增长而缓慢增加,但增加值并不大,峰值的增加值基本小于2.0kPa。从波浪作用直立式沉箱防波堤对地基软黏土影响的范围来看,直立式沉箱防波堤基底土体孔隙水压力增加值大于基底之外土体孔隙水压力增加值,防波堤迎浪侧前排土体孔隙水压力增加值大于背浪侧后排的土体孔隙水压力增加值。远离防波堤基底(第八排孔隙水压力传感器距离防波堤后趾3.75m)的背浪侧土体的孔隙水压力峰值和谷值基本保持恒定不变,且峰值与谷值之差很小,说明波浪对直立式沉箱防波堤背浪侧远离防波堤基底的土体基本没有影响。

2)波浪作用直立式沉箱防波堤软黏土地基应力分析

试验中在土体不同位置、不同深度埋设了土压力传感器,位置共计8排,如图4.2-10所示。其中第一、二、三、四排依次位于沉箱防波堤中轴线的迎浪侧,距离沉箱中轴线距离分别为6.93m、4.75m、3.10m、1.80m;第五排位置在沉箱的中轴线,第六、七、八排位于沉箱防波堤中轴线的背浪侧,分别距离沉箱防波堤中轴线1.80m、3.74m、5.92m。土压力传感器编号及在土体中埋设的深度见表4.2-9。选取设计高水位水深4.1m、波高0.9m、作用波数2000个波的地基应力进行分析。

土压力传感器编号及在土体中埋设深度 表4.2-9

深度(m)	位置及编号							
	第一排	第二排	第三排	第四排	第五排	第六排	第七排	第八排
0.1	38	39	40	41	49	55	56	57
0.3	—	—	T69	42	50	T60	T54	—
0.5	T79	T75	T70	43	51	T61	T55	T49
0.7	—	—	T71	44	52	T62	T56	—
0.9	T81	T76	T72	45	53	T63	T57	T50

续上表

深度(m)	位置及编号							
	第一排	第二排	第三排	第四排	第五排	第六排	第七排	第八排
1.55	T82	T77	T73	46	54	T64	T58	T51
2.05	T83	T78	—	—	T67	—	—	T52
2.55	—	—	T74	47	T68	T65	T59	—
3.55	T84	—	—	48	—	T66	—	T53

在设计高水位水深4.1m、波高0.9m、波数2000个波的波浪作用下，将土压力传感器测试的地基土体应力值变化过程绘制成图，如图4.2-37～图4.2-43所示。

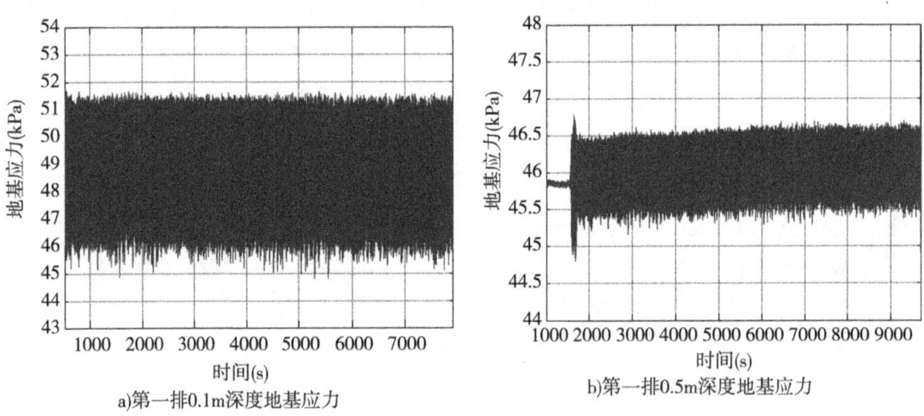

图4.2-37 第一排土体(迎浪侧，距离沉箱中线6.93m)地基应力变化过程

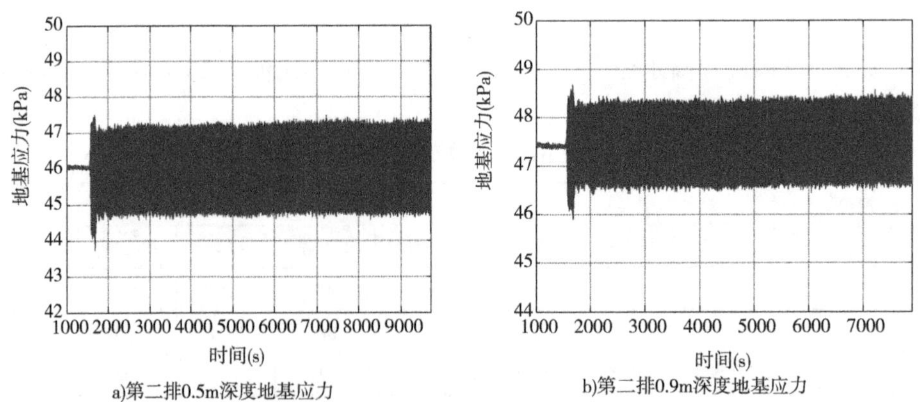

图4.2-38 第二排土体(迎浪侧，距离沉箱中线4.75m)地基应力变化过程

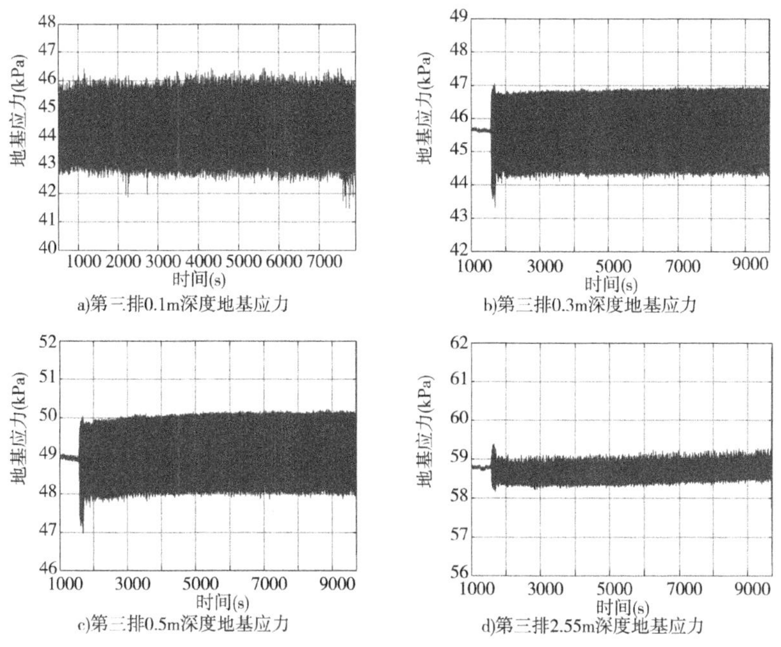

图 4.2-39 第三排土体(迎浪侧,距离沉箱中线 3.10m)地基应力变化过程

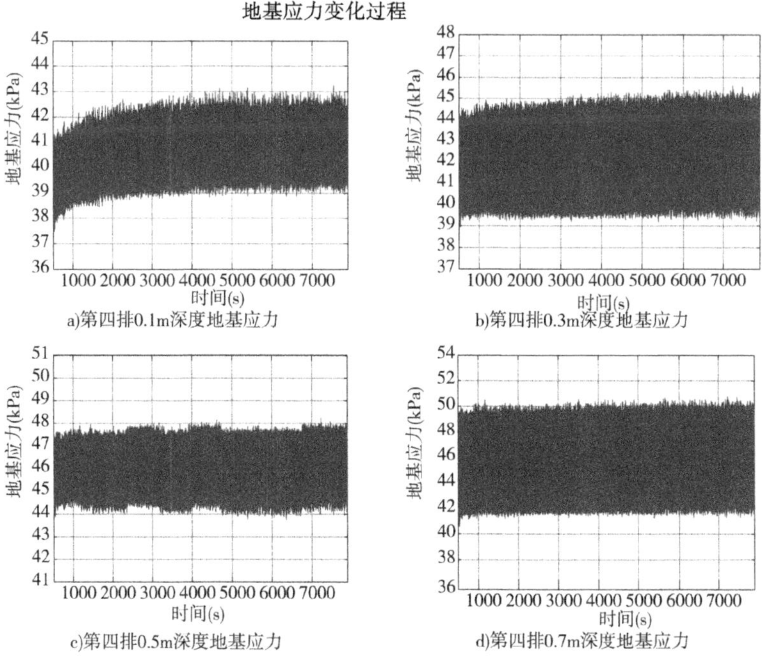

图 4.2-40

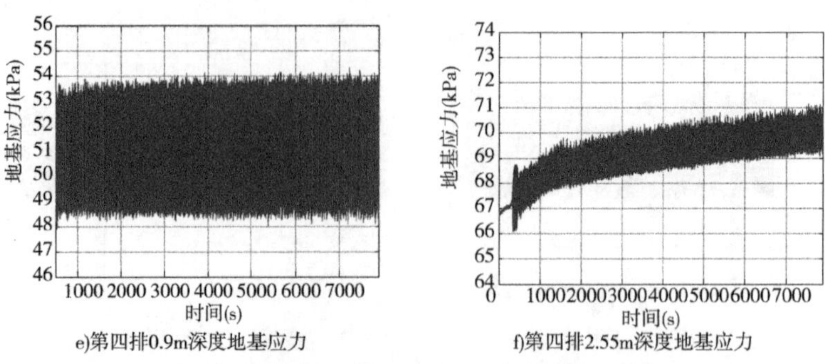

e)第四排0.9m深度地基应力

f)第四排2.55m深度地基应力

图4.2-40　第四排土体(迎浪侧,距离沉箱中线1.80m)地基应力变化过程

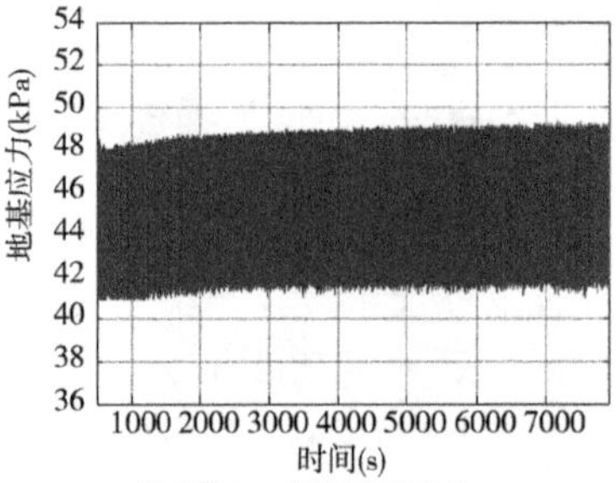

a)第五排0.1m深度地基应力

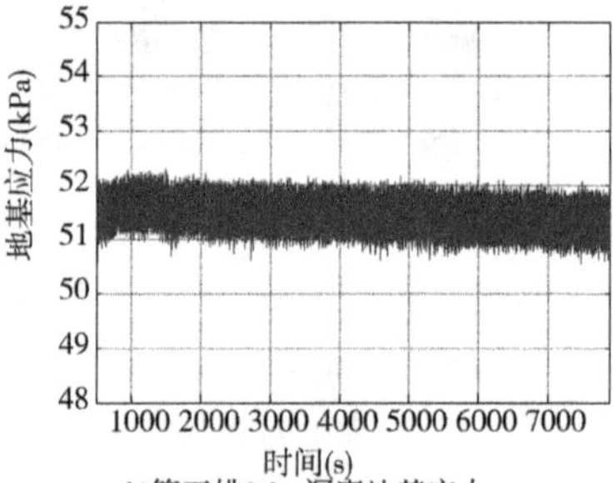

b)第五排0.3m深度地基应力

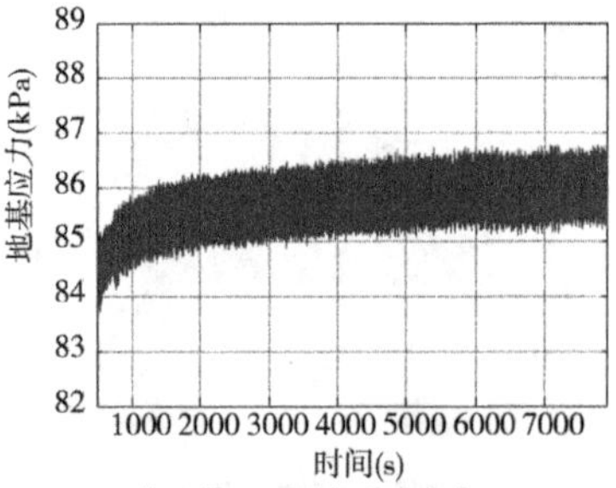

c)第五排0.9m深度地基应力

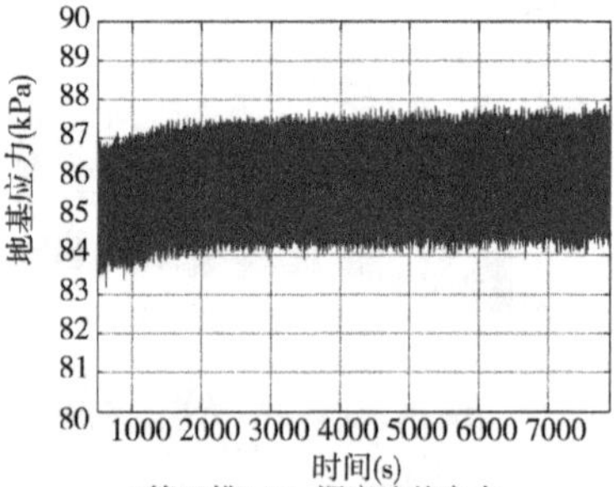

d)第五排1.55m深度地基应力

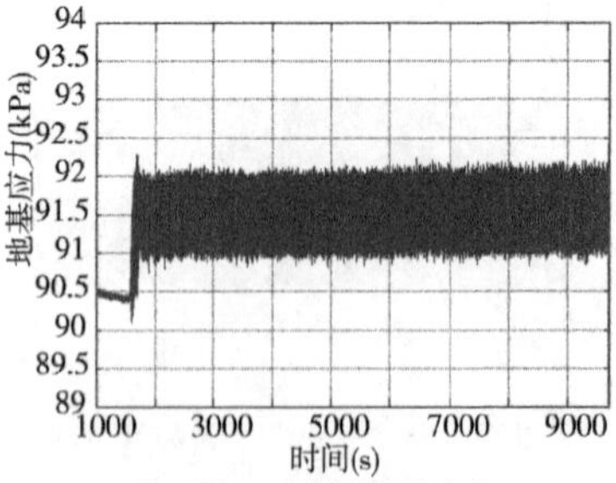

e)第五排2.05m深度地基应力

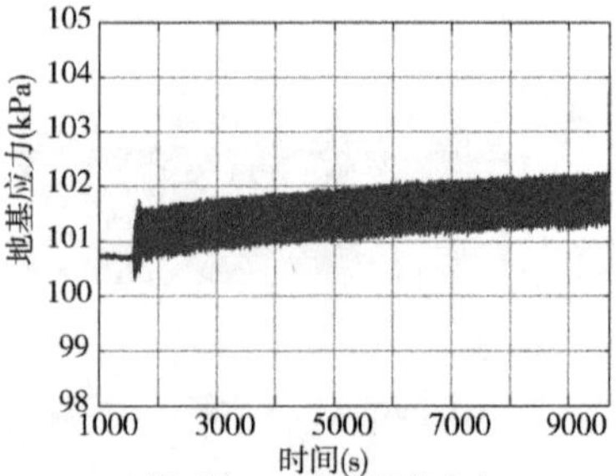

f)第五排2.55m深度地基应力

图4.2-41　第五排土体(中心线)地基应力变化过程

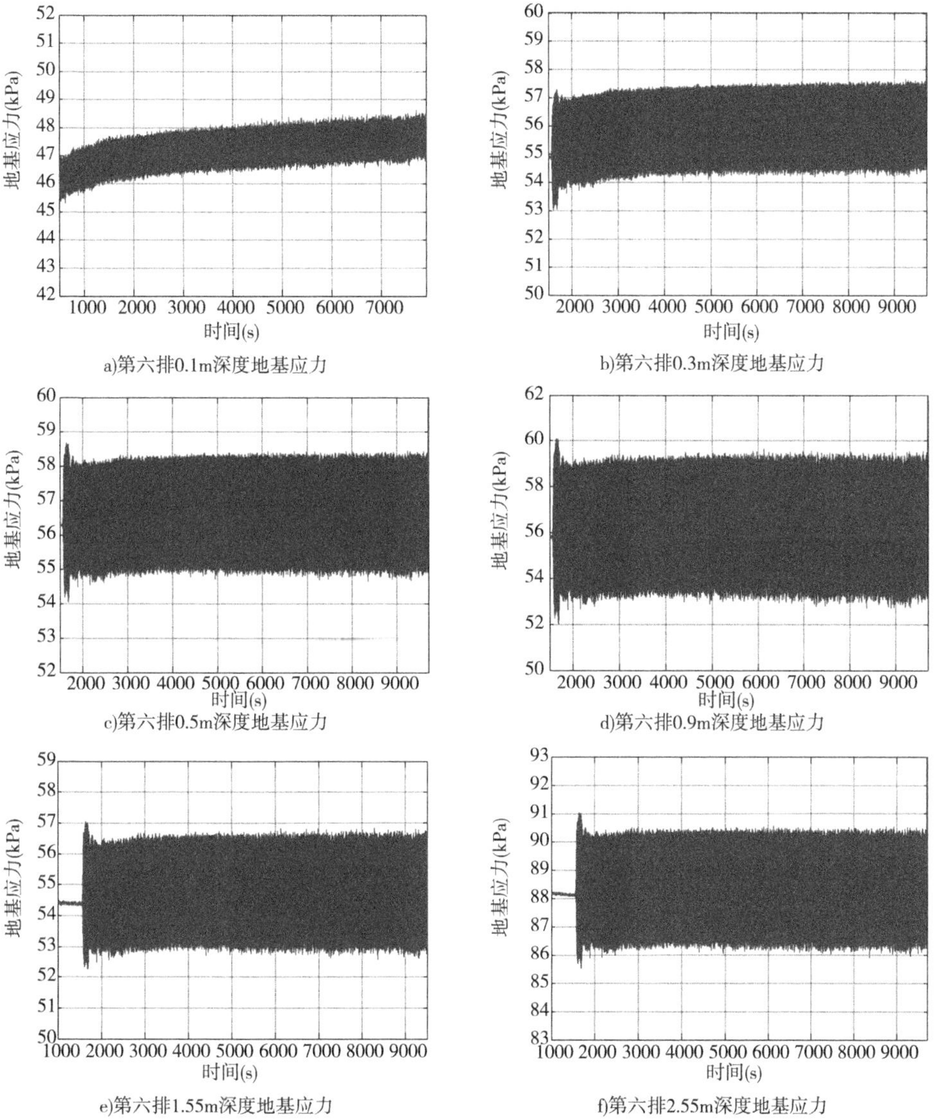

a)第六排0.1m深度地基应力

b)第六排0.3m深度地基应力

c)第六排0.5m深度地基应力

d)第六排0.9m深度地基应力

e)第六排1.55m深度地基应力

f)第六排2.55m深度地基应力

图4.2-42 第六排土体(背浪侧,距离沉箱中线1.80m)地基应力变化过程

从图4.2-37 ~ 图4.2-43 可以看出:直立式沉箱防波堤泥面以下地基应力随着深度的增加而增大。在周期4.3s、波高0.9m 的波浪长时间作用下,防波堤迎浪侧前面第一排土体地基应力峰值和谷值基本保持不变,深度0.1m 的地基应力峰值与谷值之差很大,主要因为此处距离防波堤相对较远,且基础碎石完全透水,波浪对

地基土体作用明显。第二排、第三排土体地基应力峰值与谷值基本保持不变,二者之差为2.0~3.0kPa,2.05m深度以下地基应力峰值与谷值之差小于1.0kPa,说明波浪对2.05m深度土体作用相对较弱,主要因为软黏土的透水性差一些。第四排、第六排土体处于直立式防波堤前趾和后趾附近,地基应力峰值和谷值之差较大,主要因为波浪直接作用在防波堤堤身,通过堤身传递到地基土体中,防波堤前趾受到的波浪力最大,0.9m的波高产生的波浪形成越浪,使防波堤有前后晃动趋势,因此,波浪力对防波堤前趾和后趾作用力较大,致使防波堤前趾和后趾产生的地基应力较大。第五排位于防波堤中心线,其下的地基应力峰值与谷值之差比第四排和第六排要小,第五排0.1m深度地基应力峰值与谷值之差要大于其他深度,主要因为波浪作用通过防波堤传递到地基,0.1m深度受防波堤影响大。第七排土体地基应力相对防波堤基底的地基应力要小,且峰值与谷值之差也小,主要因为第七排土体处于防波堤的背浪侧,受波浪影响小。

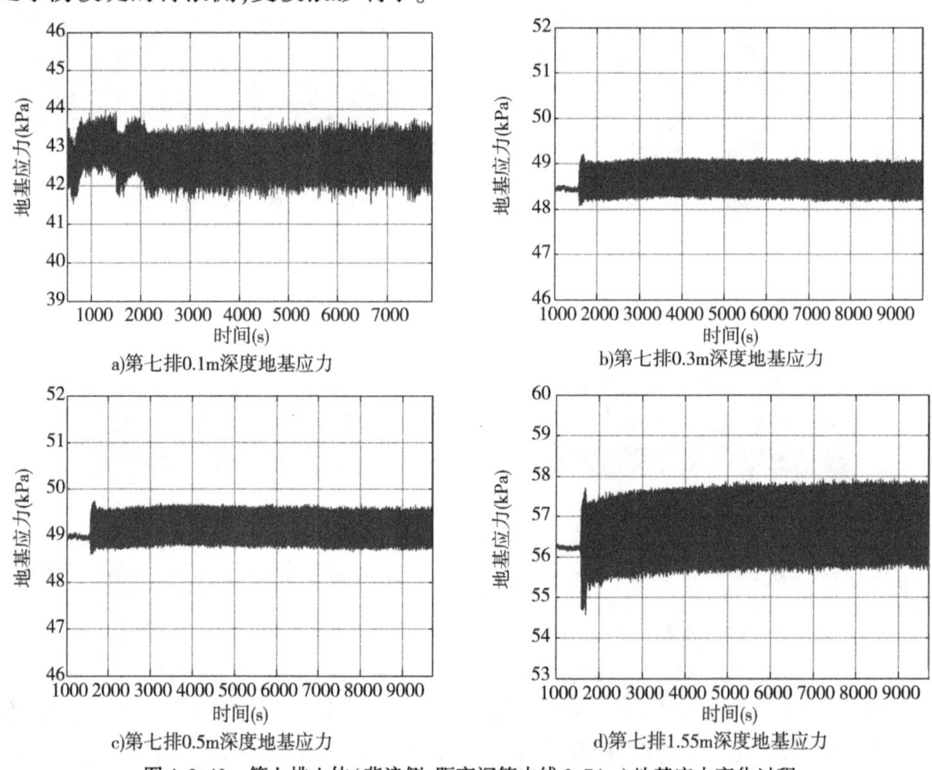

图4.2-43　第七排土体(背浪侧,距离沉箱中线3.74m)地基应力变化过程

3)波浪作用直立式沉箱防波堤软黏土地基有效应力分析

根据土力学理论,土体所受的全部应力即总应力。总应力的一部分由土颗粒

间的接触面承担,成为有效应力,另一部分由土体孔隙内的水及气体承担,称为孔隙应力。如图4.2-44所示,根据土体平衡条件,沿 a-a 截面取脱离体,a-a 截面是沿着截面上土颗粒间的接触面截取的曲线状截面,在此截面上土颗粒接触面间的作用法向应力为 σ_s,各土颗粒间的接触面积和为 A_s,孔隙内水压力为 u_w,气体压力为 u_a,相应面积分别为 A_w、A_a。

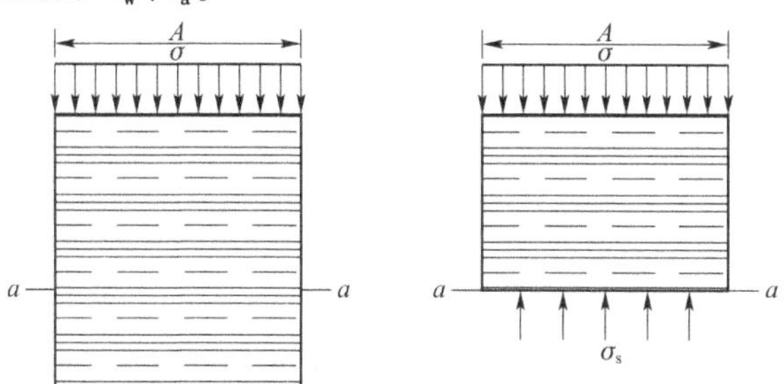

图4.2-44　土体有效应力示意图

建立平衡条件为:

$$\sigma A = \sigma_s A_s + u_w A_w + u_a A_a \tag{4.2-11}$$

对于饱和土,式(4.2-1)中的 u_a 、F_a 均等于零,则

$$\sigma A = \sigma_s A_s + u_w A_w = \sigma_s A_s + u_w (A - A_s) \tag{4.2-12}$$

由式(4.2-12)可得出

$$\sigma = \frac{\sigma_s A_s}{A} + u_w \left(1 - \frac{A_s}{A}\right) \tag{4.2-13}$$

由于土颗粒间的接触面积 A_s 很小,毕肖普和伊尔定(Bishop 和 Eldin)根据粒状土的试验工作认为$\frac{A_s}{A}$一般小于0.03,有可能小于0.01。因此式(4.2-13)中的第二项$\frac{A_s}{A}$可以略去不计,而第一项中的 σ_s 很大,所以不能忽略。第一项$\frac{\sigma_s A_s}{A}$实际上是土颗粒的接触应力在截面积 A 上的平均应力,称为土的有效应力,用 σ'表示,并用 u 表示 u_w。故式(4.2-13)可写为

$$\sigma = \sigma' + u \tag{4.2-14}$$

公式(4.2-14)就是有效应力公式。

由式(4.2-14)可得到:

$$\sigma' = \sigma - u \tag{4.2-15}$$

即饱和土体的有效应力 σ'等于总应力 σ 减去孔隙水压力 u。

假设在波浪作用下,土体仍然为饱和土体,土体的总应力由 σ 变为 $\sigma + \Delta\sigma$,土体

的孔隙水压力由 u 变为 $u+\Delta u$，有效应力由 σ' 变为 $\sigma'+\Delta\sigma'$，带入式(4.2-15)得到：

$$\sigma'+\Delta\sigma'=\sigma+\Delta\sigma-u-\Delta u=\sigma-u+\Delta\sigma-\Delta u=\sigma'+\Delta\sigma-\Delta u \quad (4.2\text{-}16)$$

由式(4.2-16)可得到：

$$\Delta\sigma'=\Delta\sigma-\Delta u \quad (4.2\text{-}17)$$

即饱和土体有效应力的变化值等于总应力变化值与孔隙水压力变化值之差。试验中总应力的变化值和孔隙水压力的变化值都可以测出，因此，土体有效应力的变化值就可以根据式(4.2-17)得出。

在大比尺波浪试验水槽开展了波浪长时间作用下直立式沉箱防波堤稳定性试验研究。试验条件为：设计低水位水深3.4m，波高1.1m，波浪周期4.3s，波浪作用波数1000个波。试验的水深及波浪条件见表4.2-10。

直立式沉箱防波堤模型试验水深及波浪参数表 表4.2-10

水深(m)	波高(m)	周期(s)	波浪个数(个波)
3.4	1.1	4.3	1000

在波浪长时间作用下，直立式沉箱防波堤软黏土地基总应力和孔隙水压力变化过程见图4.2-45～图4.2-47。

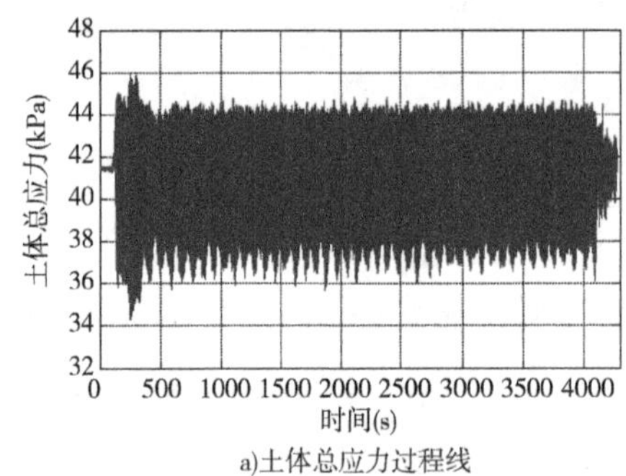

a)土体总应力过程线

b)孔隙水压力过程线

图4.2-45 第二排土体(迎浪侧，距离沉箱中线4.75m)总应力及孔隙水压力

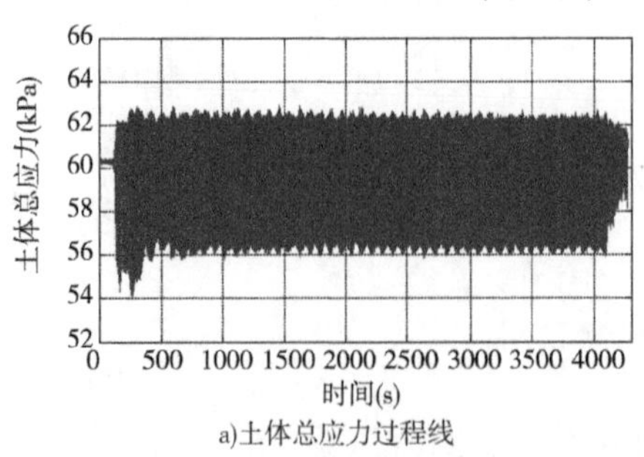

a)土体总应力过程线

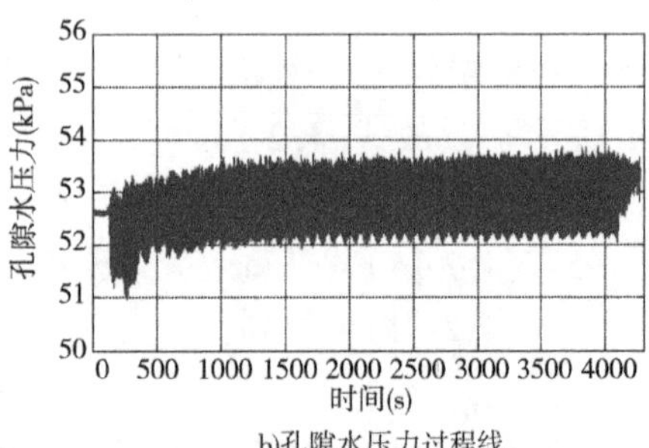

b)孔隙水压力过程线

图4.2-46 第四排土体(迎浪侧，距离沉箱中线1.80m)总应力及孔隙水压力

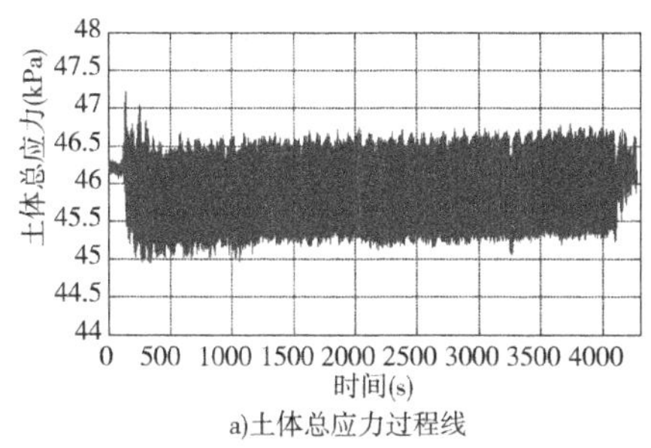

a)土体总应力过程线

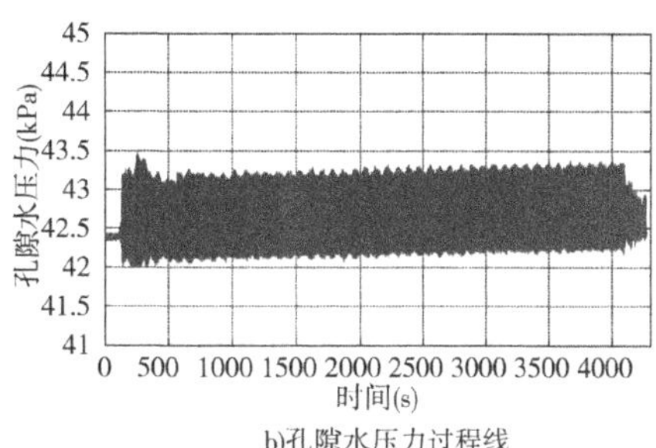

b)孔隙水压力过程线

图 4.2-47 第七排土体(背浪侧,距离沉箱中线 3.74m)总应力及孔隙水压力

从图 4.2-45 可以看出,在设计低水位水深 3.4m,波高 1.1m,波浪周期 4.3s,波浪作用波数 1000 个波的条件下,直立式沉箱防波堤迎浪侧第二排(距离沉箱中线 4.75m)0.1m 深度土体在波浪作用过程中总应力峰值及谷值基本恒定不变,孔隙水压力峰值和谷值也基本恒定不变。由式(4.2-17)可知,波浪作用后土体有效应力没有变化。但是在波浪作用过程中,土体总应力峰值比初始值增加约 2.5kPa,土体总应力谷值比初始值降低约 4.5kPa,而孔隙水压力峰值比初始值增加约 0.5kPa,孔隙水压力谷值比初始值降低约 1.5kPa。有效应力在峰值增加 2.0kPa和谷值降低 3.0kPa 范围内波动。波浪作用停止后,土体有效应力恢复波浪作用前的原值。

从图 4.2-46 可以看出,在设计低水位水深 3.4m,波高 1.1m,波浪周期 4.3s,波浪作用波数 1000 个波的条件下,防波堤迎浪侧第四排(距离沉箱中线 1.80m)0.9m深度土体在波浪作用过程中总应力峰值及谷值基本恒定不变,孔隙水压力峰值和谷值呈缓慢增加趋势,增加值约为 0.75kPa。由式(4.2-17)可知,波浪作用后土体有效应力略微下降,下降值约为 0.75kPa。在波浪作用过程中,土体总应力峰值比初始值增加约 2.0kPa,总应力谷值比初始值降低约 4.0kPa;而孔隙水压力峰值比初始值增加约 1.0kPa,谷值比初始值降低约 0.6kPa。有效应力在峰值增加 1.0kPa和谷值降低 3.4kPa 范围内波动。波浪作用停止后土体有效应力降低约 0.75kPa。由模型试验数据分析可知,在波浪长时间作用下,直立式沉箱防波堤堤身下部的地基土体孔隙水压力增加,有效应力降低。

从图 4.2-47 可以看出,设计低水位水深 3.4m,波高 1.1m,周期 4.3s,作用波数 1000 个波的条件下,直立式沉箱防波堤背浪侧第七排(距离沉箱中线 4.75m)0.1m深度土体在波浪作用过程中总应力峰值及谷值基本恒定不变,孔隙水压力峰值和谷值也基本恒定不变。由式(4.2-17)可知,波浪作用后土体有效应力没有变化。但是在波浪作用过程中,土体总应力峰值与谷值之差约 1.5kPa,孔隙水压力峰值与谷值之差约为1.0kPa。有效应力波动范围内基本在0.5kPa范围内。波浪作用停止后,土体有效应力基本恢复至波浪作用前的原值。

对于直立式沉箱防波堤结构,波浪长时间作用过程停止后,与波浪作用前相比,沉箱堤堤身下部的地基土体孔隙水压力略有增加,有效应力略微降低;而沉箱防波堤迎浪侧和背浪侧距离堤身较远距离的地基土体由于不受防波堤结构的影响,土体有效应力基本不发生变化。在波浪作用过程中,地基土体总应力和孔隙水压力都随着波浪波动而周期变化,总应力波动幅值大于孔隙水压力波动幅值。

4.2.7 累积孔压模型的建立

从工程设计不利角度选取路径三、四、五和六的增长型曲线进行数据拟合,从而得到直立式沉箱防波堤软土地基孔隙水压力发展模型。如图4.2-48～图4.2-51所示,公式(4.2-18)的双曲型孔隙水压力发展模型与试验规律基本吻合。

$$u = \frac{N}{aN + b} \tag{4.2-18}$$

式中:u——累积孔压;

N——荷载循环次数;

a、b——相关的试验拟合参数。

表4.2-11为根据双曲型模型拟合得到的系数a、b值。因此,本节选择双曲型模型对孔压规律进行量化研究。

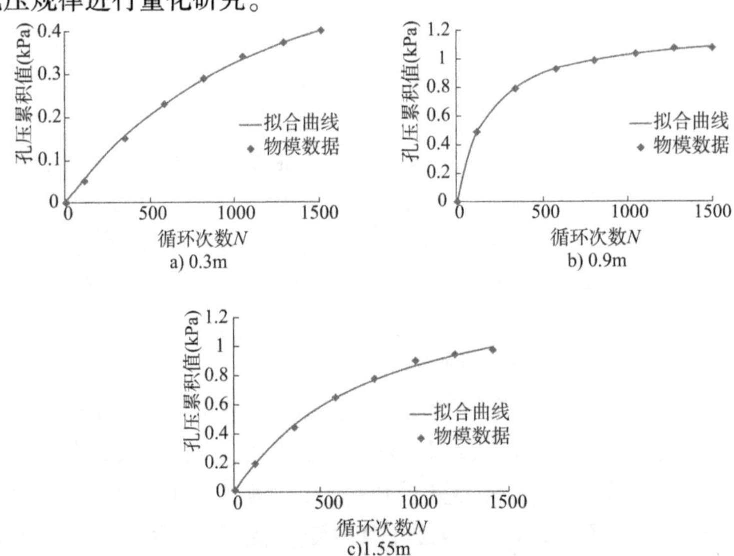

图4.2-48　路径三0.3m、0.9m和1.55m深度处累积孔压数据和对应的拟合曲线

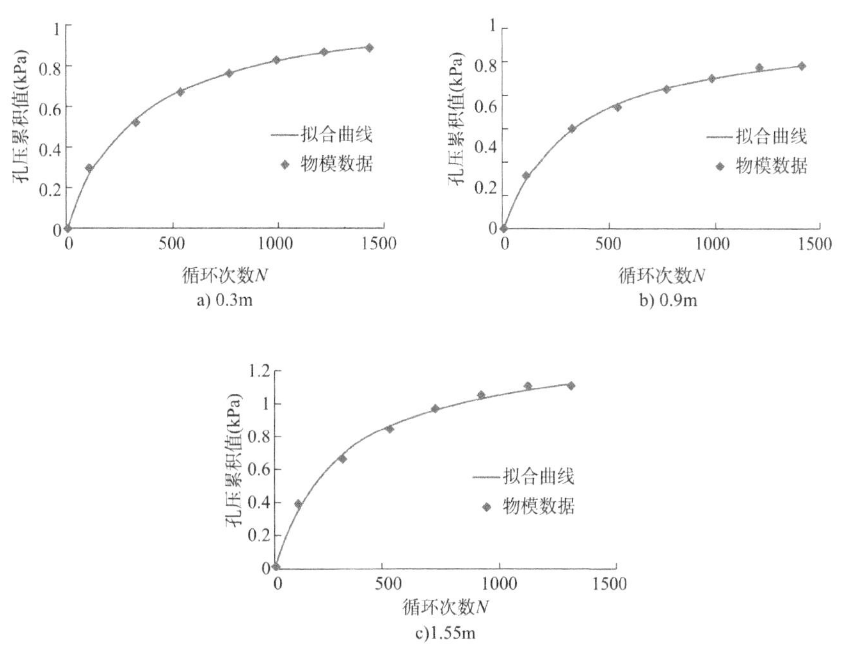

图 4.2-49 路径四 0.3m、0.9m 和 1.55m 深度处累积孔压数据和对应的拟合曲线

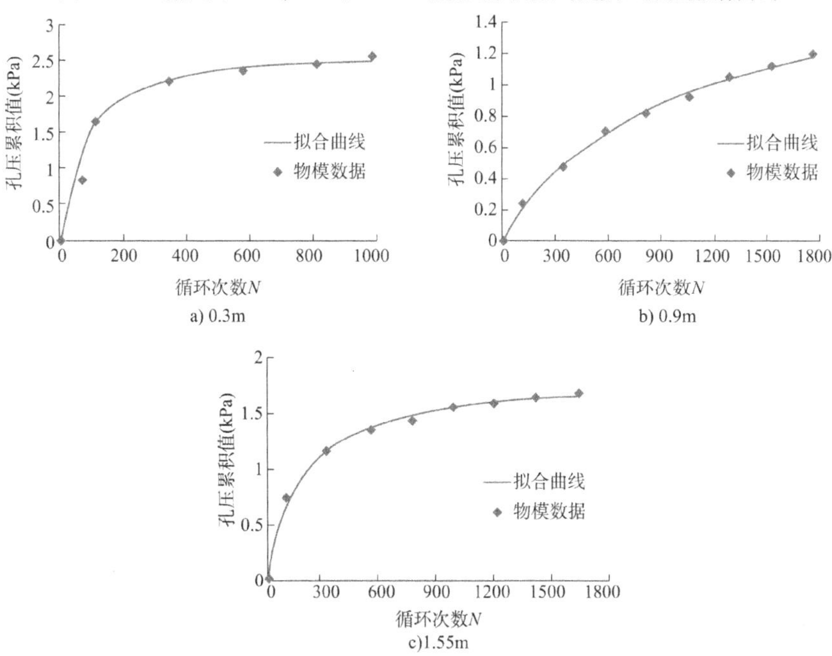

图 4.2-50 路径五 0.3m、0.9m 和 1.55m 深度处累积孔压数据和对应的拟合曲线

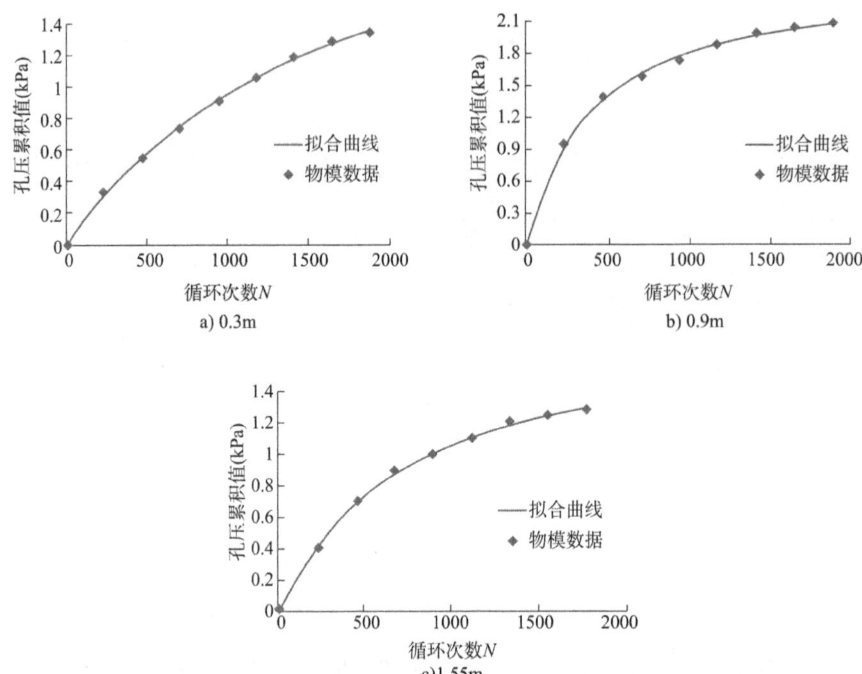

图 4.2-51　路径六 0.3m、0.9m 和 1.55m 深度处累积孔压数据和对应的拟合曲线

双曲型模型系数 *a*、*b* 值　　表 4.2-11

路　径	土体深度 *d* (m)	*a*	*b*	相关系数 R^2
三	0.3	1.261	1820.256	0.999
	0.9	0.821	143.956	0.999
	1.55	0.654	512.525	0.998
四	0.3	0.905	323.519	0.998
	0.9	0.996	347.138	0.998
	1.55	0.731	244.995	0.996
五	0.3	0.372	27.758	0.999
	0.9	0.549	519.730	0.997
	1.55	0.543	105.263	0.996
六	0.3	0.377	655.557	0.999
	0.9	0.394	154.994	0.999
	1.55	0.547	415.272	0.998

4.2.8 波浪作用下直立式沉箱防波堤沉降

在设计高水位水深4.1m、波高0.9m、作用波数2000个波的长时间作用下,直立式沉箱防波堤的竖向位移基本在±3.0mm范围内波动,波动周期与波浪周期基本一致,选取作用时间2040~2085s的竖向位移,绘制变化过程图见图4.2-52。在整个试验过程中,直立式沉箱防波堤基本没有沉降,处于稳定状态。

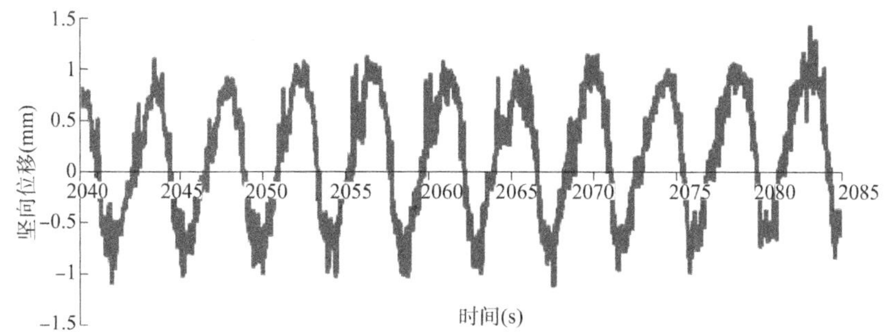

图4.2-52 波浪作用下直立式沉箱防波堤竖向位移波动变化过程图

4.2.9 波浪作用对软黏土地基土体强度影响分析

地基土体制备完成尚未吊放直立式沉箱防波堤,在试验区域取土样进行力学特性试验;波浪作用试验结束后,将大比尺波浪水槽的试验用水放出,在试验区域取土样进行力学特性试验,试验结果见表4.2-12。试验前和试验后采用十字板测试了试验区域的土体抗剪强度,试验结果见图4.2-53、表4.2-13。

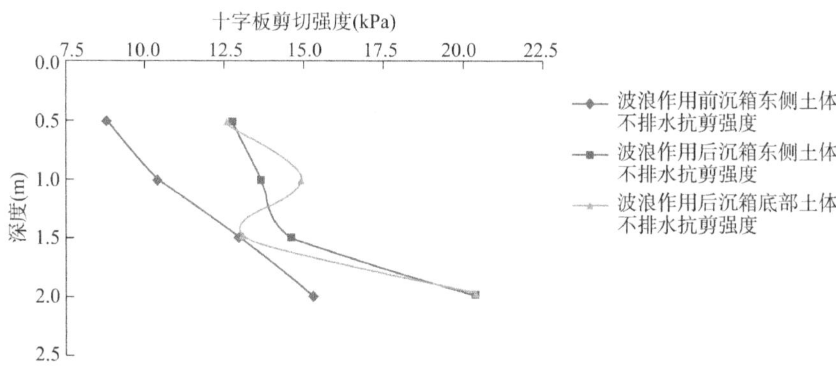

图4.2-53 试验前和试验后直立式沉箱防波堤软黏土地基土体十字板剪切强度

试验前、后试验区域土样物理力学特性试验表

表 4.2-12

土样编号	取土深度 (m)	取土状态	土的物理性质					界限含水率					压缩性		固结系数	土样分类	备注
			含水率 w (%)	土粒比重 G_s	湿密度 ρ (g/cm³)	干密度 ρ_d (g/cm³)	饱和度 S_r (%)	孔隙比 e	液限 w_L (%)	塑限 w_p (%)	塑性指数 I_p	液性指数 I_L	压缩系数 $a_{v0.1\sim0.2}$ (MPa^{-1})	压缩模量 $E_{s0.1\sim0.2}$ (MPa)	垂直固结荷重 200kPa (10^{-3} cm²/s)		
1	0.0～0.50	原状	31.6	2.72	1.92	1.46	99.4	0.864	29.5	17.2	12.3	1.17	0.538	3.46	0.747	粉质黏土	试验前
2	0.0～0.50	原状	32.1	2.72	1.91	1.45	99.1	0.881	27.6	16.6	11.0	1.41	0.525	3.58	1.498	粉质黏土	试验前
3	1.0～1.50	原状	30.5	2.72	1.93	1.48	98.9	0.839	33.6	18.3	15.3	0.80	0.458	4.01	0.912	粉质黏土	试验前
4	0.0～0.50	原状	25.5	2.72	1.98	1.58	95.8	0.724	28.0	16.7	11.3	0.78	0.431	4.00	1.276	粉质黏土	试验后

试验前、后试验区域土体十字板剪切强度测试结果表

表 4.2-13

日　期	位　置	不排水抗剪强度 c_u(kPa)				备　注
		深度 0.5m	深度 1.0m	深度 1.5m	深度 2.0m	
2016-2-23	沉箱东侧	8.78	10.40	13.00	15.28	试验前
2016-3-7	沉箱东侧	12.68	13.65	14.63	20.48	试验后
2016-3-7	沉箱底部	12.35	14.95	13.18	20.80	试验后

从土体力学特性试验数据上看,试验前(2016 年 2 月 22 日)在试验区域东侧测试土体含水率 31.4%,试验后(2016 年 3 月 9 日)在试验区域防波堤基底测试土体含水率为 25.5%。主要因为直立式沉箱防波堤碎石基床很厚,沉箱及箱体内碎石填料很重,在碎石基床及沉箱防波堤重力静荷载和波浪动荷载作用下,地基土体排水,含水率降低。

十字板测试土体抗剪强度结果表明,土体抗剪强度随土体深度的增加而增大;试验后土体抗剪强度大于试验前土体抗剪强度。土体含水率降低说明土体在波浪和防波堤结构及碎石基础作用下进行了排水,由于土体排水,所以土体强度增加,因此用十字板测试土体抗剪强度增加。

与半圆形防波堤大比尺物理模型试验相比,直立式沉箱防波堤地基土体试验前含水率 31.4%,十字板剪切强度 8.78kPa,高于半圆形防波堤地基土体试验前十字板剪切强度近 40%(半圆形防波堤地基土体强度 6.2kPa)。另一方面,半圆形防波堤形状为半圆形,受到的波浪力有向下的分力,且试验水深大,半圆形防波堤处于淹没状态,有垂直向下的波浪力作用。因此,在波浪动荷载作用下,半圆形防波堤地基表层土体孔隙水压力增加明显,导致土体强度降低。而直立式沉箱防波堤竖向堤身受到的波浪力为水平力,对沉箱后趾和前趾产生倾覆力矩;波浪在产生越浪的情况下通过防波堤堤身对地基土体作用竖向力;另外,由于直立式沉箱防波堤地基土体强度大,且波浪动荷载与沉箱及基床重力静荷载相比要小。因此,与半圆形防波堤地基相比,波浪作用造成沉箱防波堤地基土体孔隙水压力增加较小。

4.2.10 小结

本章针对软黏土地基上直立式沉箱防波堤在波浪作用下地基土体孔隙水压力和地基应力变化进行研究,重点进行了不同水深、不同波高和不同作用波浪个数下地基土体孔隙水压力和地基应力试验研究。通过分析得出以下结论:

(1)直立式沉箱防波堤地基土体孔隙水压力分布具有很强的空间特性。孔隙水压力均值随着土体深度的增加而增加。直立式沉箱防波堤堤身下部地基土体孔隙水压力均值大于相同深度防波堤堤身之外土体的孔隙水压力均值;直立式沉箱防波堤前趾下的土体孔隙水压力均值大于其他区域的土体孔隙水压力均值。

(2)直立式沉箱防波堤地基土体孔隙水压力变幅值随着波高的增加而增大。迎浪侧和前趾附近的土体孔隙水压力变幅值增加明显,防波堤后方土体孔隙水压力变幅值增加较小,沉箱前排(迎浪侧)和前趾下土体的孔隙水压力变幅值大于沉箱后排(背浪侧)土体孔隙水压力变幅值;直立式沉箱防波堤底部土体孔隙水压力变幅值变化相对均匀。随着波高的增加，浅层土体孔隙水压力变幅值总体上大于深层土体孔隙水压力变幅值。

(3)根据试验现象，提出直立式防波堤的孔隙水压力发展趋势主要分为两种类型：一种为基本不变型，主要发生在距离防波堤堤身较远的地基土体区域；另一种为增长型，主要发生在防波堤堤身附近表层地基土体区域。从工程安全不利角度选取增长型曲线进行数据拟合，得到直立式防波堤下软土地基双曲型最大孔隙水压力发展模型。

(4)直立式沉箱防波堤地基土体的地基应力随着深度的增加而增大。防波堤堤身底部地基土体的地基应力明显大于远离防波堤堤身地基土体的地基应力，且防波堤前趾和后趾附近区域地基土体的地基应力大于防波堤堤身中间区域地基土体的地基应力。

(5)在波浪长时间作用下，直立式防波堤堤身下部的地基土体孔隙水压力略有增加，在总应力基本不变的情况下，有效应力略有降低；防波堤迎浪侧和背浪侧距离堤身较远的地基土体有效应力基本不发生变化。在波浪作用过程中，地基土体的总应力和孔隙水压力都随着波浪波动而周期变化，总应力波动幅值大于孔隙水压力波动幅值。

(6)与半圆形防波堤大比尺模型试验相比，直立式沉箱防波堤的地基土体初始强度较高，碎石基床的厚度较厚，沉箱的重量较大，碎石基床和沉箱重量静荷载有助于地基土体排水固结。波浪作用引起地基土体孔隙水压力增加值较小，对土体有效应力影响较小。因此，直立式沉箱防波堤结构在波浪作用的试验过程中始终是稳定的。波浪作用结束后，增长的孔隙水压力也很易消散。直立式沉箱防波堤地基基础泥面以下0.5~2.0m深度土体，在波浪作用试验后与试验前相比，土体含水率降低，十字板剪切强度增加。说明软黏土地基在防波堤碎石基床和防波堤堤身的重力静荷载作用下产生排水固结，强度增加。

5 港口工程波浪—结构—地基耦合作用大比尺模型数值模拟试验

本章以第4章半圆形防波堤大比尺物理模型试验为基础,结合试验得出的孔隙水压力模型,建立了考虑软黏土循环弱化效应的波浪—半圆形防波堤结构—软黏土地基土体相互作用动力有限元模型,将数值模拟计算结果与物理模型试验结果对比验证,进一步分析软黏土强度弱化效应对半圆形防波堤稳定性的影响。同时基于 OpenFOAM 建立了三维黏性数值波浪水槽,研究了波浪对半圆形沉箱结构相互作用时波面过程,并对非线性物理现象进行了分析,研究成果对于进一步的物理模型试验具有重要的指导和借鉴作用。

5.1 港口工程之一:长江口深水航道治理二期防波堤工程软土地基半圆形结构大比尺模型数值模拟试验

5.1.1 概述

长江口深水航道治理工程导堤采用半圆形防波堤结构,典型断面如图 5.1-1 所示,工程区域水深较深、波浪较大,从地质勘查报告中显示地基中分布着较厚的软黏土层。选取25年一遇设计波高 $H_{1\%}$ 为 5.9m、波浪周期为 7.8s 的恶劣波浪条件,利用有限元数学模型进行分析计算。地基土层的主要物理、力学指标见表 5.1-1。

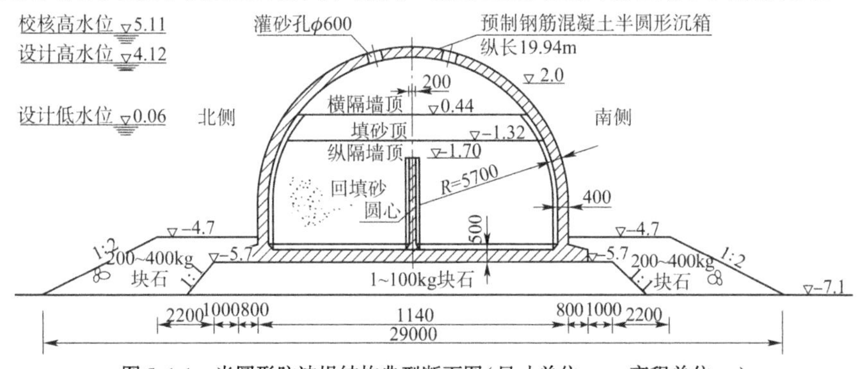

图 5.1-1 半圆形防波堤结构典型断面图(尺寸单位:mm;高程单位:m)

地基土层的主要物理力学指标　　表 5.1-1

土名	含水率（%）	重度（kN/m³）	孔隙比	塑性指数	压缩系数（MPa⁻¹）	压缩模量（MPa）	固结快剪		三轴快剪	
							φ_{cq}（°）	c_{cq}（kPa）	φ_u（°）	c_u（kPa）
①$_2$灰黄色粉细砂	29.4	19.0	0.803		0.18	1.02	35.2	3.2		
②$_{2\text{-}0}$灰黄色淤泥	56.8	16.6	1.569	20.7	1.40	1.9	9	8.5	0	11.5
④$_2$灰色淤泥质黏土	50.5	16.9	1.479	21.3	1.32	1.7	12.5	13.5	0	22.5

5.1.2　模拟方法

1)有限元模型的建立

(1)计算域的选取和边界条件

半圆形防波堤的断面尺寸远小于防波堤的堤身长度,故可采用平面二维弹塑性有限元模型进行分析计算。有限元模型的计算域范围如图 5.1-2 所示,在大比尺波浪水槽物理模型试验中,地基土体的宽度为 5m,深度为 4m,长度为 23m。半圆形防波堤结构模型宽为 4.8m,两端和大比尺波浪水槽的墙壁各留 0.10m 空隙。因此,有限元模型地基土体的边界条件设置为:地基土体底面为固定边界,表面为自由边界,左、右侧面为侧限边界。

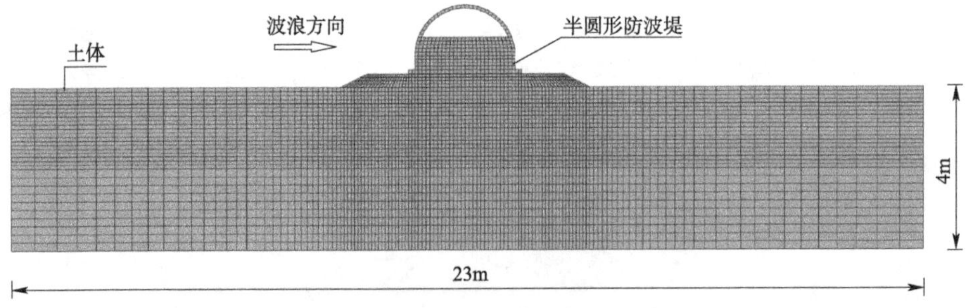

图 5.1-2　半圆形防波堤和地基土体有限元模型计算域平面图

(2)土体本构模型及材料参数

半圆形防波堤大比尺物理模型中防波堤结构材料为钢材,其强度和刚度远大于土体,故半圆形防波堤结构采用弹性模型;土体采用 Mohr-Coulomb 弹塑性本构模型,整个体系采用二维 4 节点平面应变减缩积分实体单元。

半圆形防波堤钢结构的弹性模量 E 取为 3×10^{11}Pa,泊松比 μ 取为 0.25。土体为重塑土,参数见表4.1-3。

动力有限元模型中,半圆形防波堤结构和软黏土的材料阻尼采用瑞利阻尼:

$$[C]=\alpha[M]+\beta[K] \tag{5.1-1}$$

式中:$[C]$——材料阻尼矩阵;

$[M]$、$[K]$——材料质量矩阵和刚度矩阵;

α、β——材料质量矩阵系数和刚度矩阵系数,且α、β满足式(5.1-2)。

$$\xi_i=\frac{\alpha}{2\omega_i}+\frac{\beta\omega_i}{2} \tag{5.1-2}$$

式中:ξ_i——材料的阻尼比;

ω_i——材料的第i阶自振频率。

对于波浪循环荷载,忽略刚度阻尼,即β取为零,式(5.1-2)简化为:

$$\alpha=2\xi_i\omega_i \tag{5.1-3}$$

土体的阻尼比取为0.2,结构的阻尼比取为0.08,自振频率ω_i取半圆形防波堤结构—地基土体作用体系的第一阶自振频率,通过模态分析获得。

(3)半圆形防波堤结构与土体接触面的模拟

根据4.4节,半圆形防波堤结构与基床接触面的设置为:半圆形防波堤结构上的接触面设置为主接触面,基床上的接触面设置为从接触面;基床与地基土接触面设置为:基床上的接触面设置为主接触面,地基土上的接触面设置为从接触面。接触面在法向上采用硬接触,在切向上采用Coulomb本构模型。

2)软黏土强度弱化规律及在有限元模型中的实现

循环荷载作用下,软黏土中孔隙水压力的增大会导致有效应力降低,导致不排水强度发生弱化,严重影响上部半圆形防波堤的稳定性。

由前文大比尺物理模型试验可知,半圆形防波堤下软土地基的最大孔隙水压力发展趋势可分为四种:基本不变型、增长型、消散型以及先消散后增长型。从工程安全不利角度选取增长型曲线进行数据拟合,得到半圆形防波堤下软土地基对数型最大孔隙水压力发展模型。物理模型试验耗资较大,时间较长,数据有限,为此结合动力三轴试验进一步确定对数型最大孔隙水压力发展模型即公式(4.1-52)中相关参数,并表示为围固压力、循环应力、初始静偏应力的函数,便于数值应用。最终得到孔隙水压力发展模型的表达式为:

$$u'=\frac{u}{\sigma'_c}=0.1410\left(\frac{\sigma'_d}{\sigma'_c}\right)^{1.4988}\ln(N)+0.5753\left(\frac{\sigma_j}{\sigma'_c}\right)^{0.4987} \tag{5.1-4}$$

式中:u'——改进后土孔隙水压;

u——正常状况下累积孔压;

σ'_c——土围压；

N——荷载循环次数；

σ_j——静偏应力；

σ'_d——循环动荷载，具体可参考文献[87,88]。

等效超固结比理论将循环荷载作用后的不排水强度折减系数β表示为最大孔压比的函数：

$$\beta=\frac{(c_u)_{cy}}{(c_u)_{nc}}=\left(\frac{1}{1-u'}\right)^{\frac{\Lambda_0}{1-c_s/c_c}-1}=(1-u')^m \tag{5.1-5}$$

式中：$(c_u)_{cy}$——循环荷载作用后的土体不排水强度；

$(c_u)_{nc}$——土体静不排水强度；

Λ_0——试验参数；

c_s——土体回弹模量；

c_c——土体压缩模量。

结合式(5.1-4)和式(5.1-5)可进一步得到：

$$\beta=\left\{1-\left[0.1410\left(\frac{\sigma_d}{\sigma'_c}\right)^{1.4988}\ln(N)+0.5753\left(\frac{\sigma_j}{\sigma'_c}\right)^{0.4987}\right]\right\}^m \tag{5.1-6}$$

试验参数m对不排水强度的弱化程度具有重大影响，但是受土性条件以及试验方法等的影响很大，较难准确地确定。为此通过与试验不排水强度折减系数进行拟合反推的方法确定m值。进而得到软黏土强度弱化规律的具体表达式：

$$\beta=\left\{1-\left[0.1410\left(\frac{\sigma_d}{\sigma'_c}\right)^{1.4988}\ln(N)+0.5753\left(\frac{\sigma_j}{\sigma'_c}\right)^{0.4987}\right]\right\}^{\frac{0.4299+0.9849\left(\frac{\sigma_d}{\sigma'_c}\right)+58.4357\left(\frac{\sigma_d}{\sigma'_c}\right)^2+4.2941\left(\frac{\sigma_j}{\sigma'_c}\right)+24.9542\left(\frac{\sigma_j}{\sigma'_c}\right)^2-10.6562\left(\frac{\sigma_j}{\sigma'_c}\right)^3}{1+4.2526\left(\frac{\sigma_d}{\sigma'_c}\right)+54.8981\left(\frac{\sigma_d}{\sigma'_c}\right)^2-46.1250\left(\frac{\sigma_d}{\sigma'_c}\right)^3+50.3561\left(\frac{\sigma_j}{\sigma'_c}\right)}} \tag{5.1-7}$$

采用公式(5.1-7)，通过对 ABAQUS 软件进行二次开发，将软黏土强度在循环荷载作用下逐渐弱化的过程，体现在每个土体单元黏聚力c和内摩擦角φ的强度指标的动态变化中，编写相应的子程序予以实现。将孔压模型和软黏土强度弱化模型添加到 ABAQUS 软件中。这样就建立了循环荷载作用下考虑软黏土强度弱化的动力分析模型。

根据 Mohr-Coulomb 模型的屈服准则，土体材料的抗剪强度τ按式(5.1-8)计算。

$$\tau=\sigma\tan\varphi+c \tag{5.1-8}$$

式中：σ——土体剪切面法向应力；

φ——土体内摩擦角；

c——土体黏聚力。

将软黏土强度变化模型代入式(5.1-8),变化后的土体强度 τ' 的计算公式如式(5.1-9)所示。

$$\begin{aligned}\tau' &= \gamma \cdot (\sigma\tan\varphi + c) \\ &= (\alpha \cdot \beta) \cdot (\sigma\tan\varphi + c) \\ &= (\alpha \cdot \beta) \cdot \sigma\tan\varphi + (\alpha \cdot \beta) \cdot c \\ &= \sigma \cdot (\alpha \cdot \beta \cdot \tan\varphi) + (\alpha \cdot \beta \cdot c) \\ &= \sigma\tan\varphi' + c'\end{aligned} \tag{5.1-9}$$

其中,φ'、c'分别为变化后的土体内摩擦角和黏聚力。由式(5.1-9)可知,这二者可由式(5.1-10)、式(5.1-11)计算。

$$\varphi' = \arctan(\alpha\beta\tan\varphi) \tag{5.1-10}$$

$$c' = \alpha\beta c \tag{5.1-11}$$

在 ABAQUS 软件中,自定义两个分别与黏聚力和内摩擦角相关联的场变量;调用用户子程序 USDFLD,用 Fortran 语言将软黏土孔压发展模型和强度变化模型添加到程序中;调用 ABAQUS 应用程序 GETVRM 提取各个单元处的实时应力值。这样就顺利将软黏土孔隙水压力和强度变化规律融入到 ABAQUS 软件建立的有限元数值模型中。

3)有限元稳定性分析方法

(1)失稳判别准则

在对半圆形防波堤地基承载力进行分析时,对半圆形防波堤逐级施加荷载,得到 *P-S* 曲线(荷载—位移关系曲线),通常有以下三种判别准则:

标准Ⅰ:极限承载力判别准则。即 *P-S* 曲线的斜率趋向于 0 时,结构发生失稳破坏,此时对应的荷载作为极限承载力。

标准Ⅱ:基于 *P-S* 曲线出现较明显的拐点作为判别准则。荷载较小时土体处在弹性状态,*P-S* 曲线接近线性;随着荷载的逐渐增大,土体进入塑性状态,发展到一定程度时,*P-S* 曲线会出现明显的拐点,结构发生失稳破坏,此时对应的荷载作为极限承载力。

标准Ⅲ:基于允许变位的判别准则。即 *P-S* 曲线达到允许变位值时对应的荷载作为极限承载力。

由于大水槽模型试验所用土体较软,本章采用基于标准Ⅱ以 *P-S* 曲线出现较明显的拐点作为结构失稳判别准则。

(2)分析步骤

建立波浪荷载作用下考虑软黏土强度弱化效应影响的半圆形防波堤结构—土体相互作用体系的动力有限元分析模型;根据得到的地基中软黏土孔压发展规律

和强度折减系数β的分布状况对地基中的软黏土材料的强度进行折减，采用拟静力方法加载分析地基的承载性能。分析步骤如下：

①根据试验条件计算半圆形防波堤所受波浪力，在 Mohr-Coulomb 动力弹塑性有限元模型中按照正弦规律对半圆形防波堤结构施加波浪循环荷载。

波浪力计算根据《防波堤设计与施工规范》(JTS 154-1—2011)执行。针对半圆形防波堤大比尺物理模型试验的波浪条件，当水深为 1.51m 时，即堤顶高程高于计算水位 0.7 倍设计波高，则波峰时作用于直立堤上各处的波压力强度按下列公式计算：

$$\eta = 1.5H \tag{5.1-12}$$

$$P_s = \alpha_s \gamma H \tag{5.1-13}$$

$$P_b = P_u = \alpha_b P_s \tag{5.1-14}$$

式中：η——计算水位以上的高度(m)；

H——设计波高(m)；

α_s、α_b——计算系数，$\alpha_s = 0.6 + \dfrac{1}{2}\left[\dfrac{\dfrac{4\pi d}{L}}{\sinh\left(\dfrac{4\pi d}{L}\right)}\right]^2$，$\alpha_b = 1 - \dfrac{d_1}{d}\left[1 - \dfrac{1}{\cosh\left(\dfrac{2\pi d}{L}\right)}\right]$；

P_s——计算水位处的波压力强度(kPa)；

P_b——直立墙底面处的波压力强度(kPa)；

P_u——直立墙底面海侧的波浪浮托力强度(kPa)；

d——堤前水深(m)；

L——设计波长(m)；

d_1——基床上水深(m)。

再将上面计算得到的计算水位以上的高度、计算水位处的波压力强度，以及半圆形防波堤底面处的波压力强度按如下公式进行修正：

$$\eta' = \eta \tag{5.1-15}$$

$$P_s' = P_s \tag{5.1-16}$$

$$P_b' = \lambda_p P_b \tag{5.1-17}$$

式中：η'——半圆形防波堤上的波压力图形零点在计算水位以上的高度(m)；

P_s'——半圆形防波堤上的计算水位处的波压力强度(kPa)；

λ_p——相位修正系数，$\lambda_p = \cos^4\left(\dfrac{2\pi\Delta l}{L}\right)$；

P_b'——半圆形防波堤底面处的波压力强度(kPa)。

对波峰作用于半圆形防波堤堤面法线方向的波压力强度进行如下角度修正：

$$p(\theta)=p(Z)'\cos\theta \tag{5.1-18}$$

式中：$p(Z)'$——经相位修正 Z 点的波压力强度(kPa)；

Z——自半圆形防波堤构件底面起算的垂直高度，可由 P'_s 和 P'_b 经内插得到。

半圆形防波堤底板无孔，故作用于半圆形防波堤底板上的浮托力强度为：

$$P'_u=P'_b \tag{5.1-19}$$

当水深为2.19m时，即高于堤顶高程2.03m，则波峰时作用于直立堤上各处的波压力强度与作用于半圆形防波堤面上的波压力强度均利用式(5.1-12)～式(5.1-16)，只有半圆形防波堤底面处的波压力强度按下式修正：

$$P'_b=\lambda'_p P_b \tag{5.1-20}$$

式中：λ'_p——堤顶淹没时的相位修正系数，$\lambda'_p=\cos\left[\frac{2\pi(\Delta l)'}{L}\right]$，其中$(\Delta l)'$是 P'_b 作用点与堤顶间的水平距离。

②对有限元软件ABAQUS进行二次开发，使地基中每个软黏土材料单元的内摩擦角 φ、黏聚力 c 值根据其所在位置的不同动应力、静应力以及循环荷载作用周次，按照相应的软黏土强度循环弱化规律进行变化，从而得到地基中软黏土孔压发展规律和抗剪强度折减系数 β 的分布状况；结合室内试验和大比尺物理模型试验的情况，在动力有限元分析中设置波浪循环荷载作用周次 N，对半圆形防波堤结构地基中软黏土孔压发展规律和循环弱化的分布范围和程度进行分析。

③将②中最终得到的每个软黏土单元折减后的 φ、c 值作为强度指标，采用拟静力方法逐级施加荷载直至有限元计算不收敛。

④依据有限元分析结果绘制荷载—位移曲线，即 P-S 关系曲线。

⑤根据失稳判别准则Ⅱ，将考虑软黏土强度循环弱化和未考虑软黏土强度循环弱化的地基承载力情况进行对比分析。

4)计算结果验证

为了与大比尺物理模型试验对应且方便分析，在地基土体上取十条分析路径，路径五位于半圆形防波堤结构中轴线处，路径一、二、三、四、四-2位于半圆形防波堤中轴线的迎浪侧，距离中轴线的水平距离分别为6.93m、4.94m、3.15m、1.80m、0.9m；路径五-2、六、七、八位于半圆形防波堤中轴线的背浪侧，距离中轴线水平距离分别为0.9m、1.80m、3.74m、5.93m，见图5.1-3。

根据第4章半圆形防波堤在设计高水位水深2.19m、波高0.3m、循环1000次大比尺物理模型试验数据，整理出地基土体各土层位置处孔隙水压力累积变化值，如表5.1-2所示。

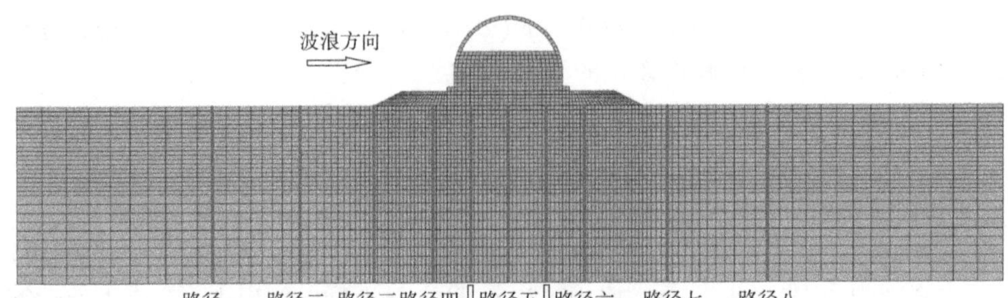

图 5.1-3　地基土体分析路径图

半圆形防波堤在波浪长时间作用下孔压累积变化值(单位:kPa)　　表 5.1-2

深度(m)	路径									
	一	二	三	四	四-2	五	五-2	六	七	八
0.2	—	0.08	1.85	2	1.87	—	1.1	1.13	0.62	0.2
0.3	—	—	—	—	—	—	—	—	1.05	—
0.4	—	0.03	1.95	2.6	1.69	0.35	0.45	0.5	—	—
0.5	0.15	—	—	—	—	—	—	—	—	—
0.6	—	—	—	—	1	1.3	0.78	0.66	—	—
0.7	—	—	0.7	—	—	—	—	—	0.5	—
0.8	—	—	—	1.32	—	0.45	-1.5	-3.4	—	—
0.9	0.25	0.49	—	—	—	—	—	—	0.68	—
1.0	—	—	—	—	-3.1	0.71	—	-5.3	—	—
1.2	—	1.25	—	—	—	—	—	—	—	—
1.3	—	—	—	1.1	0.9	—	-1.2	0.85	—	—
1.55	—	—	0.85	—	—	—	—		0.78	0.8
1.65	—	—		—	—	0.85	—	0.94	—	—
2.05	0.2	0.55	0.34	—	—	0.2	—	-1.8	—	—

由表 5.1-2 可知,在波浪循环荷载作用下,半圆形防波堤地基软黏土孔隙水压力发展主要分布在半圆形防波堤结构下方以及前趾和后趾附近区域的地基土体中,具有不对称性。迎浪侧的软黏土地基孔压累积值比背浪侧的要高,且孔压累积值随土层深度先增大后减小,孔压累积最大值出现在半圆形防波堤结构前趾附近(路径四)距土体表面 0.4m 左右深度处,泥面以下 1.5m 深度的土体孔压累积较小,都在 1kPa 以下。这主要因为波浪荷载作用使半圆形防波堤结构产生前后晃动的趋势,因此防波堤结构下方以及前趾和后趾附近区域的地基土体扰动较大,即循环动应力和静偏应力较高,孔压累积较大,且这种趋势随深度方向而减弱。同时,

半圆形防波堤结构在迎浪侧受到的波浪荷载较大,地基中迎浪侧产生的循环动应力水平也就随之较高。但由于地基土表面处的固结围压较小,导致其表面处孔压累积较小,随着土层深度的增加,土体固结围压增大,相应的循环动应力和静偏应力也较高,导致在地基土体一定深度处出现孔压累积极值。

由有限元模型分析计算,得到在设计高水位水深 2.19m、波高 0.3m 条件下,地基土体各路径孔压累积值。累积值(物理模型试验测试和数学模型计算对比)如图 5.1-4、图 5.1-5 所示。

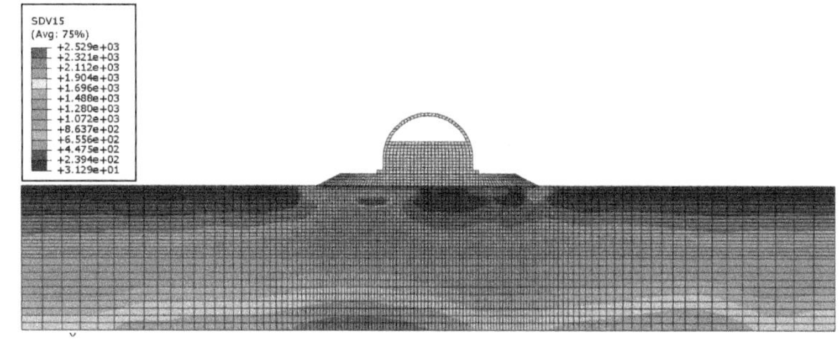

图 5.1-4 设计高水位水深 2.19m、波高 0.3m、循环 1000 次孔隙水压力累积变化分布云图

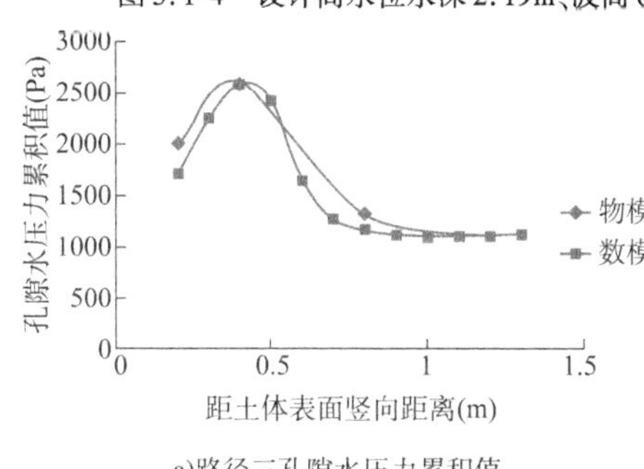

a)路径三孔隙水压力累积值

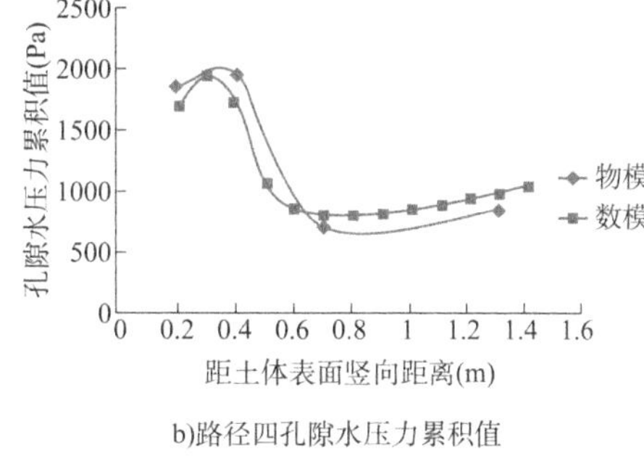

b)路径四孔隙水压力累积值

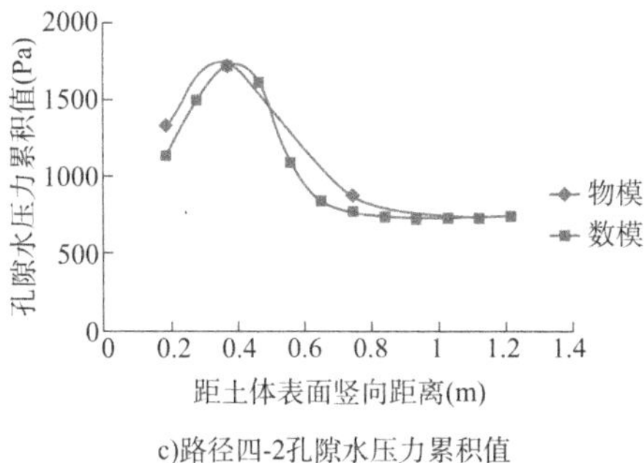

c)路径四-2孔隙水压力累积值

d)路径五孔隙水压力累积值

图 5.1-5

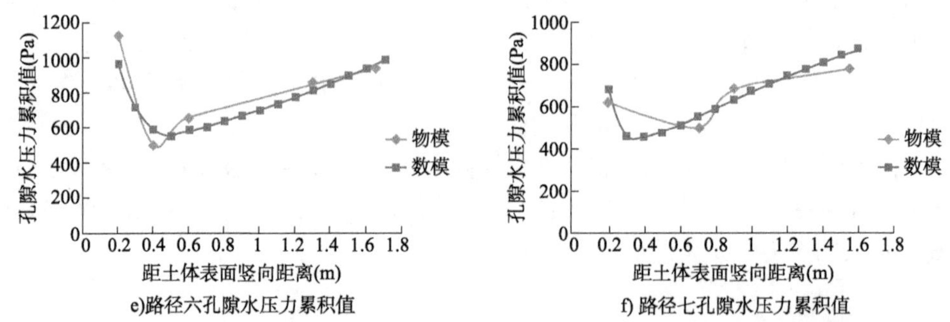

e)路径六孔隙水压力累积值　　f)路径七孔隙水压力累积值

图 5.1-5　设计高水位 2.19m、波高 0.3m、循环 1000 次的孔隙水压力物模和数模对比

从图 5.1-5 可知,有限元数学模型计算得出的孔隙水压力曲线和大比尺物理模型试验测试出的曲线基本吻合。

根据判别准则Ⅱ,计算防波堤稳定性。经计算,在设计高水位水深 2.19m、波高 0.3m,未考虑软黏土弱化效应影响时,地基竖向承载力安全系数 K 为 1.10,具有一定的安全储备;当考虑波浪荷载作用下软黏土弱化效应,K 为 0.96,此时半圆形防波堤结构产生 0.16m 的沉降,见图 5.1-6。以上半圆形防波堤在波高 0.3m 的沉降值和破坏模式均与大比尺物理模型试验结果(见 4.1.8 节)相吻合。

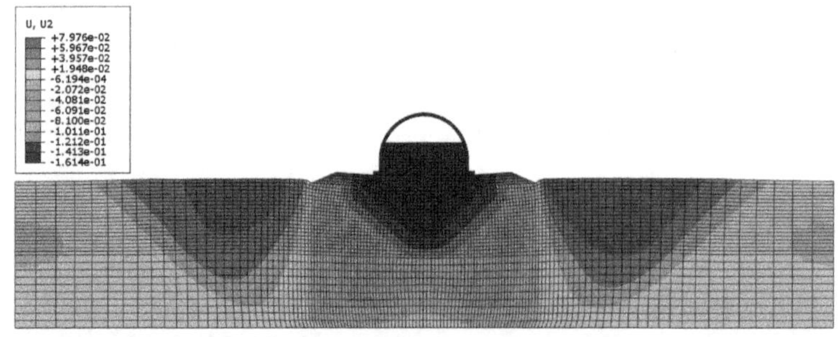

图 5.1-6　设计高水位 2.19m、波高 0.3m、循环 1000 次半圆形防波堤沉降云图

5)考虑循环弱化效应的软土地基承载特性分析

软黏土的循环弱化效应会对结构物的稳定性和地基承载特性产生重要影响。在有限元模型中引入相应的软黏土强度循环弱化的动态规律,分析软黏土地基表层土体换填厚度、不同波浪力大小、半圆形防波堤内填砂量、基床底部宽度等因素对地基中软黏土强度弱化状况及地基承载特性的影响。

(1)弹塑性有限元模型建立

根据半圆形防波堤大比尺物理模型尺寸,结合长江口深水航道治理二期工程地质资料,在有限元模型的基础上,扩大土体的尺寸以更符合实际情况,修改后的

有限元模型计算域为地基土体长度 50m，深度 20m，如图 5.1-7 所示。地基土体自上向下的第一层为 5m 厚的软黏土，第二层为 15m 厚的粉质黏土。计算域的边界约束条件、结构物与地基土体的本构模型、材料参数及计算单元类型、半圆形防波堤结构与基床、基床与地基土体之间接触面等设置按照 5.1.2 节进行。

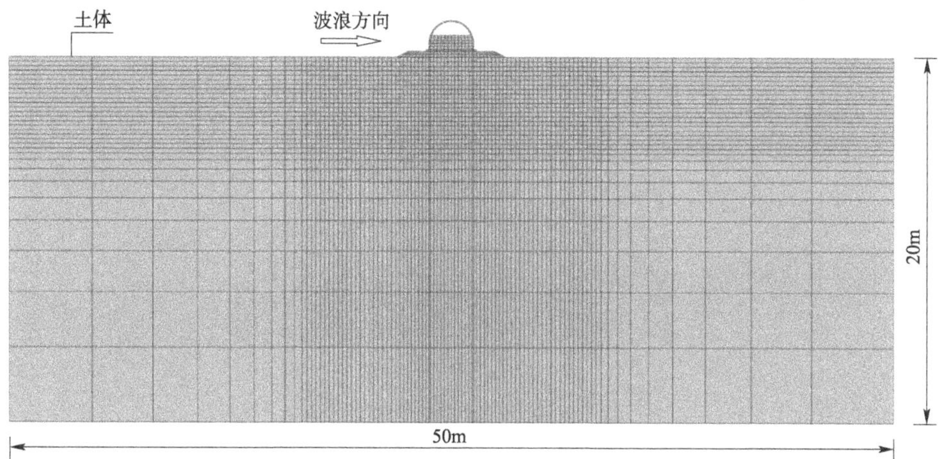

图 5.1-7 半圆形防波堤有限元模型计算域平面图

(2)软土地基承载特性分析

分析波浪作用下结构软土地基表层土体换填厚度、不同波浪力大小、半圆形防波堤结构内填砂量、基床底部宽度等因素对地基软黏土承载特性的影响。

①软土地基表层土体换填厚度的影响。

在实际港口工程中，将地基表层的软弱土层进行换填是最常用的地基处理方法之一，将强度较低的软黏土置换为强度较高的其他土体或砂，直接提升地基承载能力。以下针对表层土体换填厚度分别为 0m、0.25m、0.5m、0.75m、1m 的情况进行计算分析，图 5.1-8 为当波浪荷载循环周次 $N=1000$，不同换填厚度时地基中软黏土抗剪强度折减系数 β 的分布云图，图中取左侧为迎浪侧。

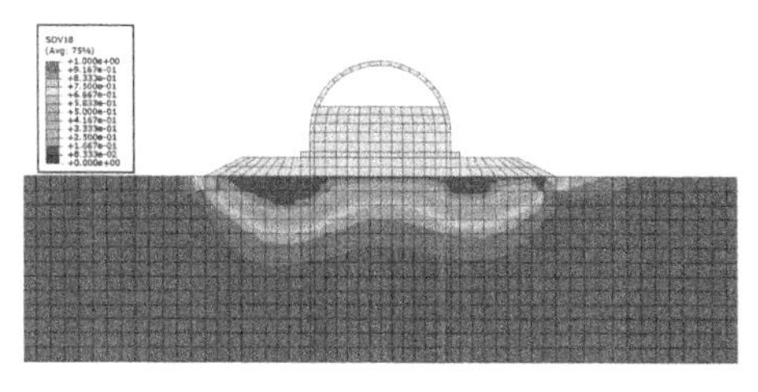

a)换填厚度0m

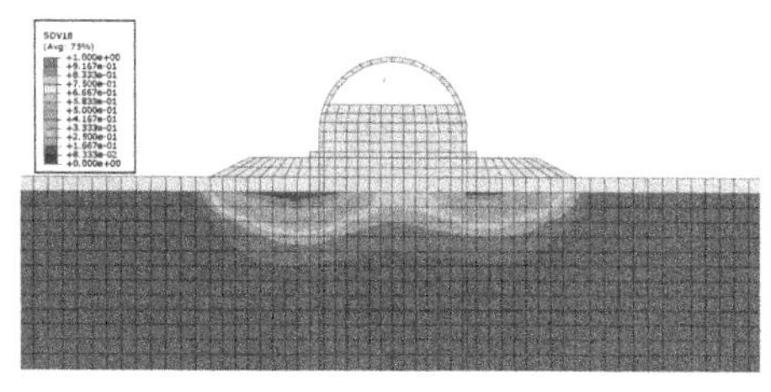

b)换填厚度0.25m

图 5.1-8

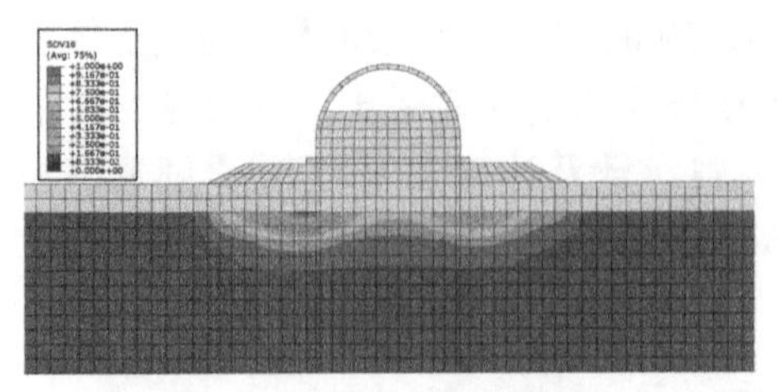

c)换填厚度0.5m

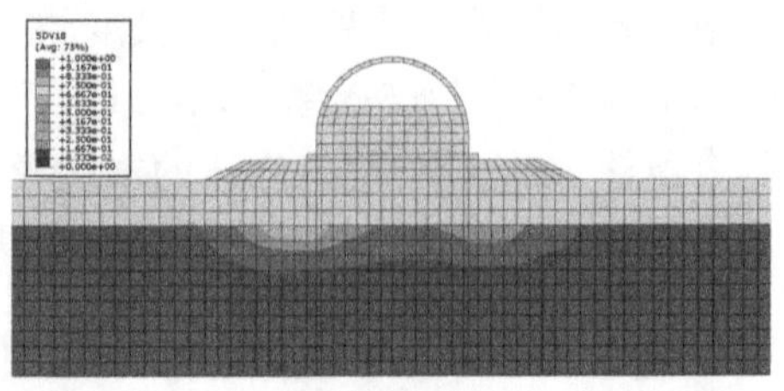

d)换填厚度0.75m

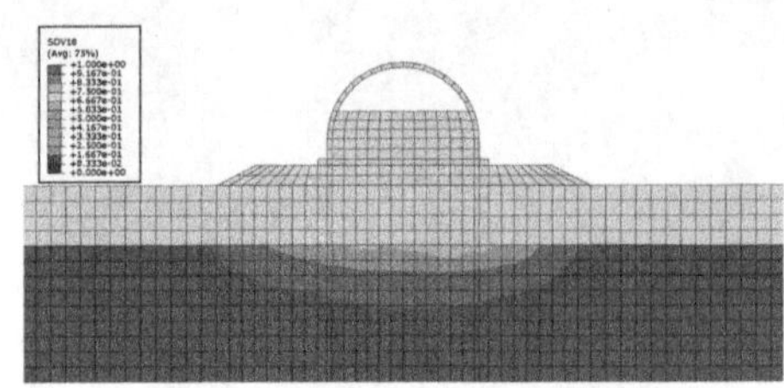

e)换填厚度1.0m

图5.1-8　不同换填厚度地基中软黏土抗剪强度折减系数β的分布云图

由图5.1-8可知,波浪循环荷载造成的土体强度弱化规律与孔压发展规律相同,强度弱化主要分布在结构下方前趾和后趾附近区域的地基土体之中,迎浪侧的弱化程度比背浪侧的要高一些,但弱化区域相对对称。这是因为波浪荷载主要使半圆形防波堤结构产生前后晃动的趋势,地基中前后两侧相应的循环动应力就较高;而在迎浪侧受到的波浪荷载较大,地基中前侧产生的循环动应力水平也就随之较高。在水深2.19m,半圆形防波堤处于淹没状态,越浪对结构背浪侧的土体也产生较大影响。由于初始静偏应力在地基中分布比较均匀,故弱化区域基本对称。同时,表层的土体弱化状况最为严重,弱化程度沿深度方向越来越减弱,这与地基中循环动应力沿深度方向的应力扩散有关。另一方面,表层土体换填厚度越大,地基土体的强度弱化范围减小,弱化程度降低。

基于判别准则Ⅱ,根据不同换填厚度地基中软黏土的弱化状况,分别将各换填厚度下未考虑与考虑软黏土强度弱化效应影响的地基承载力安全系数绘制在图5.1-9中。可见,增加表层土体换填厚度能有效提高地基承载力安全系数K。

②波浪力外荷载的影响。

波浪荷载是作用于半圆形防波堤结构的主要动力荷载,导致地基中软黏土产生循环动应力,进而对软黏土地基中的土体强度的弱化范围和弱化程度造成影响。分别针对波浪力为设计值的0.6、0.8、1.0、1.2倍的情况进行计算分析,图5.1-10为当波浪荷载循环1000次,地基中软黏土抗剪强度折减系数β的分布云图。图中

左侧为迎浪侧。

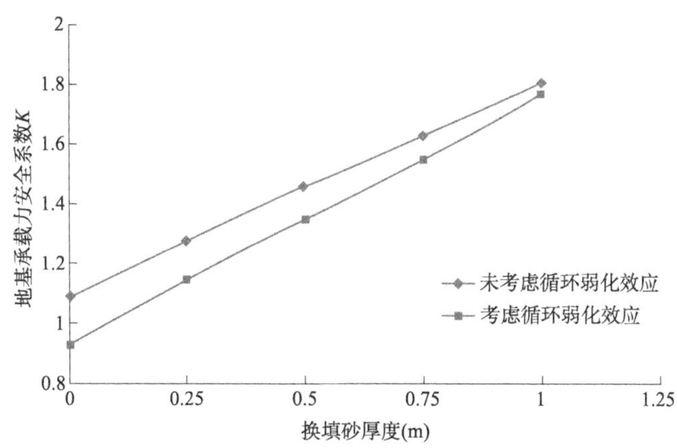

图 5.1-9 不同换填厚度地基竖向承载力安全系数

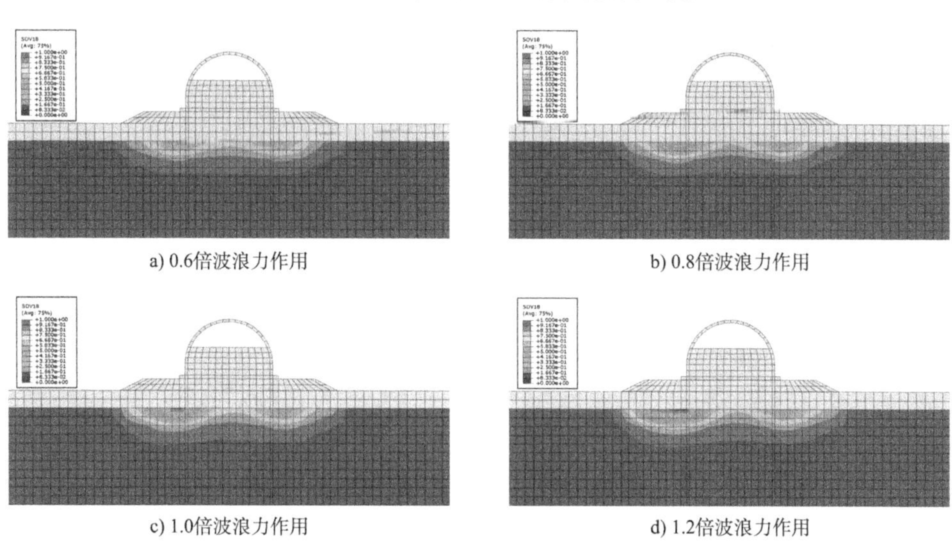

图 5.1-10 不同波浪力作用地基中软黏土抗剪强度折减系数 β 的分布云图

由图 5.1-10 可知，随着波浪荷载的增大，地基中软黏土的强度弱化程度和影响范围都有所增加。半圆形防波堤前趾和后趾附近的区域受到的影响较大，防波堤中轴线附近的土体受到的影响相对要小。

根据判别准则Ⅱ，将未考虑和考虑软黏土强度循环弱化效应两种情况计算的地基承载力安全系数 K 绘制在图 5.1-11 中。可见，随着波浪荷载的增加，地基承载力安全系数降低，未考虑地基循环弱化效应的计算结果更危险。

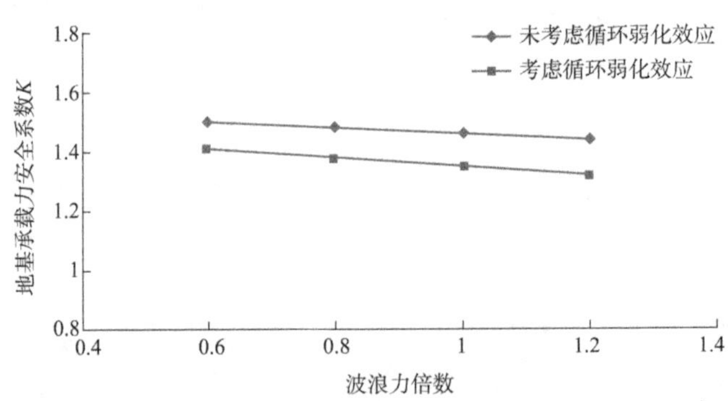

图 5.1-11　不同波浪力大小时地基竖向承载力安全系数

③防波堤内填砂重量的影响。

半圆形防波堤内部的填砂量属于地基上部的荷载之一，对地基土体中的静偏应力产生直接影响。针对半圆形防波堤内部填砂重量为设计值的 0.6 倍、0.8 倍、1.0 倍及 1.2 倍情况进行计算分析，图 5.1-12 为当波浪荷载循环 1000 次，不同填砂量时地基中软黏土抗剪强度折减系数 β 的分布云图。图中左侧为迎浪侧。

a)0.6倍设计填砂量

b)0.8倍设计填砂量

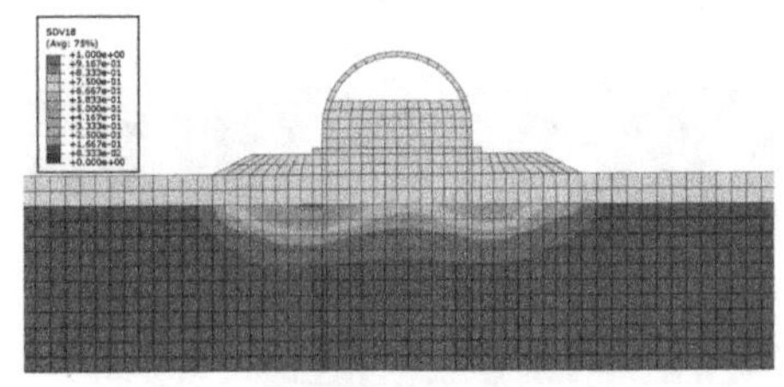

c)1.0倍设计填砂量

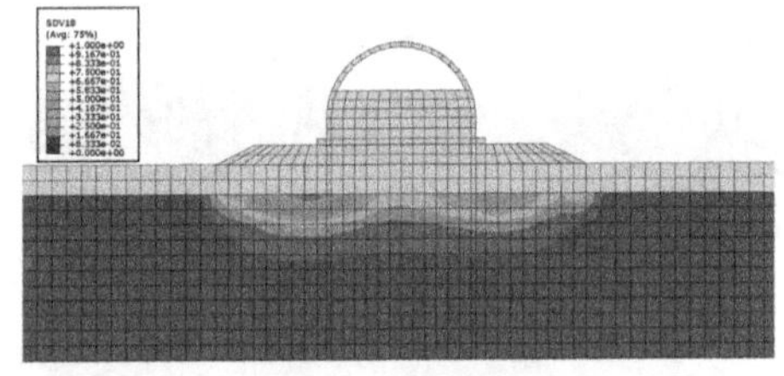

d)1.2倍设计填砂量

图 5.1-12　不同填砂量地基中软黏土抗剪强度折减系数 β 的分布云图

由图 5.1-12 可知，箱内填砂量由 0.6 倍设计值增加至 1.2 倍设计值，地基土体的强度弱化范围有所增大、程度也有所变重。地基土体强度折减区域主要集中在半圆形防波堤前趾和后趾附近区域，前趾更加明显一些。主要由于波浪荷载通过半圆形防波堤堤身传递到地基土体中，波浪对半圆形防波堤前趾区域的作用力最

大。箱内填砂量的增加对于地基竖向承载力的影响很明显，因为箱内填砂量的增加直接增加了半圆形防波堤的总重量。因此，箱内填砂量的增加直接降低了地基的竖向承载力安全系数。

基于判别准则Ⅱ，根据不同箱内填砂量情况，分别将未考虑与考虑软黏土弱化效应影响的地基承载力安全系数绘制在图5.1-13中。可见，随着箱内填砂量的增加，地基承载力安全系数K减小。

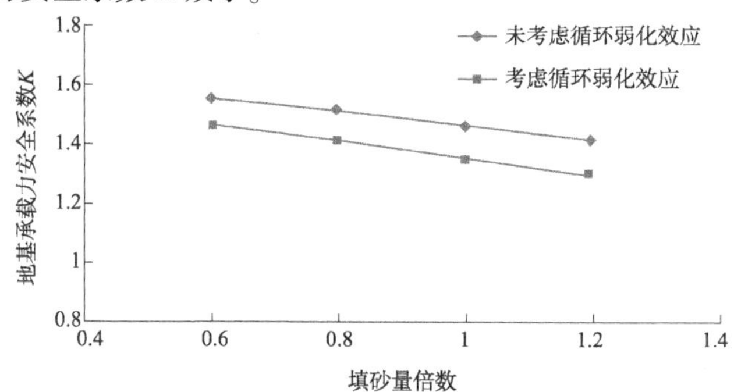

图5.1-13　不同箱内填砂量时地基承载力安全系数

④基床底部宽度的影响。

基床可以有效分散上部结构传递给地基的静偏应力、动应力等，基床底部宽度越大，对各种应力的分散效果越明显。针对基床底部宽度分别进行了5.24m、6.24m及7.24m工况计算分析，图5.1-14为当波浪荷载循环周次$N=1000$，不同基床底部宽度与地基中软黏土抗剪强度折减系数β分布云图。图中左侧为迎浪侧。

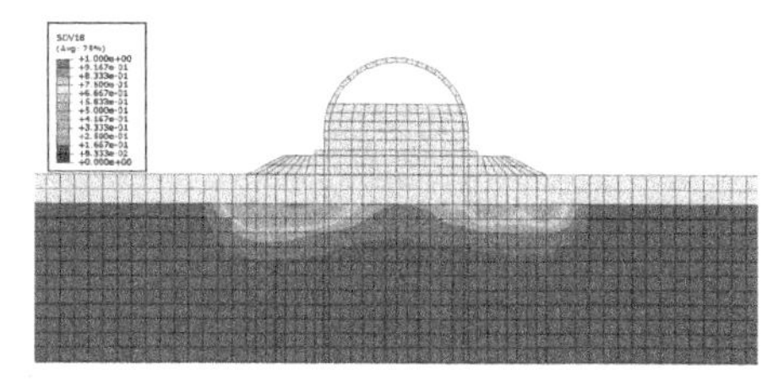

a)基床底部宽度5.24m

b)基床底部宽度6.24m

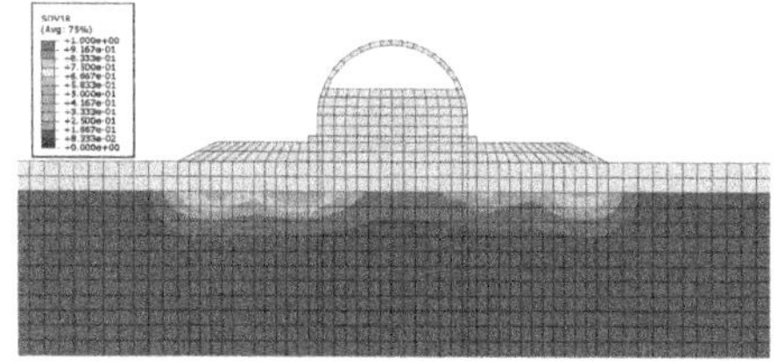

c)基床底部宽度7.24m

图5.1-14　不同基床底部宽度地基中软黏土抗剪强度折减系数β的分布云图

由图5.1-14可知，基床底部宽度越大，地基中软黏土抗剪强度折减值越小。这主要由于波浪力动荷载和半圆形防波堤重量静荷载通过基床传递至地基土体中，基床底部宽度越大，地基中附加应力的分布范围越大，单位土体承受的波浪动荷载和防波堤结构静荷载相对越小，地基承载力安全系数就越大。相反，若基床底部宽度越小，地基中附加应力的分布范围越小，单位土体承受的波浪动荷载和防波堤结构静荷载相对越大，地基承载力安全系数就越小。

基于判别准则Ⅱ，根据不同基床底部宽度情况下分别将未考虑与考虑软黏土弱化效应影响的地基承载力安全系数绘制在图5.1-15中。可见，适当地增加基床底部宽度，可以提高地基承载力安全系数 K。

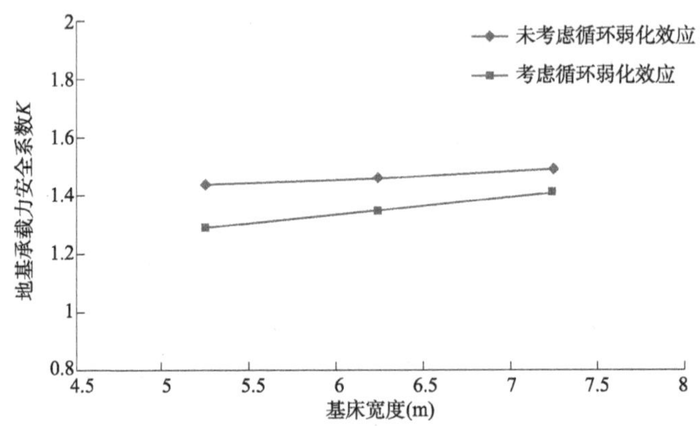

图5.1-15 不同基床底部宽度时地基承载力安全系数

6)考虑循环弱化效应的软土地基承载力判别

综上所述，对于软黏土地基上半圆形防波堤结构，在波浪荷载循环作用下，地基承载力的弱化程度与结构静荷载、波浪动荷载以及基床底部宽度有关。

为了定量描述地基承载力的变化状况，定义地基承载力弱化程度 W 和地基承载力折减系数 β_K。

$$W = \frac{K_{NW} - K_W}{K_{NW}} \tag{5.1-21}$$

$$\beta_K = \frac{K_W}{K_{NW}} \tag{5.1-22}$$

式中：K_{NW}、K_W——未考虑和考虑软黏土循环弱化效应的地基承载力安全系数。

由式(5.1-21)和式(5.1-22)可得：

$$K_W = \beta_K \cdot K_{NW} \tag{5.1-23}$$

$$\beta_K = 1 - W \tag{5.1-24}$$

为了定量描述 β_K 的变化规律，采用波浪力 P 与基床底部宽度 B 之比描述动力荷载水平，地基上部的基床和半圆形防波堤结构的总重量 G 与基床底部宽度 B 之

比 G/B 描述静力荷载水平。通过对 5.1.4 节中的结果进行分析，可以得到地基承载力折减系数 β_K 与$\frac{P}{B}$、$\frac{G}{B}$之间的关系，从而可以综合考虑波浪动荷载、基床和结构静荷载以及基床底部宽度对地基承载力的影响。

本节中半圆形防波堤地基软黏土发生循环弱化的区域在泥面以下 2m 左右范围内较为明显，因此利用泥面以下 2m 处地基土体的围压 $\sigma_{c,2}$ 对$\frac{P}{B}$、$\frac{G}{B}$进行无量纲处理。将各种情况下$\frac{P}{B}\Big/\sigma_{c,2}$、$\frac{G}{B}\Big/\sigma_{c,2}$与地基承载力折减系数 β_K 的值汇总于表 5.1-3。

地基承载力折减系数统计表 表 5.1-3

工况		$\frac{P}{B}\Big/\sigma_{c,2}$	$\frac{G}{B}\Big/\sigma_{c,2}$	$\beta_K=1-W$
波浪力	0.6 倍	0.0137	0.8750	0.9658
	0.8 倍	0.0182	0.8750	0.9452
	1.0 倍	0.0228	0.8750	0.9247
	1.2 倍	0.0273	0.8750	0.9041
填砂量	0.6 倍	0.0228	0.8451	0.9419
	0.8 倍	0.0228	0.8600	0.9338
	1.0 倍	0.0228	0.8750	0.9247
	1.2 倍	0.0228	0.8899	0.9149
基床宽度	5.24m	0.0271	0.8754	0.8958
	6.24m	0.0228	0.8750	0.9247
	7.24m	0.0196	0.8746	0.9463

拟合得到地基承载力折减系数 β_K 与$\frac{P}{B}\Big/\sigma_{c,2}$、$\frac{G}{B}\Big/\sigma_{c,2}$之间的关系如式(5.1-25)所示，相关系数为 0.9991。

$$\beta_K=1-114.9392\times\left(\frac{P}{B}\Big/\sigma_{c,2}\right)^2-0.01760\times\left(\frac{G}{B}\Big/\sigma_{c,2}\right)^2 \tag{5.1-25}$$

通常情况下，不考虑循环弱化的地基承载力安全系数 K_{NW} 比较容易获得，由式(5.1-25)计算地基承载力折减系数 β_K，则可根据式(5.1-21)得到考虑循环弱化的地基承载力安全系数 K_W。

若 $K_W<1$，则表明结构失稳；若 $K_W=1$，则表明结构处于临界状态；若 $K_W>1$，则表明结构稳定。

7)结构与波面耦合过程数值模拟方法

考虑波浪与半圆形沉箱结构的作用问题，如图 5.1-16 所示为半圆形防波堤断面设计及浪高仪布置图。其在数值计算中，波浪从左侧向右侧传播，G1 和 G2 用于

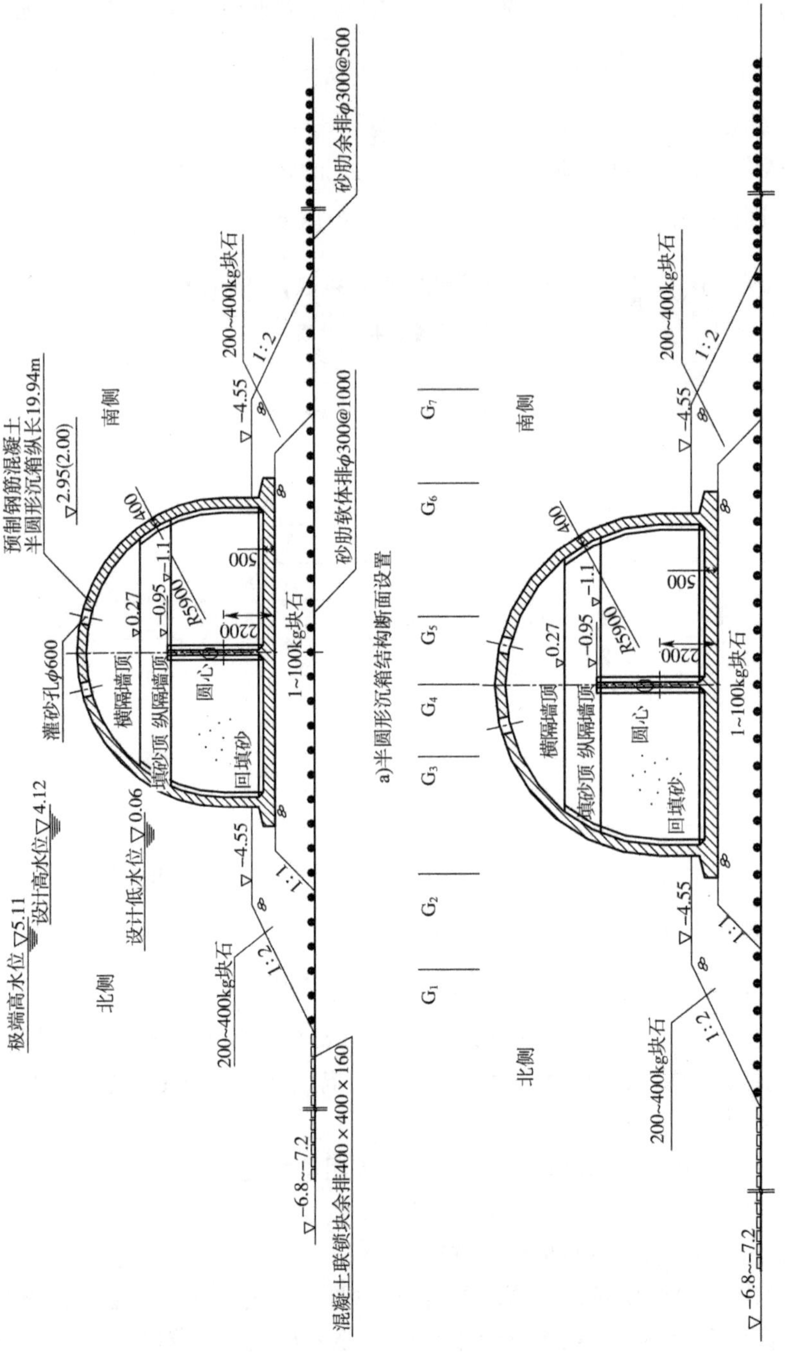

a)半圆形沉箱结构断面设置

b)半圆形沉箱结构波高仪布置

图 5.1-16　半圆形防波堤断面设计及波高仪布置

量测半圆形防波堤前方浪高仪，分别布置在防波堤护底的坡肩顶端和中间处。G6和G7用于量测半圆形防波堤后方浪高仪，分别布置在防波堤护底的坡肩中间和顶端。G3～G5用于量测防波堤堤顶的越浪，其中G4在顶端，G3和G5分别放置于向前和向后22.5°位置处。考虑两种试验水深，高水位2.19m和中水位1.85m。其中，入射波浪周期为3.5s和4.5s，入射波高为0.40m、0.60m和0.80m。具体组次如表5.1-4所示。

试验水深及入射波浪参数 表5.1-4

水深(m)	波高(m)	周期(s)	水深(m)	波高(m)	周期(s)
1.85	0.4	3.5	2.19	0.4	3.5
	0.6			0.6	
	0.8			0.8	
	0.4	4.5		0.4	4.5
	0.6			0.6	
	0.8			0.8	

基于OpenFOAM建立了三维黏性数值波浪水槽，可研究波浪对半圆形沉箱结构相互作用时波高、越浪和受力情况问题，并对非线性物理现象进行分析。

(1)三维波浪水槽数值基本方程

牛顿黏性流体的流动过程遵循质量守恒、动量守恒和能量守恒三个基本定律，对于不可压缩问题，能量方程可不考虑。在任意拉格朗日—欧拉观点下(Arbitrary Lagrangian Eulerian，ALE)，连续方程和动量方程以张量的形式可分别表示为：

$$\frac{\partial\rho}{\partial t}+\frac{\partial\rho u_i}{\partial x_i}=0 \tag{5.1-26}$$

$$\frac{\partial\rho u_i}{\partial t}+\frac{\partial\rho(u_j-u_j^m)u_i}{\partial x_j}=\frac{\partial\sigma_{ij}}{\partial x_j}+\rho f_i \tag{5.1-27}$$

式中：ρ——流体的密度；

u_i——流体质点速度在第i方向上的分量；

u_j^m——网格运动速度；

t——时间；

σ_{ij}——应力张量；

f_i——单位体积流体所受到的体积力。

动量方程(5.1-27)与应力散度项有关的关系式可概括如下：应力张量σ_{ij}可以分解为各向同性和各向异性两部分，即：

$$\sigma_{ij} = -p\delta_{ij} + \tau_{ij} \tag{5.1-28}$$

式中：p——压力；

δ_{ij}——张量置换符号；

τ_{ij}——偏应力张量。当流体的动力学黏性系数μ为各向同性时，有：

$$\tau_{ij} = \lambda s_{kk}\delta_{ij} + 2\mu s_{ij} \tag{5.1-29}$$

其中：

$$\lambda = \mu' - \frac{2}{3}\mu \tag{5.1-30}$$

μ'称为第二黏性系数(膨胀性系数)，而：

$$S_{ij} = \frac{1}{2}\left(\frac{\partial u_i}{\partial x_j} + \frac{\partial u_j}{\partial x_i}\right) \tag{5.1-31}$$

为局部速度梯度张量的对称张量，又称变形速度张量，因此：

$$\sigma_{ij} = -p\delta_{ij} + \lambda\frac{\partial u_k}{\partial x_k}\delta_{ij} + \mu\left(\frac{\partial u_i}{\partial x_j} + \frac{\partial u_j}{\partial x_i}\right) \tag{5.1-32}$$

此即牛顿黏性流体的应力—应变率关系式，也可以称为流体运动的本构方程。进一步引入斯托克斯假设：系统处于准热力学平衡状态时，可以近似认为$\mu' = 0$(即第二黏性系数为零)，则有：

$$\lambda = -\frac{2}{3}\mu \tag{5.1-33}$$

此时偏应力张量关系式可简化写为：

$$\tau_{ij} = -\frac{2}{3}\mu\frac{\partial u_k}{\partial x_k}\delta_{ij} + \mu\left(\frac{\partial u_i}{\partial x_j} + \frac{\partial u_j}{\partial x_i}\right) \tag{5.1-34}$$

相应地，应力—应变率关系式也可以简化为：

$$\sigma_{ij} = -p\delta_{ij} + \mu\left(\frac{\partial u_i}{\partial x_j} + \frac{\partial u_j}{\partial x_i}\right) - \frac{2}{3}\mu\frac{\partial u_k}{\partial x_k}\delta_{ij} \tag{5.1-35}$$

经过张量运算，可以得到应力张量梯度的表达式为：

$$\frac{\partial \sigma_{ij}}{\partial x_j} = -\frac{\partial p}{\partial x_i} + \frac{\partial}{\partial x_j}\left(\mu\frac{\partial u_i}{\partial x_j}\right) + \frac{1}{3}\frac{\partial}{\partial x_j}\left(\mu\frac{\partial u_k}{\partial x_k}\right)\delta_{ij} \tag{5.1-36}$$

则动量方程可以简化为：

$$\frac{\partial \rho u_i}{\partial t} + \frac{\partial \rho(u_j - u_j^m)u_i}{\partial x_j} = \rho f_i - \frac{\partial p}{\partial x_i} + \frac{\partial}{\partial x_j}\left(u\frac{\partial u_i}{\partial_{xj}}\right) + \frac{1}{3}\frac{\partial}{\partial x_j}\left(u\frac{\partial u_k}{\partial x_k}\right)\delta_{ij} \tag{5.1-37}$$

进一步，当流体的密度也为常数时，连续方程和动量方程可以化为如下形式：

$$\frac{\partial \rho u_i}{\partial x_i} = 0 \tag{5.1-38}$$

$$\frac{\partial \rho u_i}{\partial t}+\frac{\partial \rho(u_j-u_j^m)u_i}{\partial x_j}=pf_i-\frac{\partial p}{\partial x_i}+p\upsilon\frac{\partial}{\partial x_j}\left(\frac{\partial u_i}{\partial x_j}+\frac{\partial u_j}{\partial x_i}\right) \tag{5.1-39}$$

其中,$\upsilon=\mu/\rho$,为运动学黏性系数。此即为描述各向同性不可压缩黏性牛顿流体运动的 Navier-Stokes 方程。

(2)基本方程的解法

使用开源代码 OpenFOAM 对该问题进行求解,其中控制方程采用有限体积方法求解黏性流体运动方程,这主要是考虑到有限体积方法和有限元方法在处理非规则边界问题时更具有优势,并且有限体积方法理论是基于单元内流体运动的守恒性,更能适用于模拟流体运动的特征。

上述 Navier-Stokes 方程描述的是流动物理量在时空上的输运关系,其特征可以归结为与时间相关的对流扩散方程,写成矢量形式,即

$$\frac{\partial \rho\phi}{\partial t}+\nabla\cdot(\rho\vec{u}\phi)-\nabla\cdot(\rho u_\phi\nabla_\phi)=S_\phi(\phi) \tag{5.1-40}$$

对上述方程(5.1-40)进行有限体积的离散,对于每一个控制体(CV)而言(图5.1-17),满足如下形式:

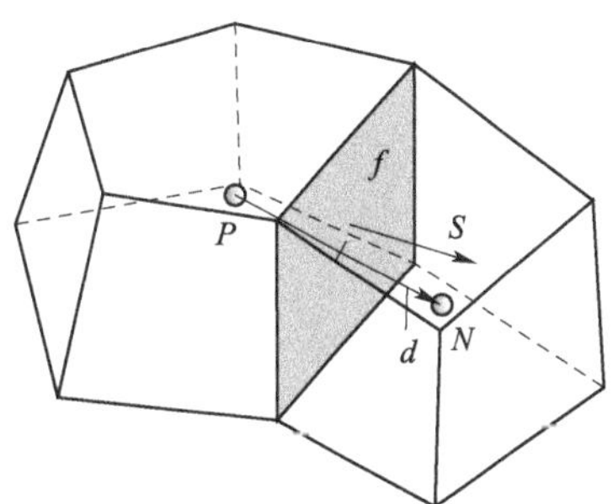

图5.1-17 有限体积离散参量定义

$$\int_t^{t+\Delta t}\left[\frac{\partial}{\partial t}\int_{V_P}\rho\phi \mathrm{d}V+\int_{V_P}\nabla\cdot(\rho\vec{u}\phi)\mathrm{d}V-\int_{V_P}\nabla\cdot(\rho u_\phi\nabla\phi)\mathrm{d}V\right]\mathrm{d}t=\int_t^{t+\Delta t}\left(\int_{V_P}S_\phi(\phi)\mathrm{d}V\right)\mathrm{d}t \tag{5.1-41}$$

进而使用格林定理,可以将式(5.1-41)各项进行空间离散,分别可得

$$\begin{cases}\int_{V_P}\nabla\cdot(\rho\vec{u}\phi)\mathrm{d}V=\sum_f\vec{S}\cdot(\rho\vec{u}\phi)_\mathrm{f}=\sum_\mathrm{f}F\phi_\mathrm{f}\\ \int_{V_P}\nabla\cdot(\rho u_\phi\nabla\phi)\mathrm{d}V=\sum_f\vec{S}\cdot(\rho u_\phi\nabla\phi)_\mathrm{f}=\sum_\mathrm{f}(\rho\mu_\phi)_\mathrm{f}\vec{S}\cdot(\nabla\phi)_\mathrm{f}\end{cases} \tag{5.1-42}$$

依据式(5.1-42),设控制体不随时间改变,可以将式(5.1-41)写成,

$$\int_t^{t+\Delta t}\left[\frac{\partial\rho\phi}{\partial t_\mathrm{P}}V_\mathrm{P}+\sum_\mathrm{f}F\phi_\mathrm{f}-\sum_\mathrm{f}(\rho\mu_\varphi)_\mathrm{f}\vec{S}\cdot(\nabla\phi)_\mathrm{f}\right]\mathrm{d}t=\int_t^{t+\Delta t}(S_\mathrm{u}V_\mathrm{P}+S_\mathrm{p}V_\mathrm{P}\phi_\mathrm{P})\mathrm{d}t \tag{5.1-43}$$

再对式(5.1-43)进行时间离散,如采用 Crank-Nicholson 格式,则有

$$\frac{\rho_\mathrm{P}\phi_\mathrm{P}^n-\rho_\mathrm{P}\phi_\mathrm{P}^O}{\Delta t}V_\mathrm{P}+\frac{1}{2}\sum_\mathrm{f}F\phi_\mathrm{f}^n-\frac{1}{2}\sum_\mathrm{f}(\rho\mu_\phi)_\mathrm{f}\vec{S}\cdot(\nabla\phi)_\mathrm{f}^n+$$
$$\frac{1}{2}\sum_\mathrm{f}F\phi_\mathrm{f}^O-\frac{1}{2}\sum_\mathrm{f}(\rho\mu_\phi)_\mathrm{f}\vec{S}\cdot(\nabla\phi)_\mathrm{f}^O$$

$$=S_u V_P + \frac{1}{2} S_p V_P \phi_P^n + \frac{1}{2} S_P V_P \phi_P^O \tag{5.1-44}$$

进而可以将式(5.1-44)写成线性方程组的形式，为

$$\alpha_P \phi_P^n + \sum_N \alpha_N \phi_N^n = R_P \tag{5.1-45}$$

上式即为有限体积处理一般对流扩散问题的处理方法。

下面考虑上述流动控制方程式(5.1-38)、式(5.1-39)的数值求解，首先将体积力及表面力两项进行化简，并将控制方程组写成矢量的形式，为

$$\nabla \cdot \vec{u} = 0 \tag{5.1-46}$$

$$\frac{\partial \rho \vec{u}}{\partial t} + \nabla[\rho(\vec{u} - \vec{u}^m)\vec{u}] = -\nabla p^* - \vec{f} \cdot \vec{x} \nabla \rho + \nabla \cdot (\mu \nabla \vec{u}) + (\nabla \vec{u}) \cdot \nabla \mu + \sigma \kappa \nabla \gamma \tag{5.1-47}$$

其中，p^* 流体流动时所带来的压力，上式中使用了下述关系：

$$\rho \vec{f} - \nabla p = \rho \vec{f} - \nabla(p^* + p\vec{f} \cdot \vec{x}) = \rho \vec{f} - \nabla p^* - \rho \vec{f} - \vec{f} \cdot \vec{x} \nabla \rho = -\nabla p^* - \vec{f} \cdot \vec{x} \nabla \rho \tag{5.1-48}$$

对于动量方程式(5.1-47)，使用前文所述有限体积方法对其进行离散，可以写为以下简化形式

$$\vec{A}_D \vec{\mu} = \vec{A}_H - \nabla p^* - \vec{f} \cdot \vec{x} \nabla \rho + \sigma \kappa \nabla \gamma \tag{5.1-49}$$

其中，简化离散矩阵 $\vec{A}$ 为

$$\begin{cases} \vec{A}_D \to \left\langle \dfrac{\partial \rho [\vec{u}]}{\partial t} \right\rangle + \left\langle \nabla \cdot (\rho_f \varphi^m [\vec{u}]_f) \right\rangle \\ \vec{A}_H \to \left\langle \nabla \cdot (\mu \nabla [\vec{u}]) \right\rangle + \left\langle (\nabla [\vec{u}]) \cdot \nabla \mu \right\rangle \end{cases} \tag{5.1-50}$$

这里下角标 f 表示单元边界面上的参量，且 $\varphi^m = (\vec{u} - \vec{u}^m)_f \cdot \vec{S}_f$。根据式(5.1-49)显式求解出速度，即，

$$\vec{u} = \frac{\vec{A}_H}{\vec{A}_D} - \frac{\nabla p^*}{\vec{A}_D} - \frac{\vec{f} \cdot \vec{x} \nabla \rho}{\vec{A}_D} + \frac{\sigma \kappa \nabla \gamma}{\vec{A}_D} \tag{5.1-51}$$

定义流率 φ 为

$$\varphi = \vec{u}_f \cdot \vec{S}_f \tag{5.1-52}$$

进而将式(5.1-49)写成流率 φ 的形式，为

$$\varphi = \varphi^* - \left(\frac{1}{\vec{A}_D}\right)_f \nabla p^* \tag{5.1-53}$$

其中,

$$\varphi^* = \left(\frac{\vec{A}_H}{\vec{A}_D}\right)_f \vec{S}_f - \left(\frac{1}{\vec{A}_D}\right)_f (\vec{f}\cdot\vec{x})_f (\nabla\rho)_f \vec{S}_f + \left(\frac{\sigma\kappa}{\vec{A}_D}\right)_f (\nabla\gamma)_f \vec{S}_f \tag{5.1-54}$$

式(5.1-54)将用于流率预测,而式(5.1-53)将用于流率修正。将式(5.1-54)代入式(5.1-53)中,结合流率定义式(5.1-52),也可求得速度,即

$$\vec{u} = \vec{u}^* + \vec{A}_D \frac{\varphi - \varphi^*}{(\vec{A}_D)_f} \tag{5.1-55}$$

其中,

$$\varphi^* = \vec{u}_f^* \cdot \vec{S}_f \tag{5.1-56}$$

将流率表达式(5.1-54)代入连续方程中,可以得到压力方程为

$$\left\langle \nabla\cdot\left(\left(\frac{1}{\vec{A}_D}\right)_f \nabla[p^*]\right)\right\rangle = \nabla\cdot\varphi^* \tag{5.1-57}$$

上述求解方法称为PISO(Pressure-Implicit with Splitting of Operators)方法。最后需要说明一点,在PISO方法的推导过程中,利用了投影的思想,也即通常所说的分步法,此时速度和压力是分开求解的。

综上所述,使用PISO方法求解Navier-Stokes方程基本可概括为:使用动量方程进行速度预测,使用压力方程求解压力,再通过已经求得的压力,通过动量方程进行速度修正。将其基本的计算过程整理,如图5.1-18所示。

(1)由式(5.1-51)求解动量方程,计算速度 $\vec{u}$;

(2)根据式(5.1-54)进行流率预测,计算 φ^*;

(3)再求解压力方程式(5.1-57),计算动压力 p^*;

(4)根据式(5.1-53)进行流率修正,求出 φ;

(5)最后根据式(5.1-55)即可求出速度 $\vec{u}$。

图5.1-18 PISO算法计算流程图

以上即为PISO方法全部主要计算公式及数值实现方法。为获得以上速度和压力的数值解,一般需要通过求解大型稀疏矩阵的线性代数方程组来实现。为加快计算速度,对动量方程采用集中质量阵的方法进行显式求解,实践表明这是一种高速又能保证计算精度的方法。对压力方程则采用预条件双稳定共轭梯度方法(BI-CGSTAB方法)迭代求解,该方法收敛速度快、稳定性较好,特别适合对称正定大型稀疏线性代数方程组的数值求解。

时间步长的选取需满足CFL条件,可通过克朗数(Cr)进行自动选取:

$$\Delta t < \mathrm{Cr} \times \min\{\sqrt{S_e}/|u_e|\} \tag{5.1-58}$$

u、v、w 分别代表 x、y、z 方向的速度分量。计算中,克朗数原则上取 1.0 即可满足 CFL 条件要求,本节取 0.5 以保证自由水面做大振幅非线性运动时的计算精度。在处理冲击压力问题时,则取 Cr = 0.01 且 $\Delta t_{\max} = 0.001\mathrm{s}$ 以满足高频冲击压力的计算要求。具体的处理在不同的算例中再进行详细的描述。

(3)基于两相流数值模型的自由表面捕捉

波浪运动最重要的特征就是有自由表面的存在。目前,在黏性流范围内,人们针对自由表面问题已经发展了很多的方法,例如 Marker and Cell (MAC)、Volume of Fluid (VOF)以及最近形成的 Level Set(LS)等,这些方法都是一些对自由表面的位置进行近似捕捉的方法。其中,VOF 方法是目前最为流行和最为成熟的方法之一。原始的 VOF 方法(Hirt 和 Nichols,1981)是在有限差分的背景下建立起来的,而有限体积方法来自于有限差分,适用于 VOF 方法的实现。综上所述,考虑模型的适用性,也为了使数学模型能够满足如波浪破碎等复杂物理现象的模拟要求,采用 VOF 方法对自由水面运动进行捕捉。定义流体相函数 α 为

$$\alpha = \begin{cases} \alpha = 0, & \text{空气中} \\ 0 < \alpha < 1, & \text{自由表面} \\ \alpha = 1, & \text{水中} \end{cases} \tag{5.1-59}$$

它满足 ALE 观点下的边界面方程,

$$\frac{\partial \alpha}{\partial t} + \frac{\partial (u_i - u_i^m)\alpha}{\partial x_i} = 0 \tag{5.1-60}$$

在进行数值计算时,直接求解相函数方程式(5.1-60)会造成 α 因对流运动而导致两相流界面形状模糊不清的问题(即 $0 < \alpha < 1$ 部分向两相流的内部扩展,使界面形状模糊不清),从而导致计算结果不准确。本节采用在界面方程中增加人工可压缩性的方法来解决这一问题。将界面方程式(5.1-60)改写为

$$\frac{\partial \alpha}{\partial t} + \frac{\partial (u_i - u_i^m)\alpha}{\partial x_i} + \frac{\partial [\alpha(1 - \alpha)u_i^r]}{\partial x_i} = 0 \tag{5.1-61}$$

其中,u_i^r 为垂直于两相流界面的速度,由于有系数 $\alpha(1-\alpha)$ 的存在,因此新增的这一项仅存在于两相流的界面中。

将界面方程式(5.1-60)进行有限体积离散,其形式为

$$\left\langle \frac{\partial [\alpha]}{\partial t} \right\rangle + \left\langle \nabla \cdot (\varphi^m [\alpha]_f) \right\rangle + \left\langle \nabla \cdot (\varphi^{rb} [\alpha]_f) \right\rangle = 0 \tag{5.1-62}$$

其中,参量 φ^{rb} 的表达式为

$$\varphi^{rb} = (1-\alpha)_{\mathrm{f}}\varphi^{r} \tag{5.1-63}$$

而参量 φ^r 的定义为

$$\varphi^{r} = \gamma_{\mathrm{c}}\max\left|\frac{\vec{u}\cdot\vec{S}}{|\vec{S}|}\right|(\vec{n}^{*}\cdot\vec{S}^{*}) \tag{5.1-64}$$

这里称参量 γ_c 为人工压缩项折减系数,取 0 为跳过人工压缩项计算,取 1 则正常计算人工压缩项。 $\vec{n}^*$ 为两相流界面单位法向量,其定义为

$$\vec{n}^{*} \frac{(\nabla\alpha)_{\mathrm{f}}}{|(\nabla\alpha)_{\mathrm{f}}|+\delta} \tag{5.1-65}$$

其中,δ 为防止当$(\nabla\alpha)_f\to 0$ 时数值计算出错而选取的小值,可取为 10^{-5}。

界面方程离散式(5.1-62)的求解方法与速度方程式(5.1-49)相类似,可以使用集中质量阵的方法进行显式求解,从而即可求得流体相函数 α 在整个流场的分布。

进而即可确定两相流的密度及动力黏性系数分布

$$\rho = \alpha\rho_{\mathrm{w}} + (1-\alpha)\rho_{\mathrm{a}} \tag{5.1-66}$$

$$\mu = \alpha\mu_{\mathrm{w}} + (1-\alpha)\mu_{\alpha} \tag{5.1-67}$$

式中,下脚标 w 和 a 分别代表水和空气,并取 $\rho_w = 1.0\times10^3\mathrm{kg/m^3}$、$\mu_w = 1.0\times10^{-3}\mathrm{kg/(m\cdot s)}$;$\rho_a = 1.0\mathrm{kg/m^3}$、$\mu_a = 1.48\times10^{-5}\mathrm{kg/(m\cdot s)}$。最后,在数据分析时,液体的自由水面可按照 $\varphi=0.5$ 等值线近似处理。

在程序实现的过程中,先通过式(5.1-62)计算出流体相函数 α 在流场中的分布,再根据式(5.1-66)和式(5.1-67)确定网格中流体的性质参数,这样就可以把两相流看作是一个整体流场,然后就可以根据图 5.1-18 使用 PISO 方法对整个两相流的流场进行计算,并最终得到求解速度和压力,完成流场的求解。

(4)基于松弛方法的造波与消波方法

采用在水槽首尾两端布置松弛层的方法进行造波与消波。该方法能够高效地造波,并可以在造波端消除作用于物体后反射回来的反射波,从而避免二次反射问题。在松弛层中,物理参量的计算方法为

$$\vartheta = \alpha_{\mathrm{R}}\vartheta_{\mathrm{C}} + (1+\alpha_{\mathrm{R}})\vartheta_{\mathrm{T}} \tag{5.1-68}$$

其中,参量 ϑ 可以是速度 u_i 或体积函数 φ。下角标 C 和 T 分别代表计算值和目标值。松弛函数 α_R 的表达式为

$$\alpha_{\mathrm{R}}(x_{\mathrm{R}}) = 1-\frac{\exp(x_{\mathrm{R}}^{3.5})}{\exp(1)-1} \qquad x_{\mathrm{R}}\in[0,1] \tag{5.1-69}$$

该表达式与 Fuhrman 等 (2006)所推荐的表达式相同。详细有关松弛层设置的细节可参阅 Mayer 等 (1998),Engsig-Karup (2006)以及 Jacobsen 等(2012)的

论文。

(5)数值求解过程

采用上述方法对具体问题进行模拟时,还必须为其指定定解条件。从微分方程数值求解的角度而言,定解条件一般由初始条件和边界条件构成。关于这一问题我们将在下一章对具体问题的处理中再进行详细的描述,这里先看作是已知的。

下面对上述两相流与运动物体相互作用数值模型的计算过程进行总结,如图5.1-19所示。

(1)已知 t_0时刻流体运动参量与物体的运动参量;
(2)求解两相流(5.1-62),获得两相流界面函数在流场中的分布;
(3)根据式(5.1-66)、式(5.1-67)获得两相流中的各单元中的物理参量;
(4)由式(5.1-51)求解动量方程,计算速度 $\vec{u}$;
(5)根据式(5.1-54)进行流率预测,计算 φ^*;
(6)求解压力方程式(5.1-48),计算动压力 p^*;
(7)根据式(5.1-53)进行流率修正,求出 φ;
(8)根据式(5.1-55)可求出流体速度 $\vec{u}$;
(9)计算流体对物体的作用力和力矩;
(10)至此,已求出 $t_0+\Delta t$ 的流体运动参量与物体的运动参量;
(11)进入下一时间步。

图5.1-19　两相流数值模型计算流程图

以上即为本节黏性流模型所使用的主要数值方法和处理技术。

5.1.3　计算结果与分析

半圆形防波堤断面尺寸远小于堤身长度,故简化为平面应变问题,采用二维弹塑性有限元模型进行分析。地基土体的计算域范围如图5.1-20所示,地基土体竖直方向即深度取3B(B为防波堤抛石基床底部宽度),地基土体的左侧面(防波堤迎浪侧)边界线距离防波堤迎浪侧抛石基床底部边线长度取3B,地基土体的右侧面(防波堤背浪侧)边界线距离防波堤背浪侧抛石基床底部边线长度取3B。计算域的边界约束条件、半圆形防波堤结构与地基土体的本构模型选择、材料参数及单元与网格、半圆形防波堤结构与基床、基床与地基土体之间接触面的设置等按照5.1节进行设置。

1)有限元分析方法

(1)失稳判别准则和有限元分析过程

判定和分析方法同第5.1节中介绍。在此不再重述。

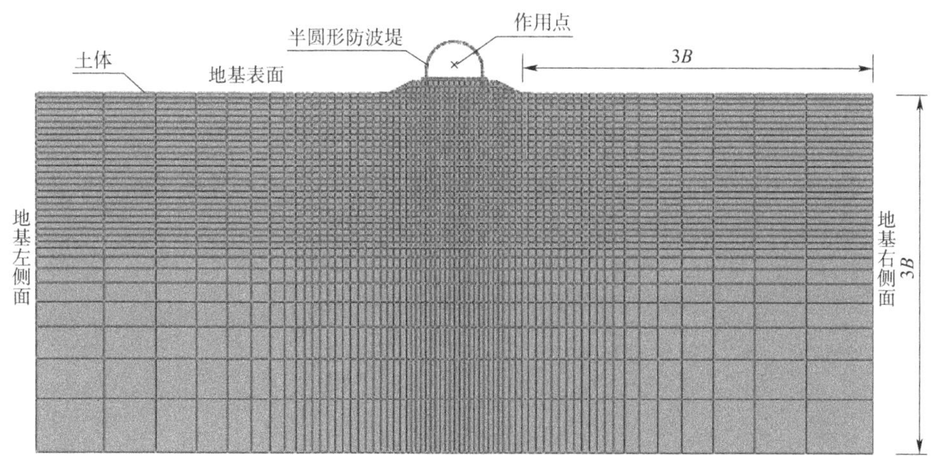

图 5.1-20 半圆形防波堤有限元模型示意图

(2)长江口深水航道半圆形防波堤工程计算结果

进行不考虑强度弱化的静力模型计算与考虑强度弱化的动力模型计算。图 5.1-21为半圆形防波堤结构静力、动力模型的沉降云图,图 5.1-22 为半圆形防波堤结构沉降变化时程曲线。不考虑强度弱化的静力模型中半圆形防波堤产生了 0.45m 的沉降,而考虑强度弱化的动力模型半圆形防波堤的沉降为 1.55m。根据长江口深水航道半圆形防波堤工程实测数据,半圆形防波堤断面沉降为 1.6m 左右。可见动力模型的计算结果更为接近实际。这表明若不考虑地基土体的强度弱化效应,按传统的静力方法进行设计,将使结构趋于危险,导致结构物失稳破坏。

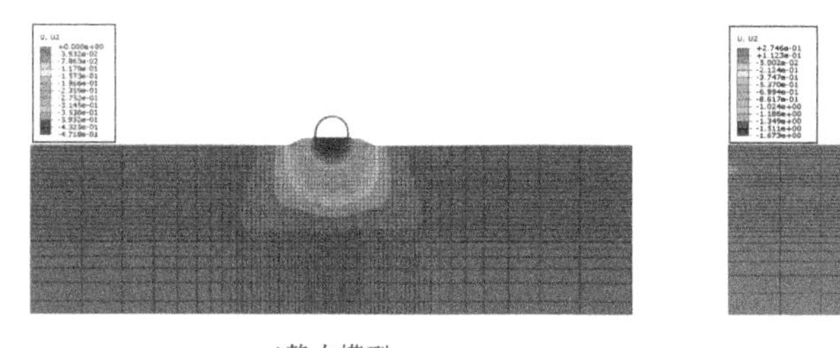

a)静力模型

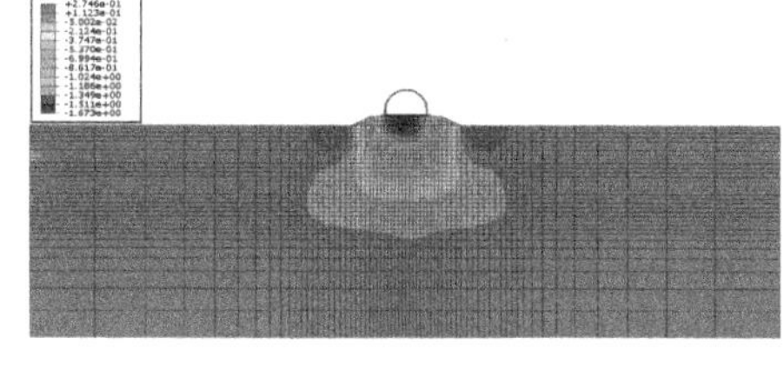

b)动力模型

图 5.1-21 半圆形防波堤结构沉降云图

循环结束时,软黏土层的强度折减系数分布如图 5.1-23 所示。可见,基床底部附近区域的土体强度弱化明显,是需要重点关注的区域,采取工程措施限制土体强度弱化。

基于判别准则Ⅲ,未考虑软黏土弱化效应影响的地基承载力安全系数为1.28,

而考虑软黏土弱化效应影响的地基承载力安全系数为0.98,结构发生过量沉降而失稳破坏。根据地基承载力折减系数公式(5.1-23),可得地基承载力折减系数为0.672,未考虑软黏土弱化效应影响的地基承载力安全系数为1.28,故根据公式(5.1-20),考虑软黏土弱化效应影响的地基承载力安全系数为0.86,与判别准则Ⅲ下的地基承载力安全系数0.98接近,均小于1,结构失稳破坏。说明地基承载力判别公式(5.1-23)具有一定的实用价值。

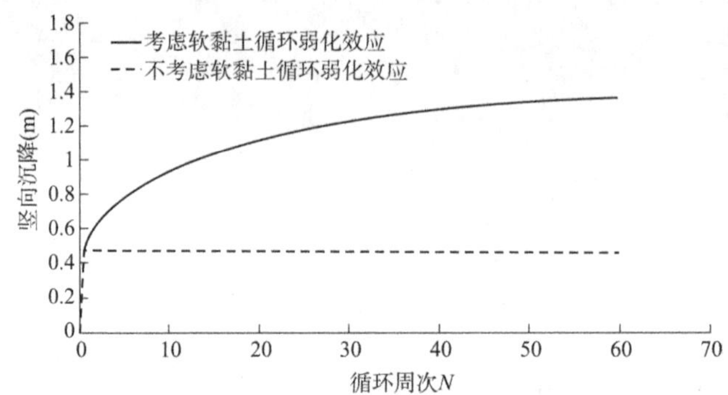

图5.1-22 半圆形防波堤沉降变化时程曲线

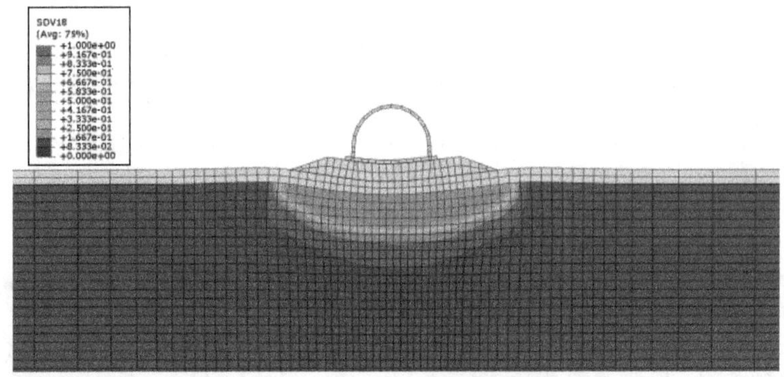

图5.1-23 软黏土弱化强度折减率β分布云图

2)波浪与半圆形沉箱结构作用的波面描述

为直观描述不同水深及波浪条件下波浪与半圆形沉箱结构相互作用的水动力机理,本节给出了不同时刻的波面分布,通过前文对比可以看出,水深对波浪的影响较大,因此本节选用入射波浪周期$T=3.5$s、入射波高$H_i=0.80$m的情况进行对比,其中,水深对波面分布有显著影响,不仅有波高变化,还有相位变化,水深较浅时波浪破碎现象更加明显,波面更加复杂。

5.1.4 小结

(1)研究了地基表层土体换填砂厚度、波浪力大小、箱内填砂量、基床底部宽度等因素对地基承载力安全系数的影响。增加表层土体换填厚度和增加基床底部宽度,能够提高地基承载力安全系数;增加波浪荷载和增加箱内填砂量,则会降低地基竖向承载力安全系数。基于对上述影响因素的分析计算,提出了考虑软黏土循环弱化效应的地基承载力安全系数计算公式。

(2)利用软黏土抗剪强度循环弱化动态规律,建立了考虑软黏土循环弱化效应的波浪—半圆形防波堤结构—软黏土地基相互作用动力有限元模型,采用物理模型试验结果的验证,分析了半圆形防波堤结构稳定性。结果表明:半圆形防波堤工程地基承载力安全系数小于1,地基承载力不足,结构失稳。

5.2 港口工程之二:烟台港西港区二期防波堤工程软土地基直立式沉箱结构大比尺模型数值模拟试验

以第4.2节直立式沉箱防波堤大比尺物理模型试验为基础,结合试验孔隙水压力模型,建立了考虑软黏土循环弱化效应的波浪—直立式沉箱结构—地基土体相互作用动力有限元模型,将数值模拟与大比尺物理模型试验结果进行对比验证,分析软黏土地基土体强度弱化对直立式沉箱防波堤稳定性的影响。

5.2.1 概述

烟台港西港区直立式沉箱防波堤工程地基分布着较厚的软黏土,地质条件较差,水深、浪大,水文条件恶劣。断面图见图5.2-1。沉箱底部宽度21.7m,高15.5m,长26.9m,单个沉箱重约4201t。工程地质勘察资料由上至下分为三层土:①淤泥质黏土层(-19.0~-29.5m)、②粉质黏土层(-29.5~-38.0m)和③粉土层(-38.0~-50.0m),各土层主要物理、力学性质指标参见表5.2-1。50年一遇的设计波高$H_{1\%}$为6.4m,波浪周期为9.6s。

将设计高水位50年一遇$H_{1\%}$的波浪作为设计波浪,根据《港口与航道水文规范》(JTS 145-2—2015),波峰和波谷时直立式沉箱波浪力分布如图5.2-2所示。由于实际波浪大致按照正弦规律变化,在进行动力有限元分析时,将波峰时刻的波浪力作为最大值,波谷时刻的波浪力作为最小值。结合物理模型试验,波浪循环次数设为1000。

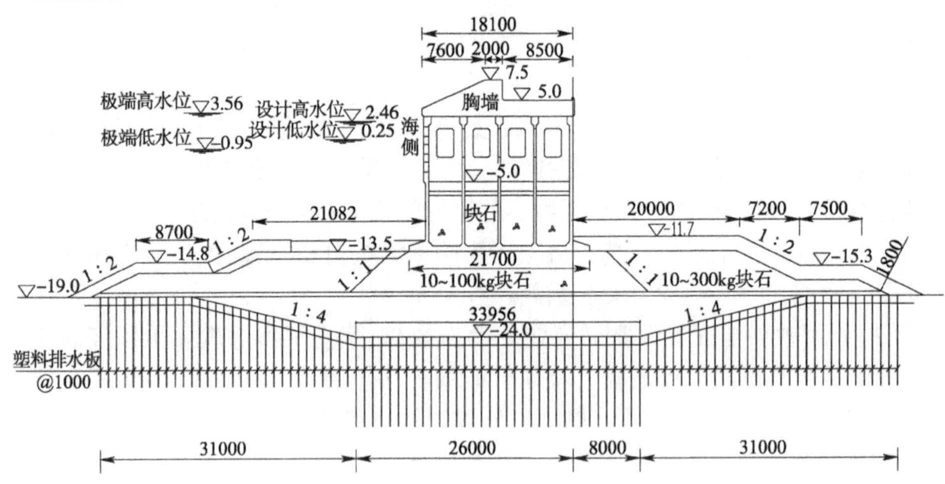

图 5.2-1　直立式沉箱防波堤结构断面图(尺寸单位:mm;高程单位:m)

各土层主要物理力学性质指标表　　表 5.2-1

土层	天然土物理指标			直剪快剪		固结快剪		压缩模量 (MPa)
	含水率 (%)	湿重度 (kN/m^3)	孔隙比	c (kPa)	φ (°)	c (kPa)	φ (°)	
①	39.5	17.9	1.08	8.2	1.1	13.0	18.1	2.86
②	22.8	20.1	0.62	29.3	13.1	30.3	21.4	6.95
③	22.4	20.0	0.62	24.3	28.3	24.5	27.9	11.50

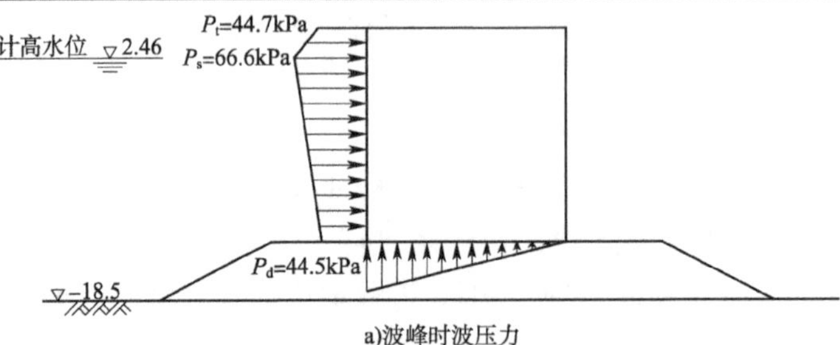

a)波峰时波压力

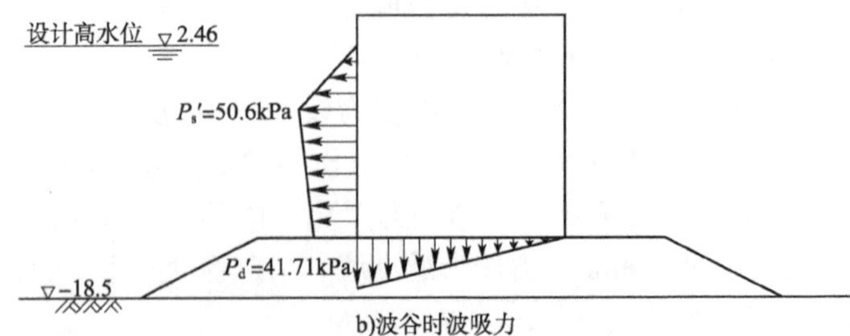

b)波谷时波吸力

图 5.2-2　设计高水位时直立式沉箱防波堤结构上波浪力分布图

5.2.2 模拟方法

1)模型的建立

直立式沉箱防波堤的堤身长度远大于其断面尺寸,将其简化为平面应变问题,建立二维弹塑性有限元模型进行分析计算。地基土体的计算域范围采用大比尺模型试验地基土体的尺寸,如图5.2-3所示。计算域的边界约束条件、直立式沉箱防波堤结构与地基土体本构模型、材料参数及计算单元网格、直立式沉箱防波堤结构与碎石基床、基床与地基土体之间接触面设置等与5.1节相同。

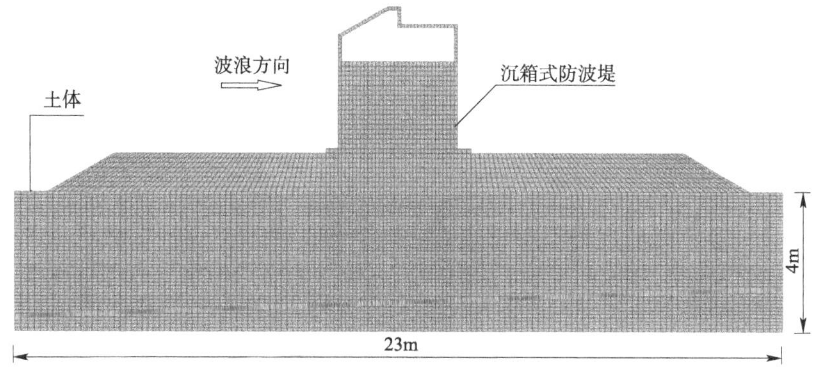

图5.2-3 直立式沉箱防波堤有限元计算域立面图

2)软黏土强度弱化规律在有限元模型中的实现

循环荷载作用下,软黏土中孔隙水压力的增大会导致有效应力降低,导致不排水强度发生弱化,严重影响直立式沉箱防波堤的稳定性。

由前文大比尺物理模型试验可知,直立式沉箱防波堤下软土地基的最大孔隙水压力发展趋势可分为两种:基本不变型和增长型。从工程安全不利角度选取增长型曲线进行数据拟合,得到直立式沉箱防波堤下软土地基双曲线型最大孔隙水压力发展模型。由于物理模型试验耗资较大,时间较长,获取的数据有限,为此结合动力三轴试验进一步确定双曲线型最大孔隙水压力发展模型即公式(4.2-19)中相关参数,并表示为围固压力、循环应力、初始静偏应力的函数,以便于数值应用,最终得到孔隙水压力发展模型的表达式(5.2-1):

$$u' = N \Big/ \left[\left(-8.546 \frac{\sigma_d}{\sigma_3} + 5.006 \right) N + 3667.741 \frac{\sigma_d \sigma_j}{\sigma_3 \sigma_3} - 5017.595 \frac{\sigma_d}{\sigma_3} - 1796.675 \frac{\sigma_j}{\sigma_3} + 2435.058 \right] + 0.156 \frac{\sigma_j}{\sigma_3} \quad (5.2\text{-}1)$$

采用等效超固结比理论,将式(5.2-1)的孔隙水压力模型与三轴试验得到的软黏土不排水抗剪强度规律结合，得到软黏土抗剪强度循环弱化公式：

$$\beta=\left\{1-N\Big/\left[\left(-8.546\frac{\sigma_d}{\sigma_3}+5.006\right)N+3667.741\frac{\sigma_d}{\sigma_3}\frac{\sigma_j}{\sigma_3}-5017.595\frac{\sigma_d}{\sigma_3}-1796.675\frac{\sigma_j}{\sigma_3}+2435.058\right]-0.156\frac{\sigma_j}{\sigma_3}\right\}^{\ln\left(0.671\frac{\sigma_d\sigma_j}{\sigma_3\sigma_3}+0.424\frac{\sigma_d}{\sigma_3}+1\right)} \tag{5.2-2}$$

采用式(5.2-1)和式(5.2-2)，通过对 ABAQUS 软件进行二次开发，将软黏土强度在循环荷载作用下逐渐弱化的过程，体现在每个土体单元黏聚力 c 和内摩擦角 φ 的强度指标的动态变化中，编写相应的子程序予以实现。在运行中调用用户子程序 USDFLD，将孔压模型和软黏土强度弱化模型添加到 ABAQUS 软件中。这样就建立了循环荷载作用下考虑软黏土强度弱化的动力分析模型。

3)有限元稳定性分析方法

(1)失稳判别准则

根据大比尺物理模型试验重塑软黏土的特性和试验结果，采用 5.2 节中失稳判别准则。

(2)分析步骤

基于软黏土强度循环弱化的动态规律，采用 Mohr-Coulomb 模型，建立波浪荷载作用下考虑软黏土强度弱化效应影响的直立式沉箱防波堤结构—软黏土地基相互作用动力有限元分析模型；采用拟静力方法通过对地基中软黏土强度进行折减，计算分析地基的承载性能。分析步骤如下：

①建立 Mohr-Coulomb 动力弹塑性有限元分析模型，根据烟台港西港区直立式沉箱防波堤工程的设计条件计算防波堤所受波浪力。模型中的波浪荷载按照正弦规律施加。

直立式沉箱防波堤波浪力计算：直立式沉箱防波堤为顶部削角式防波堤，其上的波浪力根据《港口与航道水文规范》(JTS 145—2015)按不削角直立堤计算波压力分布，再根据《防波堤设计与施工规范》(JTS 154—2018)取作用于削角斜面上各点的波压力强度标准值等于不削角直立堤在同一高程上的波压力强度标准值。将大比尺物理模型试验的造波波浪作为波浪条件，波浪力计算方法如下：

波峰情况：波浪中线超出静水面的高度，超高 h_s 为：

$$h_s=\frac{\pi H^2}{L}\coth\left(\frac{2\pi d}{L}\right) \tag{5.2-3}$$

静水面以上高度 h_s+H 处的波压力为 0。

水底处波压力强度 p_d 为：

$$p_{\mathrm{d}}=\frac{\gamma H}{\cosh\left(\frac{2\pi d}{L}\right)} \tag{5.2-4}$$

静水面处波压力强度 p_{s} 为：

$$p_{\mathrm{s}}=(p_{\mathrm{d}}+\gamma d)\left(\frac{h_{\mathrm{s}}+H}{h_{\mathrm{s}}+H+d}\right) \tag{5.2-5}$$

直墙底处波压力强度 p_{b} 为：

$$p_{\mathrm{b}}=p_{\mathrm{s}}-(p_{\mathrm{s}}-p_{\mathrm{d}})\frac{d_1}{d} \tag{5.2-6}$$

在静水面以上和以下的波压力强度均按直线分布，波浪浮托力强度在防波堤前趾处等于该处波浪侧压力强度值，在防波堤后趾处为0，两点之间按直线变化。

波谷：波浪作用与入射波方向相反，波压力为负值，静水面处波压力为0。

水底处的波压力强度 p'_{d} 为：

$$p'_{\mathrm{d}}=\frac{\gamma H}{\cosh\left(\frac{2\pi d}{L}\right)} \tag{5.2-7}$$

静水面以下深度 $H-h_{\mathrm{s}}$ 处的波压力强度 p'_{s} 为：

$$p'_{\mathrm{s}}=\gamma(H-h_{\mathrm{s}}) \tag{5.2-8}$$

墙底处波压力强度为

$$p'_{\mathrm{b}}=p'_{\mathrm{s}}-(p'_{\mathrm{s}}-p'_{\mathrm{d}})\left(\frac{h_{\mathrm{s}}+d_1-H}{h_{\mathrm{s}}+d-H}\right) \tag{5.2-9}$$

波浪浮托力强度在防波堤前趾处等于该处波浪侧压力强度值，在防波堤后趾处为0，两点之间按直线变化。再将波谷情况的波压力强度等效，进而得到波压力强度在波峰和波谷情况的折减系数。

由此计算得出直立式沉箱防波堤结构波浪力分布如图5.2-4、图5.2-5所示。在进行动力有限元分析时，认为作用在直立式沉箱防波堤结构上的波浪循环荷载按照正弦规律变化，波峰时刻的波浪力为最大值，波谷时刻的波浪力为最小值。将波浪循环荷载作用周次 N 设置为1000。

②对ABAQUS软件进行二次开发，使软黏土地基中每个软黏土材料单元的 φ、c 值按照相应的软黏土强度循环弱化规律进行变化，得到地基中软黏土孔压发展规律、抗剪强度折减系数 β 的分布状况和发展过程；结合室内试验和大比尺物理模型试验的结果，对直立式沉箱防波堤结构软黏土地基中孔隙水压力规律和软黏土强度循环弱化的程度进行分析。

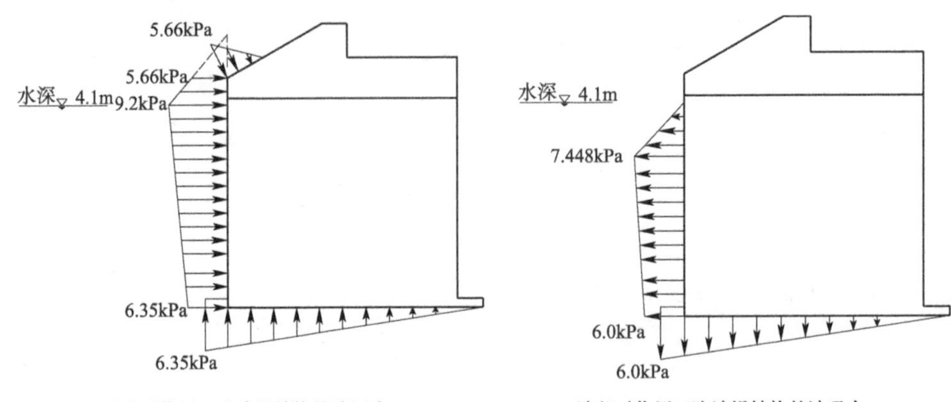

a)波峰时作用于防波堤结构的波压力　　b)波谷时作用于防波堤结构的波吸力

图 5.2-4　设计高水位水深 4.1m 直立式沉箱防波堤结构波浪力分布

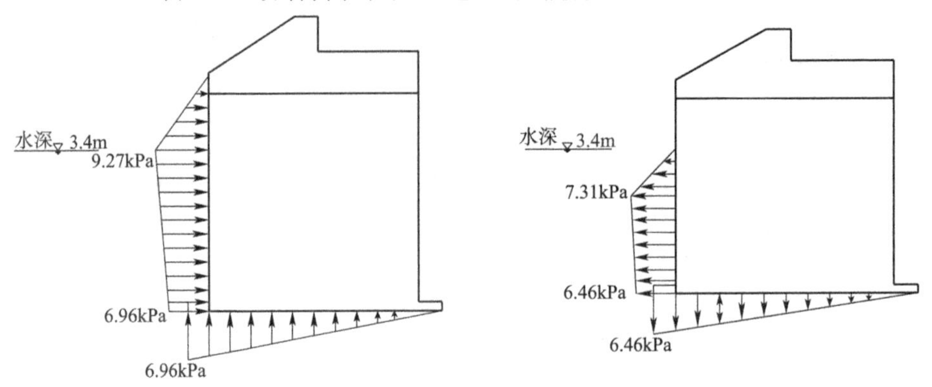

a)波峰时作用于防波堤结构的波压力　　b)波谷时作用于防波堤结构的波吸力

图 5.2-5　设计低水位水深 3.4m 直立式沉箱防波堤结构波浪力分布

③根据步骤②,波浪荷载循环 1000 次时将地基中软黏土强度按照折减系数进行折减,把每个软黏土单元折减后的黏聚力 c 和内摩擦角 φ 值作为强度指标,采用拟静力方法施加竖向荷载直至有限元计算不收敛。

④根据失稳判别准则标准Ⅱ,将考虑软黏土强度循环弱化和未考虑软黏土强度循环弱化的地基承载力情况进行对比分析。

4)计算结果验证

为了与第 4.2 节直立式沉箱防波堤大比尺物理模型试验对应分析,在地基土体上取八条分析路径,路径五位于直立式沉箱防波堤结构基底中轴线处,路径一、路径二、路径三、路径四、路径六、路径七、路径八分别距离路径五(直立式沉箱防波堤结构基底中轴线)6.65m、4.47m、2.82m、1.79m、1.75m、3.69m、5.88m。其中路

径一至路径四位于防波堤中轴线前侧即迎浪侧，路径六、路径七和路径八位于防波堤中轴线后侧即背浪侧，如图5.2-6所示。利用有限元数学模型计算得到波浪荷载循环周次 $N=1000$ 时地基中各路径孔隙水压力累积值。

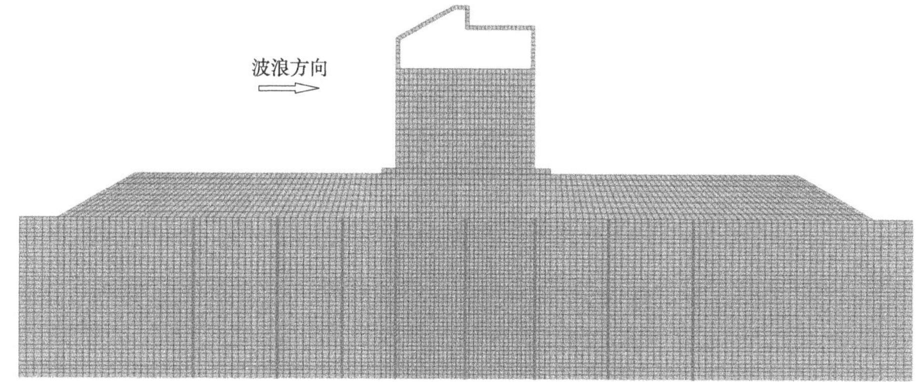

图5.2-6 直立式沉箱防波堤地基土体分析路径图

通过对物理模型试验各工况数据的分析和处理，选取设计高水位水深4.1m、波高0.9m、循环1000次试验数据作为数学模型验证数据。表5.2-2为大比尺物理模型试验得出的孔隙水压力累积变化值。

直立式沉箱防波堤在波浪长时间作用下孔压累积变化值(单位:kPa) 表5.2-2

泥面以下深度(m)	路径一	路径二	路径三	路径四	路径五	路径六	路径七
0.1	*	*	*	*	1.37	*	0.32
0.2	—	*	*	1.59	—	1.4	0.41
0.3	0.50	*	1.90	2.0	2.1	1.2	0.14
0.4	*	*	1.80	1.30	2.0	0.84	—
0.5	0.45	*	*	*	*	0.70	*
0.6	—	0.2	0.98	1.00	—	0.90	—
0.7	*	*	*	1.10	0.95	0.70	*
0.9	0.50	0.25	1.29	1.20	0.93	1.10	0.36
1.2	0.35	0.50	1.05	1.30	—	—	—
1.55	—	—	1.3	1.50	1.40	1.20	0.67
2.05	1.05	1.25	*	*	—	—	—
2.55	—	*	1.02	—	—	—	—

注:“—”表示对应位置处无传感器，“*”表示传感器损坏。

由表5.2-2可知,波浪循环荷载作用下,孔隙水压力发展主要分布在直立式沉箱防波堤结构下方以及前、后趾附近的软黏土地基土体中,存在不对称性。迎浪侧地基软黏土的孔压累积值比背浪侧的孔压累积值要高得多,且孔压累积值随土层深度先增大后减小,孔压累积最大值出现在迎浪侧土体表面以下0.3m深度,泥面以下1.6m深度的土体孔压累积较小。这主要是由于波浪荷载作用使沉箱结构在迎浪侧和背浪侧即波浪作用方向产生前后晃动的趋势,沉箱结构下方主要是前趾区域的地基土受到的扰动较大,即循环动应力水平和静偏应力水平较高,孔隙水压力累积较大,且这种趋势随深度方向而减弱。同时,由于直立式沉箱结构在迎浪侧受到的波浪荷载较大,地基中沉箱前趾附近区域土体受到的循环动应力就较高,导致孔隙水压力增加值较大。由于地基土体表面处的固结围压较小,导致其表面处孔压累积较小,随着土层深度的增加,土体固结围压增大,相应的循环动应力水平和静偏应力水平也较高,导致在地基土一定深度出现孔压累积极值。

利用数学模型进行计算,得到在设计高水位水深4.1m、波高0.9m直立式沉箱防波堤地基中各路径孔隙水压力累积值。图5.2-7为设计高水位水深4.1m、波高0.9m直立式沉箱防波堤地基土体孔隙水压力累积变化分布云图。图5.2-8为设计高水位水深4.1m、波高0.9m直立式沉箱防波堤地基土体各路径孔隙水压力累积值大比尺物理模型试验测试数据和数学模型计算数据对比图。

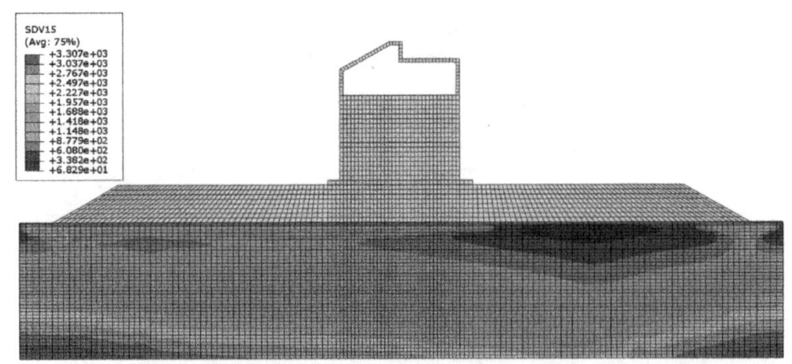

图5.2-7 设计高水位水深4.1m、波高0.9m、地基土体孔隙水压力累积变化分布云图

从图5.2-8可以看出,有限元数学模型计算得出的孔隙水压力累积值曲线和大比尺物理模型试验测试的孔隙水压力累积值数据曲线基本吻合。

5)考虑循环弱化效应的软土地基承载特性分析

软黏土强度循环弱化会对防波堤结构的稳定性和地基承载特性产生重要影响。将软黏土强度循环弱化的动态规律在有限元模型中予以体现,分析软黏土地基中表层土体的不同换砂厚度、波浪力作用大小、防波堤沉箱内填石重量、防波堤

基床底部宽度等因素对地基中软黏土的弱化状况及地基承载特性的影响。

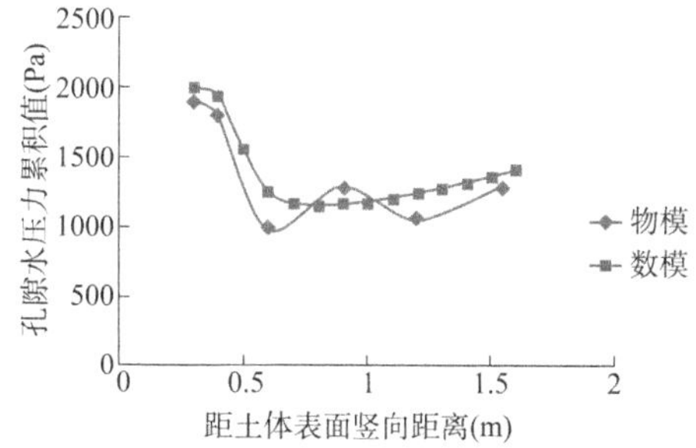

a)路径三孔隙水压力累积值对比图

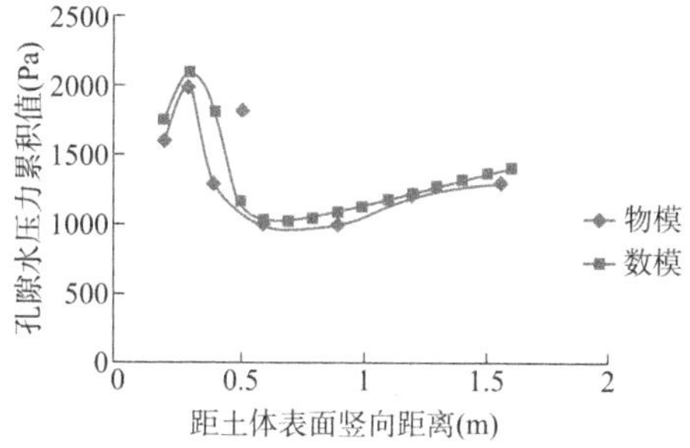

b)路径四孔隙水压力累积值对比图

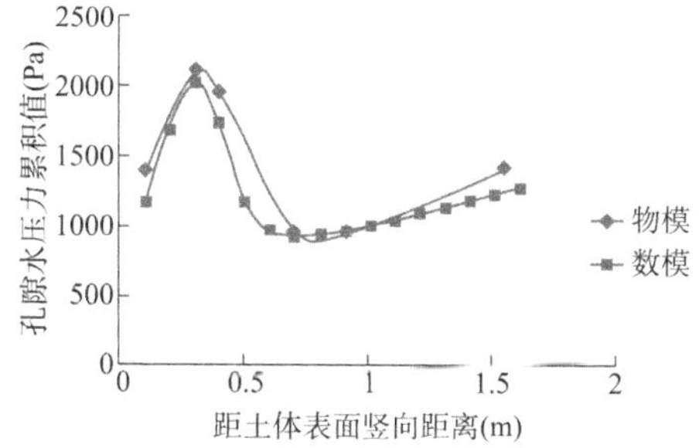

c)路径五孔隙水压力累积值对比图

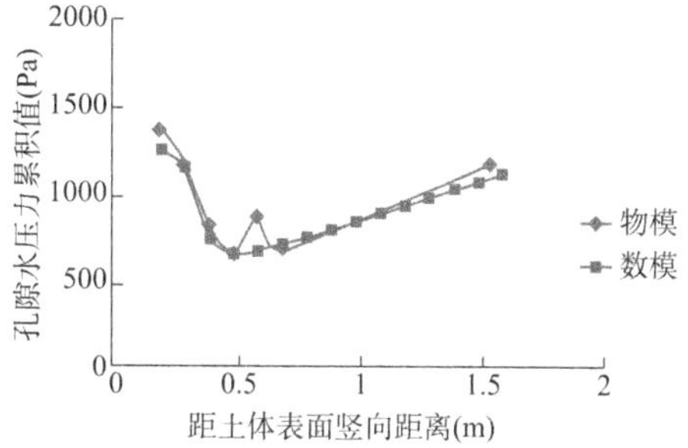

d)路径六孔隙水压力累积值对比图

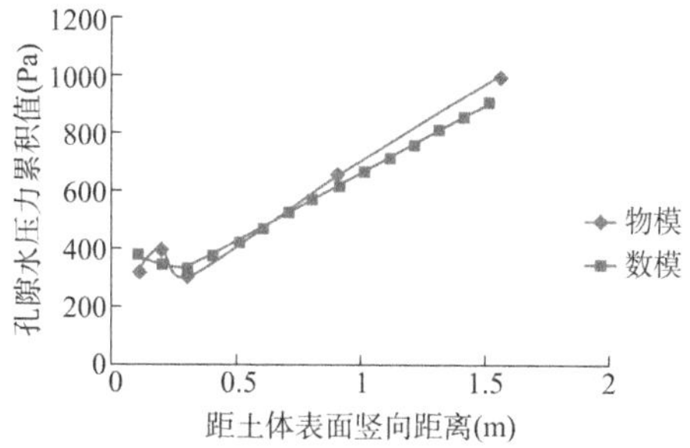

e)路径七孔隙水压力累积值对比图

图 5.2-8　地基土体各路径物模试验和数模计算孔隙水压力累积值对比图

(1)弹塑性有限元模型的建立

根据直立式沉箱防波堤大比尺物理模型试验尺寸,结合实际工程地质资料,在 6.2 节有限元模型的基础上,扩大地基土体的计算尺寸以与实际情况更加符合,在波浪方向取地基土体长度 160m,地基土体深度 50m,有限元尺寸模型如图 5.2-9 所示。地基土体分两层土体进行计算模拟,上层土体为 10m 厚的软黏土,下层土体为 40m 厚的粉质黏土。计算域的边界约束条件、直立式沉箱防波堤结构与地基土体本构模型的选择、单元网格类型、直立式沉箱防波堤结构与抛石基床、抛石基床与地基土体之间接触面的设置与前述相同。

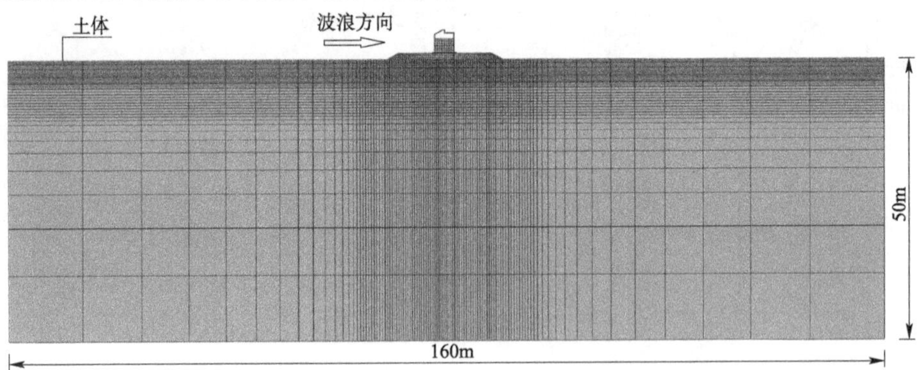

图 5.2-9　直立式沉箱防波堤有限元模型计算域立面图

(2)软土地基承载特性分析

分析在波浪荷载作用下,直立式沉箱防波堤软土地基表层土体的不同换填深度、波浪力大小、沉箱内填石量、防波堤基床底部宽度等因素对直立式沉箱防波堤软黏土地基承载特性的影响。

①换填深度的影响。

针对软黏土地基表层土体换填深度分别为0m、0.5m、0.75m、1.0m、1.5m的情况进行计算分析,图5.2-10为当波浪荷载循环周次$N=1000$,换填砂不同深度时地基中软黏土抗剪强度折减系数β的分布云图。图中左侧为迎浪侧。

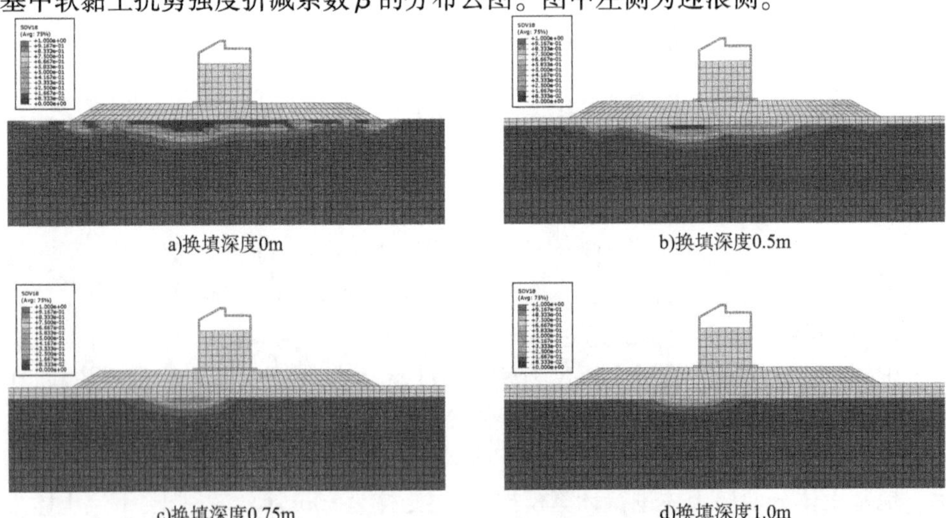

图　5.2-10

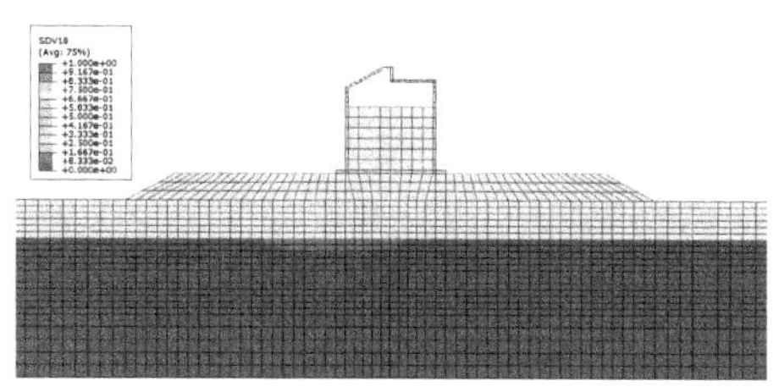
e)换填深度1.5m

图5.2-10 表层土体不同换填深度软黏土抗剪强度折减系数β分布云图

由图5.2-10可知,波浪循环荷载造成的软黏土强度弱化规律与孔压发展规律基本相同,弱化主要分布在直立式沉箱结构下方以及结构前、后趾附近区域的地基土体中,有明显的不对称性。迎浪侧的弱化程度比背浪侧要严重,结构前趾附近区域比后趾附近区域要严重。结构正下方的区域相对前趾和后趾区域要弱一些。这主要是因为波浪荷载使沉箱结构产生前后晃动的趋势,地基中前后两侧相应的循环动应力就较高,结构中心线附近就弱一些。沉箱结构在迎浪侧受到的波浪荷载较大,地基中结构前趾附近的区域产生的循环动应力也就较高,土体强度折减就越大,土体强度弱化就会越明显。靠近表层的土体弱化状况最为严重,弱化程度沿深度方向越来越减弱,这与波浪动荷载由防波堤堤身传递至地基的范围和程度有关。防波堤软黏土地基的表层土体换填砂深度越大,地基土体的强度弱化影响范围就越小,弱化程度也越低。分别将各换填深度下未考虑与考虑软黏土弱化效应影响的地基承载力安全系数绘制在图5.2-11中。从计算结果可以看出:增加换填深度能够有效提高地基土体竖向承载力安全系数。

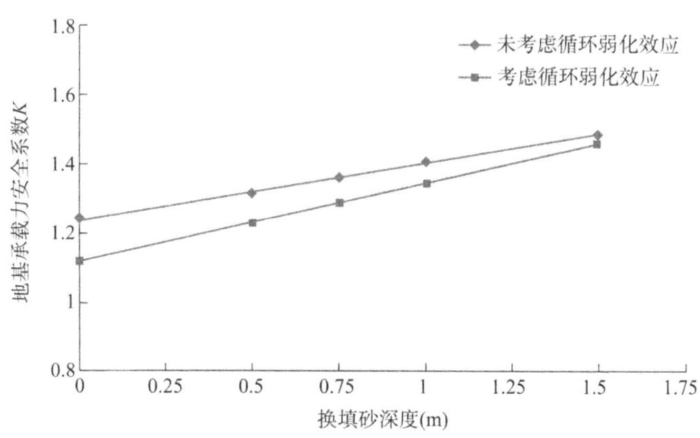

图5.2-11 表层土体不同换填深度软黏土地基承载力安全系数

②波浪力的影响。

针对波浪力为设计值的0.6倍、0.8倍、1.0倍、1.2倍的情况进行计算分析，当波浪荷载循环1000次，不同波浪力作用地基中软黏土抗剪强度折减系数β的分布云图如图5.2-11所示。图中左侧为迎浪侧。

由图5.2-12可知，随着波浪荷载由0.6倍设计波浪荷载增加至1.2倍设计波浪荷载，软黏土地基土体的抗剪强度折减越大，土体强度弱化范围越大。从位置上看，主要集中在防波堤前趾附近的区域。从波浪对防波堤的作用力可以看出，防波堤基底前趾受到的波浪力最大，因此，波浪力通过防波堤堤身传递到地基土体中，造成防波堤前趾附近的区域土体受到波浪力影响最大，波浪力动荷载导致软黏土强度弱化最明显的区域就主要集中在防波堤前趾区域。

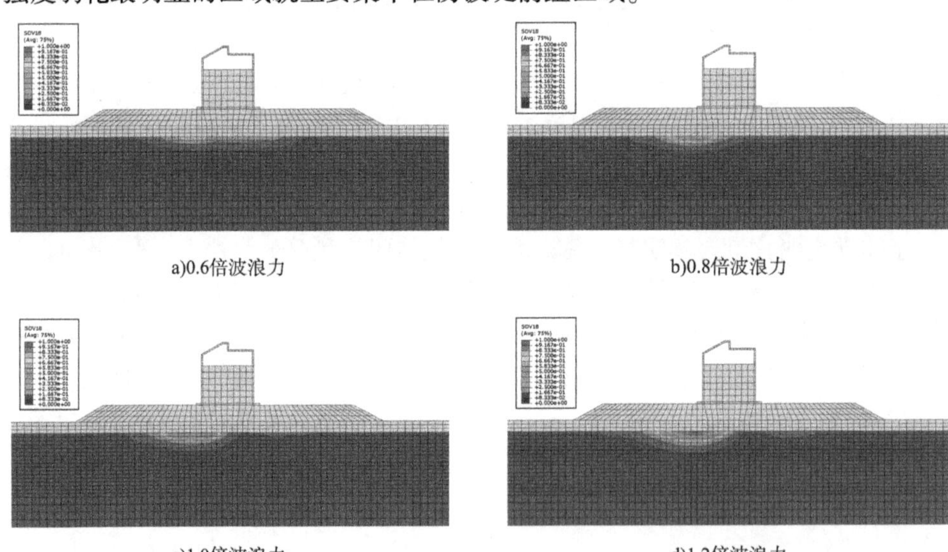

a)0.6倍波浪力　b)0.8倍波浪力

c)1.0倍波浪力　d)1.2倍波浪力

图5.2-12　不同波浪力作用下地基中软黏土抗剪强度折减系数β的分布云图

根据判别准则Ⅱ，将未考虑循环弱化效应和考虑波浪荷载作用软黏土强度弱化效应的地基承载力安全系数K绘制在图5.2-13中。当未考虑软黏土强度弱化效应影响时，设计波浪荷载下地基承载力安全系数K为1.36，具有一定的安全储备；当考虑软黏土弱化效应影响时，随着波浪荷载的增加，地基承载力弱化程度明显增大，地基承载能力下降，但地基承载力安全系数仍大于1，结构处于稳定状态。

③沉箱内填石量的影响。

分别就沉箱内填石量为设计值的0.6倍、0.8倍、1.0倍及1.2倍情况进行计算分析。当波浪荷载循环1000次，不同沉箱内填石量地基中软黏土抗剪强度折减

率 β 的分布云图如图 5.2-14 所示。图中左侧为迎浪侧。

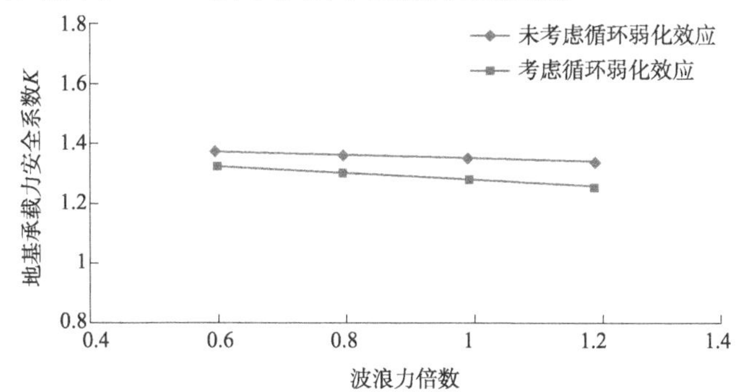

图 5.2-13 不同波浪力大小时地基承载力安全系数

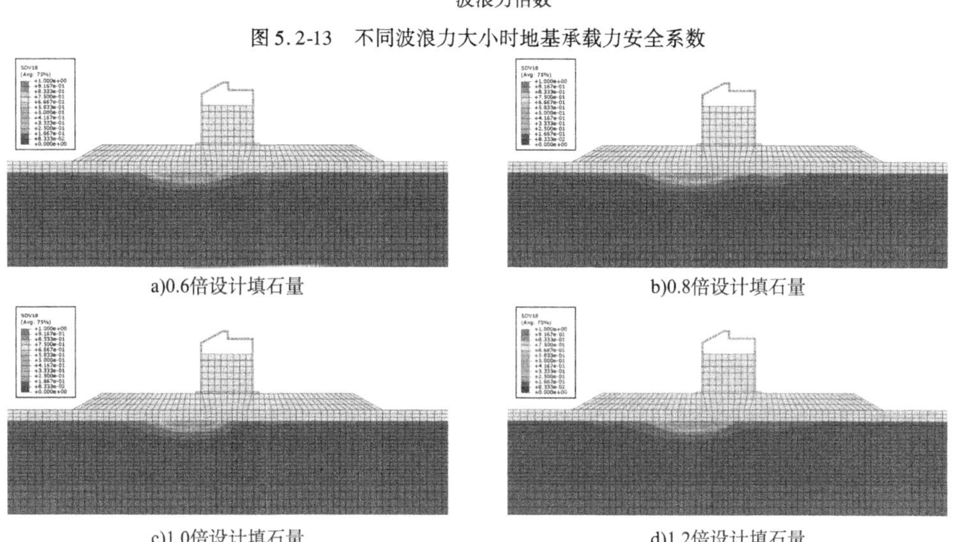

图 5.2-14 不同填石量地基中软黏土抗剪强度折减系数 β 的分布云图

由图 5.2-14 可知,沉箱内填石量由 0.6 倍设计值增加至 1.2 倍设计值,地基土体的强度弱化范围有所增大、程度也稍有变低,但总体上增加不是特别明显。地基土体强度折减区域还是主要集中在防波堤前趾附近区域,主要由于作用的波浪荷载和设计荷载不变,波浪荷载对前趾区域的作用力最明显。另外,波浪动荷载是造成地基土体强度折减的主要因素,因此,沉箱内填石量对地基软黏土抗剪强度影响程度要小一些。但对于地基承载力的影响还是明显的,因为沉箱内填石量的增加直接增加了沉箱的总体重量,因此,沉箱内填石量的增加直接降低了地基的承载力安全系数。

基于判别准则Ⅱ,在沉箱内不同填石量的条件下,将未考虑波浪荷载作用下软黏土强度弱化与考虑软黏土强度弱化影响的地基承载力安全系数绘制在图 5.2-15

中。从图中可以看出：随着沉箱内填石量的增加，地基承载力安全系数K减小。

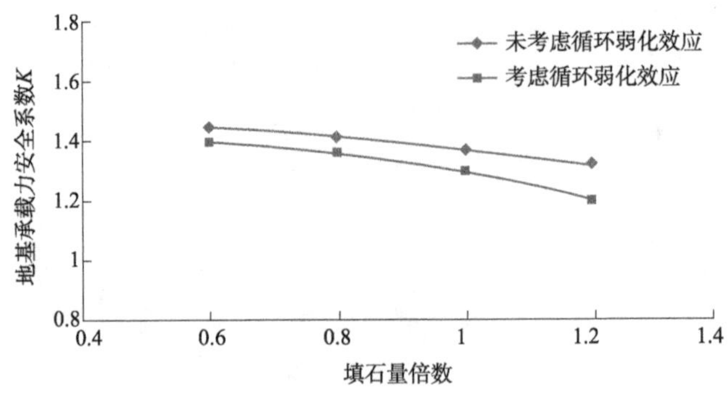

图5.2-15　不同沉箱内填石量地基承载力安全系数

④基床底部宽度的影响。

对防波堤基床底部宽度分别为15m、18m、21m的工况进行计算分析，图5.2-16为当波浪荷载循环1000周次，不同基床底部宽度地基中软黏土抗剪强度折减系数β的分布云图。图中左侧为迎浪侧。

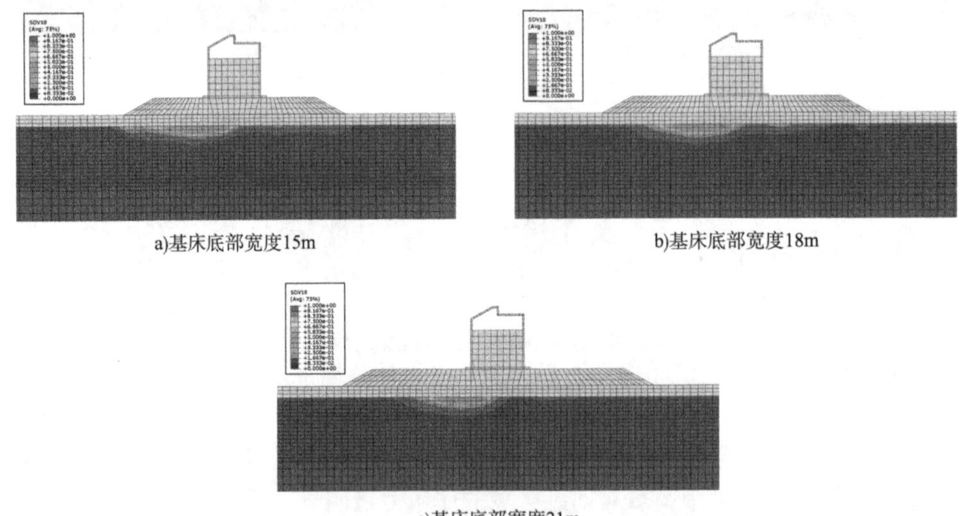

a)基床底部宽度15m

b)基床底部宽度18m

c)基床底部宽度21m

图5.2-16　不同基床底部宽度下地基中软黏土抗剪强度折减系数β的分布云图

由图5.2-16可知，基床底部宽度越小，地基中软黏土发生循环弱化现象的区域越集中，弱化程度也越大，主要由于波浪力动荷载和沉箱重量静荷载通过基床传递至地基土体中，基床底部宽度越小，地基中附加应力的分布范围越小，单位土体承受的波浪动荷载和防波堤结构静荷载相对越大，地基承载力安全系数则越小。

相反，若基床底部宽度越大，地基中附加应力分布范围越大，单位土体承受的波浪动荷载和防波堤结构静荷载相对越小，地基承载力安全系数就越大。

基于判别准则Ⅱ，根据不同的基床底部宽度中软黏土的弱化状况，将波浪荷载作用下未考虑软黏土强度弱化和考虑软黏土强度弱化效应影响的地基承载力安全系数绘制在图5.2-17中。从图中可以看出，适当的增加基床底部宽度，能在一定程度上提高地基承载力安全系数 K。

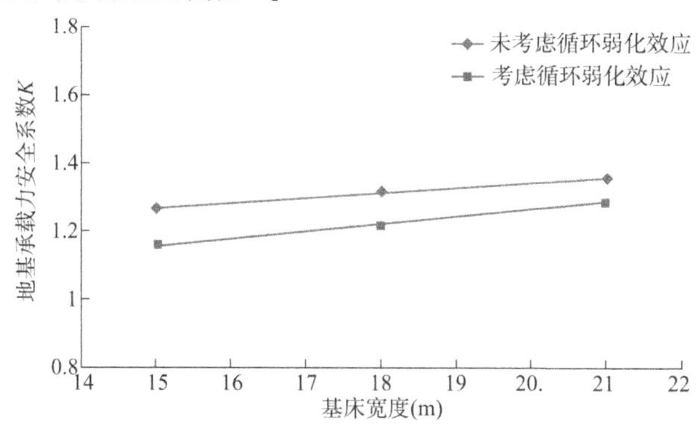

图5.2-17 不同基床底部宽度地基承载力安全系数

6）考虑循环弱化效应的软黏土地基承载力判别

采用前述的方法对直立式沉箱防波堤结构进行分析，将各种情况下 $\frac{P}{B}\Big/\sigma_{c,1.5}$、$\frac{G}{B}\Big/\sigma_{c,1.5}$ 与地基承载力折减系数 β_K 的值汇总于表5.2-3。

地基承载力折减系数统计表　　表5.2-3

工况		$\frac{P}{B}\Big/\sigma_{c,1.5}$	$\frac{G}{B}\Big/\sigma_{c,1.5}$	$\beta_K=1-W$
波浪力	0.6倍	0.0364	0.8684	0.9779
	0.8倍	0.0486	0.8684	0.9632
	1.0倍	0.0607	0.8684	0.9485
	1.2倍	0.0728	0.8684	0.9265
填石量	0.6倍	0.0607	0.7934	0.9653
	0.8倍	0.0607	0.8309	0.9574
	1.0倍	0.0607	0.8684	0.9485
	1.2倍	0.0607	0.9060	0.9160
基床底部宽度	15m	0.0850	0.9290	0.9134
	18m	0.0708	0.8937	0.9313
	21m	0.0607	0.8684	0.9485

拟合得到地基承载力折减系数 β_K 与 $\frac{P_h}{B}\Big/\sigma_{c,1.5}$、$\frac{G}{B}\Big/\sigma_{c,1.5}$ 之间的关系见式(5.2-10),相关系数为0.9572。

$$\beta_K = 1 - 10.8573 \times \left(\frac{P_h}{B}\Big/\sigma_{c,1.5}\right)^2 - 0.0122 \times \left(\frac{G}{B}\Big/\sigma_{c,1.5}\right)^2 \qquad (5.2\text{-}10)$$

通常情况下,不考虑地基土体循环弱化的地基承载力安全系数 K_{NW} 比较容易获得,并可由式(5.2-10)计算地基承载力折减系数 β_K,则可根据式 $K_W = \beta_K \cdot K_{NW}$ 得到考虑地基土体循环弱化的地基承载力安全系数 K_W。若 $K_W < 1$,则表明考虑软黏土弱化效应的地基承载力小于设计荷载值,结构不稳定;$K_W = 1$,表明考虑软黏土强度弱化效应的地基承载力等于设计荷载值,为临界状态;$K_W > 1$,表明考虑软黏土强度弱化效应的地基承载力安全系数大于1,结构是稳定的。

7)结构与波面耦合过程数值模拟方法

考虑波浪与半直立沉箱结构的相互作用问题,如图5.2-18所示为直立沉箱结构断面设计及点压力布置图。其在数值计算中,波浪从左侧向右侧传播,考虑两种试验水深,高水位水深4.1m和低水位水深3.4m。其中,入射波浪周期为4.3s和5.3s,入射波高为0.60m、0.90m和1.20m。具体组次如表5.2-4所示。

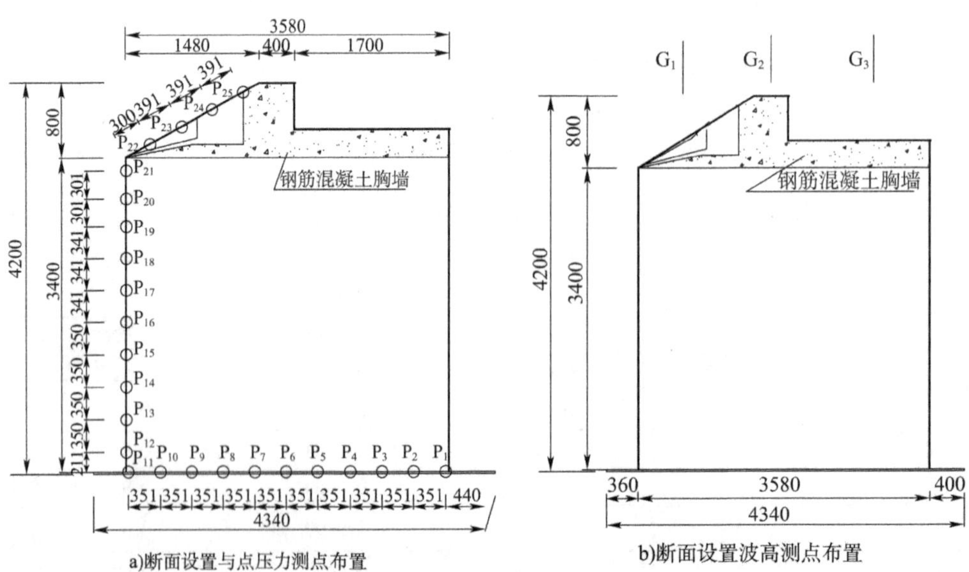

a)断面设置与点压力测点布置

b)断面设置波高测点布置

图5.2-18 直立沉箱结构断面设置、点压力布置,以及浪高仪布置图(尺寸单位:mm)

试验水深及入射波浪参数 表5.2-4

水深(m)	波高(m)	周期(s)	水深(m)	波高(m)	周期(s)
3.4	0.6	4.3	4.1	0.6	4.3
	0.9			0.9	
	1.2			1.2	
	0.6	5.3		0.6	5.3
	0.9			0.9	
	1.2			1.2	

数值模拟方法同第5.1.2节中7),在此不再进行叙述。

5.2.3 计算结果与分析

1)烟台港西港区沉箱防波堤的弹塑性有限元模型

烟台港西港区直立式沉箱防波堤的堤身长度远大于防波堤断面尺寸,简化为平面应变问题,采用二维弹塑性有限元模型进行分析计算。地基土体的计算域范围长度取400m,深度取100m。直立式沉箱防波堤有限元模型示意图如图5.2-19所示。计算域的边界约束条件、直立式沉箱防波堤结构与地基土体的本构模型、材料参数及单元网格的选取、直立式沉箱防波堤结构与基床、基床与地基土体之间接触面的设置见前述。

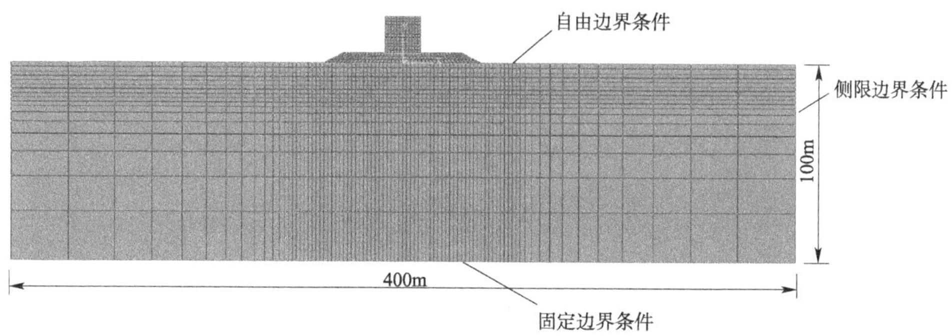

图5.2-19 直立式沉箱防波堤有限元模型示意图

2)烟台港西港区直立式沉箱防波堤有限元分析方法

(1)失稳判别准则与有限元分析过程

判定和分析方法同第5.2节中介绍。根据烟台港西港区直立式沉箱防波堤工程实际情况预留沉降量900mm,按照水运工程规范规定,重力式防波堤断面的平均沉降量对于沉箱结构不应超过350mm,故直立式沉箱防波堤结构允许变位取值应为施工期的预留沉降量与规范中规定的容许沉降值之和,本次计算分析中取允许沉降1250mm。

(2)烟台港西港区直立式沉箱防波堤计算结果

分别进行不考虑软黏土地基强度弱化的静力模型计算和考虑软黏土地基强度弱化的动力模型计算。直立式沉箱防波堤结构沉降云图和沉降变化时程曲线见图5.2-20、图5.2-21。采用不考虑软黏土强度弱化的静力模型计算,直立式沉箱防波堤沉降0.70m;采用考虑软黏土强度弱化的动力模型计算,直立式沉箱防波堤沉降0.92m。根据烟台港西港区直立式沉箱防波堤工程沉降实测数据,沉降为1.0m左右。可见考虑软黏土强度弱化的动力有限元模型的计算结果更为接近实际情况。若不考虑波浪循环荷载作用下软黏土地基土体的强度弱化效应,按传统的静力方法进行设计,直立式沉箱防波堤结构趋于危险。

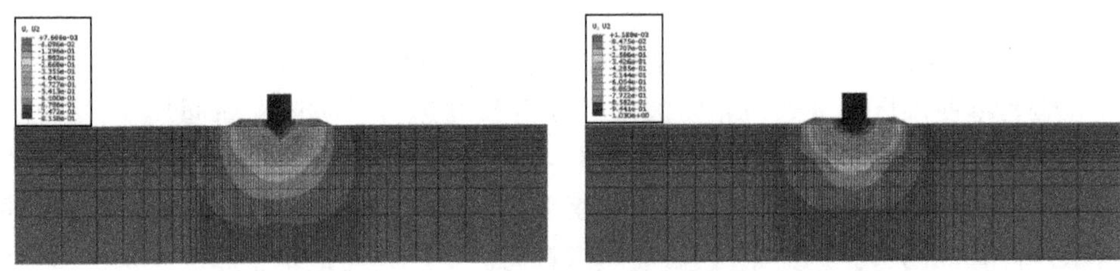

图5.2-20 直立式沉箱防波堤结构沉降变化云图

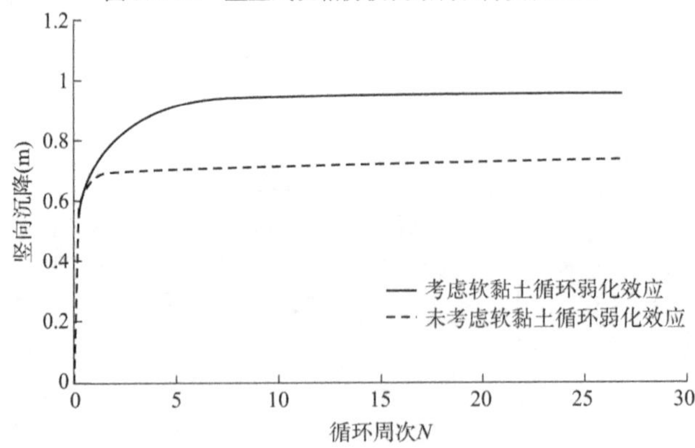

图5.2-21 直立式沉箱防波堤结构沉降变位时程曲线图

波浪循环荷载作用结束,软黏土地基的强度折减系数β分布如图5.2-22所示。基床底部附近的土体强度弱化明显,需要重点关注。

基于失稳判断准则Ⅲ,未考虑软黏土弱化效应影响的地基承载力安全系数为1.35,而考虑软黏土弱化效应影响的地基承载力安全系数为1.14,具有一定的安全储备,直立式沉箱防波堤结构均未失稳。

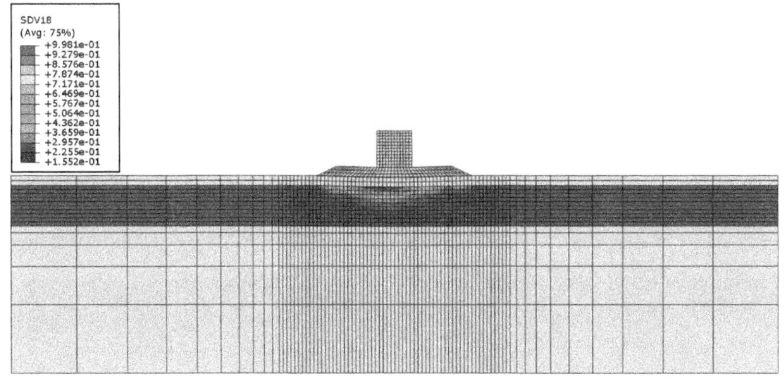

图 5.2-22 软黏土在循环弱化后强度折减系数 β 分布云图

基于地基承载力判别公式(5.2-10),可得地基承载力折减系数为 0.954,未考虑软黏土弱化效应影响的地基承载力安全系数为 1.35,故考虑软黏土弱化效应影响的地基承载力安全系数为 1.28,与判别准则Ⅲ下的地基承载力安全系数为 1.14 更接近,且均大于 1,结构稳定。说明地基承载力判别公式(5.2-10)具有一定的应用价值。

3)波浪与直立式沉箱结构作用的波面描述

从前文结果可以看出,水深对波浪的影响较大,因此选用入射波浪周期 T = 5.3s、入射波高 H_i = 1.20m 作用时,不同水深时直立式沉箱结构附近波面分布进行对比,如图 5.2-23 所示,可以看出,波浪波峰作用于直立式沉箱结构后,波峰越过沉箱顶端,形成水流倾泻落到沉箱后肩。水深越大,则波浪作用后越浪量越大,时间越久。因此,在工程设计中,要注意高水位时的波浪作用影响。

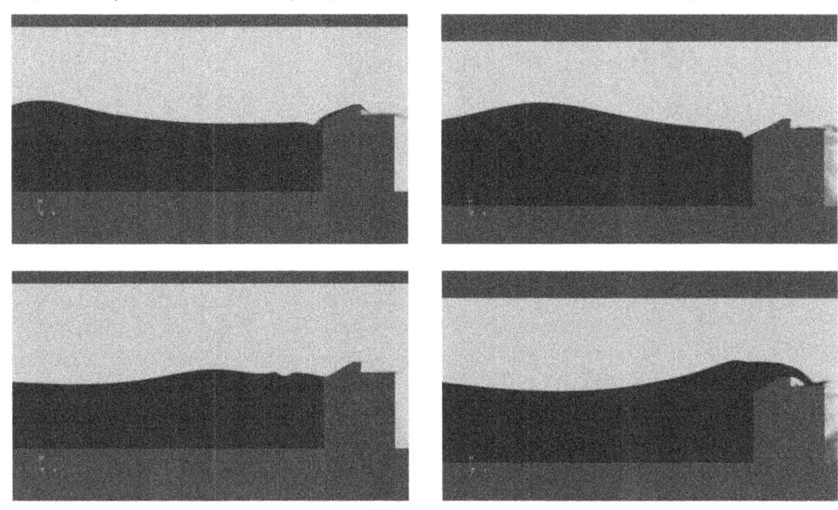

图 5.2-23

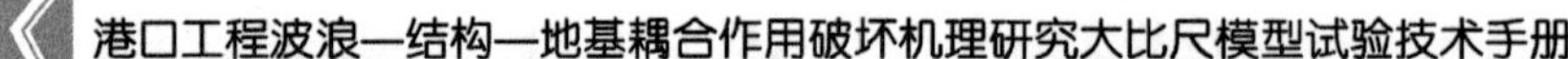

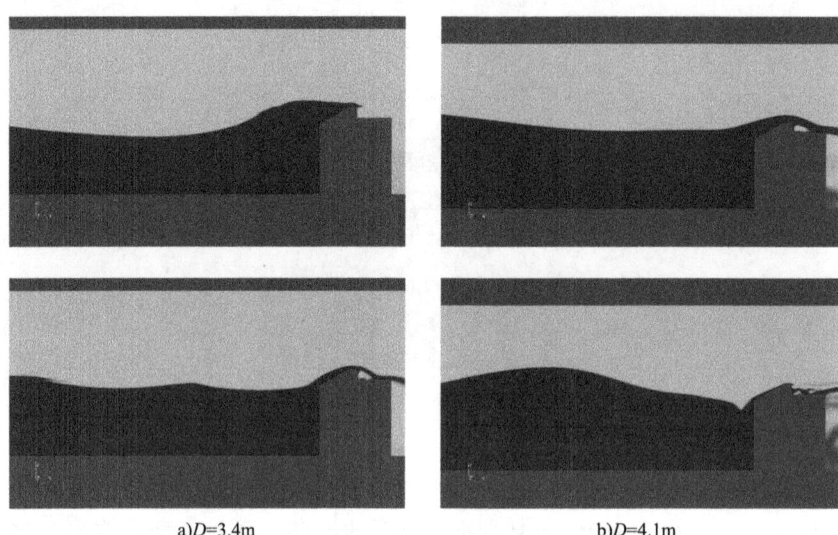

图 5.2-23　入射波浪周期 T = 5.3s，波高 H_i = 1.20m 情况下，不同水深条件下直立式沉箱结构堤顶二维波面情况(每张图间隔 0.5s)

5.2.4　小结

(1)结合大比尺物理模型试验，利用软黏土抗剪强度循环弱化动态规律，建立了考虑软黏土循环弱化效应的波浪—直立式沉箱防波堤结构—软黏土地基相互作用动力有限元模型，进一步研究了地基表层土体不同换砂厚度、不同波浪力大小、沉箱内不同填石量以及基床底部不同宽度等因素对地基承载力安全系数的影响。基于对上述影响因素的分析计算，提出了不同工况下考虑软黏土循环弱化效应的地基承载力安全系数计算公式，可以为工程设计提供技术支持。

(2)基于大比尺物理模型试验，直立式沉箱防波堤在设计高水位水深 4.1m、波高 0.9m、循环 1000 周次工况条件下，软黏土地基孔隙水压力累积试验数据对数学模型计算结果进行验证，数学模型计算结果和物理模型试验数据能很好地吻合。计算结果表明：直立式沉箱防波堤工程地基承载力安全系数大于 1，地基和结构稳定。

6 社会经济效益

通过上述专题的研究,进一步认识了波浪—结构—地基相互作用机理,提出大比尺波浪、地基试验模拟技术,试验通过采用大比尺波浪水槽结构模拟、造波、软土地基制备,实现波浪—防波堤结构—软土地基三维动力耦合,建立波浪—防波堤结构—软土地基实际工作状态模拟系统及稳定性试验方法。为深水重力式防波堤性能设计和设计参数优化提供方法。

解决波浪作用下软黏土软化的关键问题,为我国水运工程建设发展提供技术支持,在推动产业技术进步方面具有重要意义。在我国港口与海岸工程建设中,出现了由于波浪作用下软黏土强度软化导致的工程破坏事故。研究表明,循环荷载作用下软黏土强度降低给工程设计带来很大困难。在工程建设中是否会出现软黏土强度弱化问题、弱化程度如何,是工程设计亟待解决的问题。将结构—地基系统作为研究对象,通过三轴试验和数模物模试验研究确定软黏土地基承载力分析方法和判别标准,提出应对的方法,是港口海岸工程建设实践提出的问题,具有明确的推广应用前景,也将推动我国港口工程结构设计理论和计算方法的发展。本项目解决港口工程建设中软黏土软化的关键科学技术问题,为我国水运工程建设发展提供技术支持,具有重大社会效益。

目前,世界各国均无根据应力路径进行软黏土试验及设计的原则和规定,研究成果使我国在国际市场的项目竞争中处于有利地位,可为《防波堤设计与施工规范》(JTS 154-1—2011)的有关条文修订提供参考依据和有益补充。因此,本研究将对发展我国软黏土基床重力式结构的建设起到很大的推动作用,并将带来显著的经济效益,具有明显的示范意义。

7 结论与展望

7.1 结 论

(1)在广泛调研和吸收已有先进技术的基础上,实现了大比尺波浪水槽造波机的规则波造波及测试技术,并进行了大量的测试工作。实现了规则波吸收式造波技术,能够在大比尺波浪水槽中进行长时间的波浪试验,造波稳定性满足恶劣水文条件地基试验长时间造波的需求。

(2)以长江口深水航道治理工程二期整治建筑物破坏为背景,研究超软地基土制作技术及应用,进行了基于触变性、固化作用及低位真空预压试验,并从微观角度解释了触变土和固化土强度增长的规律,在大比尺波浪水槽中,进行大规模原状土的重塑,提出了重塑土由试验室试样品→小水槽试配→大水大比尺波浪槽实施路线,为波浪—建筑物—地基相互作用试验提供了技术基础。

(3)通过大比尺物理模型试验方法,研究不同的水深、波高、循环次数等波浪参数下半圆形防波堤软土地基孔隙水压力规律。研究结果表明半圆形防波堤下软土地基的孔隙水压力呈现明显的空间特性,孔隙水压力发展趋势可分为四种类型:①基本不变型;②增长型;③消散型;④先消散后增长型。防波堤堤身底部及前趾和后趾附近区域软土地基土的孔隙水压力值明显大于防波堤堤身外侧区域软土地基的孔隙水压力值。软黏土孔隙水压力均值随着水深的增加而增大,幅值随着波高增加而增大。该结论对于软土地基半圆形防波堤的设计具有重要参考价值。

(4)通过大比尺物理模型试验方法,研究不同的水深、波高、循环次数等波浪参数下直立式防波堤软土地基孔隙水压力和地基应力规律。根据试验现象,直立式防波堤的孔隙水压力发展趋势主要分为两种:①基本不变型;②增长型。直立式防波堤地基土体孔隙水压力均值随着土体深度的增加而增加,随着波高的增加而增大,且迎浪侧和前趾附近的土体孔隙水压力幅值增加明显大于后方土体孔隙水压力幅值。对直立式防波堤下地基应力进行分析,可以发现直立式防波堤底部土体的地基应力要明显大于远离防波堤堤身的地基应力,地基应力在大部分区域幅值保持不变,在小部分区域有所增长。该结论对于软土地基上直立式防波堤的建设具有指导意义。

(5)在大比尺波浪水槽试验模型制作时,提出了施工抛石基床和沉箱内配载时,编制30kg左右网兜块石代替单个块石方案;沉箱制作采用钢材代替混凝土;视频资料获取,建立24小时不间断自动录制摄像系统平台网思路,可加快试验进度和节省开支。

(6)通过大量的有限元数值计算,综合考虑波浪动荷载、基床静荷载、防波堤结构形式以及基床底部宽度等因素对软黏土地基承载力和强度弱化的影响,建立考虑软土地基循环弱化效应的有限元分析方法及地基承载力判别方法。该方法可直接应用于防波堤的稳定性计算。

(7)采用考虑软土地基循环弱化效应的有限元分析方法及地基承载力判别方法,分析了长江口深水航道治理半圆形防波堤工程和烟台港西港区直立式沉箱防波堤工程的结构位移和稳定性、软土地基强度弱化规律,深入细致地揭示了结构的破坏机理及稳定性等。数值模拟结果表明,考虑软土地基强度弱化的防波堤沉降要明显大于未考虑强度弱化的防波堤沉降。基床底部附近区域的土体强度弱化明显,是设计需要重点关注的区域。根据地基承载力判别方法计算设计工况的防波堤稳定性安全系数,长江口深水航道治理二期工程半圆形防波堤地基承载力安全系数小于1,地基是不稳定的,与实际半圆形防波堤工程破坏相吻合。烟台港西港区二期直立式沉箱防波堤工程地基承载力安全系数大于1,地基稳定。

(8)基于OpenFOAM建立了三维黏性数值波浪水槽,研究了波浪对半圆形沉箱结构相互作用时波面过程,并对非线性物理现象进行了分析,研究成果对于进一步的物理模型试验具有重要的指导和借鉴作用。

7.2 展 望

本书利用大比尺波浪水槽开展了造波技术模拟试验、软土地基制作技术模拟试验,以及波浪作用下软黏土地基半圆形防波堤和直立式沉箱防波堤耦合作用破坏机理研究物理模型试验,并进一步采用数值模拟手段论证港口工程波浪—结构—地基耦合作用破坏机理和破坏模式,但限于试验条件,研究工作仍有以下不足并需进一步完善:

(1)由于重塑土体强度过低,无法进行动三轴试验,不能对土体应力—应变关系进行细致研究。若要详细了解超软土的工程特性,今后需结合土的三维微观结构特征,进一步分析强度增长机理。

(2)大比尺波浪水槽造波技术是基于机电技术、控制理论、水动力学以及波浪理论等多学科的综合技术，今后应花大力气在波浪测试、主动吸收造波以及特殊波浪模拟方面开展更深入的研究。

(3)现阶段三维波浪数值模拟技术，仅研究了试验相关的成果，为进一步的物理模型试验积累了必要的数据，并为物理模型设计提供了可借鉴的经验。今后结合大比尺波浪水槽试验，深入研究水运工程当中波浪建筑物和地基的相互作用问题。

(4)模型试验造波的波浪是全部采用规则波进行的，有必要进行不规则波试验研究工作，并对规则波和不规则波的研究结果进行对比研究。同时模型土采用土体重塑使其极限承载力与原型土极限承载力之比等于试验模型比尺，进而开展防波堤稳定性试验研究工作。土体是复杂的弹塑性体，模型土与原型土的相似性问题还需要进行进一步理论研究和试验验证。

参考文献

[1] Andersen K. H. ,Dyvik R. ,Lauritzsen R. ,et al. Model test of gravity platforms Ⅱ: Interpretation[J]. Journal of Geotechnical Engineering,1989,115(11):1550-1568.

[2] Anderson K. H. ,Dyvik R. ,Schroder K. ,et al. Field tests of anchors in clay Ⅱ: preditions and interpretation[J]. Journal of Geotechnical Engineering,1993. 119 (10):1532-1549.

[3] Andersen K. H. ,Pool J. H. ,Brown S. F. ,et al. Cyclic and static laboratory tests on drammen clay[J]. ASCE,1980,106(GT5):499-529.

[4] Andersen K. H. ,Kleven A. ,Heien D.. Bearing capacity for foundation with cyclic loads[J]. Journal of the Geotechnical Engineering Division,ASCE,1988,114(5): 540-555.

[5] Andersen K. H. , Kleven A. , Heien D.. Cyclic soil data for design of gravity structures[J]. ASCE,1988,114(GT5):517-539.

[6] Matsui T.. Cyclic stress-strain history and shear characteristics of clays[J]. Journal of Geotechnical Engineering,ASCE,1980,106(10):1101-1120.

[7] Matsui T. , Bahr M. A. , Abe N.. Estimation of shear characteristics degradation and stress-strain relationship of saturated days after cyclic loading[J]. Soils and Foundations, 1992,32(1):161-172.

[8] Boulanger R. W. ,Idriss I. M.. New criteria for distinguishing between silts and clays that are susceptible to liquefaction versus cyclic failure[C]. Proc. ,Technologies to Enhance Dam Safety and the Environment,25th Annual United States Society on Dams Conf. , USSD,Denver,2005,357-366.

[9] Boulanger R. W. ,Idriss I. M.. Liquefaction susceptibility criteria for silts and clays [J]. Journal of Geotechnical and Geoenvironmental Engineering,2006,132(11): 1413-1426.

[10] Boulanger R. W. , Idriss I. M.. Evaluation of cyclic softening in silst and clays [J]. Journal of Geotechnical and Geoenvironmental Engineering,2007,133(6): 641-652.

[11] Yasuhara K.. Postcyclic undrained strength for cohesive soils[J]. Geotech Engng, ASCE,1994,120(11):1961-1979.

[12] Yasuhara K.. Post-cyclic behavior of clay in direct shear tests[A]. 10th Asian Regional

Conference on Soil Mechanics and Foundation Engineering[C]. International Academic Publishers,1995,1:119-122.

[13] Hyodo M.,Yasuhara K.,Hirao K.. Prediction of clay behaviour in undrained and partially drained cyclic tests[J]. Soils and Foundations,1992,32(4):117-127.

[14] Hyodo M.,Hyde A.,Yamamoto Y.,et al. Cyclic shear strength of undisturbed and remoulded marine clays[J]. Soils and Foundations, JGS, 1999, 39(2): 45-58.

[15] Sakai A., Samang L., Miura N.. Partially-drained cyclic behavior and its application to the settlement of a low embankment road on silty-clay[J]. Soils and Foundations,2003,43(1):33-46.

[16] Matasovic N.,Vucetic M.. Generalized cyclic-degradation-pore pressure generation model for clays[J]. Journal of Geotechnical Engineering,1995,121(1):33-42.

[17] Okur D V,Ansal A. Stiffness degradation of natural fine grained soils during cyclic loading[J]. Soil dynamics and Earthquake Engineering,2007,27:843-854.

[18] Hanna A M,Javed K. Design of foundation on sensitive champlain clay subjected to cyclic loading[J]. Journal of geotechnical and geoenvironmental engineering, 2008,134(7):929-937.

[19] 周建. 循环荷载作用下饱和软黏土特性研究[D]. 杭州:浙江大学,1998.

[20] 周建,龚晓南. 循环荷载作用下饱和软黏土应变软化研究[J]. 土木工程学报,2000,33(5):75-78.

[21] 周建,龚晓南,李剑强. 循环荷载作用下饱和软黏土特性试验研究[J]. 工业建筑,2000,30(11):43-47.

[22] 刘胜群. 饱和软黏土动力特性试验研究[J]. 铁道建筑,2006,(10):68-70.

[23] 刘胜群,吴建奇. 循环荷载作用下软黏土应变软化现象试验研究[J]. 铁道建筑,2006,(5):55-57.

[24] 吴明战,周洪,陈竹昌. 循环加载后饱和软黏土退化性状的试验研究[J]. 同济大学学报,1998,26(3):274-278.

[25] 黄茂松,李进军,李兴照. 饱和软黏土的不排水循环累积变形特性[J]. 岩土工程学报,2006,28(7):891-895.

[26] 黄英. 昆明某地软土静动力特性分析研究[J]. 昆明理工大学学报,2003,28(1):45-48.

[27] 闫澍旺,邱长林,孙宝仓,等. 波浪作用下海底软黏土力学性状的离心机模型试验研究[J]. 水利学报,1998,9:66-70.

[28] 闫澍旺,封晓伟,田俊峰.循环荷载下滨海软黏土孔压发展规律及强度弱化特性[J].中国港湾建设,2010,169:86-89.

[29] 闫澍旺,封晓伟.天津港软黏土强度循环弱化试验研究及应用[J].天津大学学报,2010,43(11):943-948.

[30] 赵书凯.地铁行车荷载下软黏土微观结构变形破坏机制研究[D].上海:同济大学,2006.

[31] 王淑云,楼志刚.原状土和重塑海洋黏土经历动载后的静强度衰减[J].岩土力学,2000,21(1):20-23.

[32] 廖红建,宋丽,杨政,等.往返荷载下黏性土的强度及取值标准试验研究[J].岩土力学,2001,22(1):16-20.

[33] 王建华,刘振纹,刘远峰.动静耦合效应对软土地基循环承载力的影响[J].水力学报,2000,(6):1-5.

[34] 王建华.软黏土弱化动力性质的等价线性描述[J].水利学报,1996(9):68-72.

[35] 刘振纹.饱和软黏土动力特性的研究与应用[D].天津:天津大学,2002.

[36] 李驰.软土地基桶形基础循环承载力研究[D].天津:天津大学,2006.

[37] 王元战,杨攀博,孙熙平,等.多因素下滨海软黏土循环后强度弱化研究及应用[J].水道港口,2015,36(2):153-159.

[38] 王元战,马旭,马楠.荷载作用下软黏土土性指标变化规律试验研究[J].水道港口,2015,36(4):339-343.

[39] Tanimoto K, Takahashi S. Japanese experiences on composite breakwaters[C]. Proc. Intern. Workshop on Wave Barriers in Deepwaters. Yokosuka,1994,1-22.

[40] Xie Shileng. Wave forces on submerged semi-circular breakwater and similar Structures [J] . China Ocean Engineering ,1994,13 (1):63-72.

[41] 谢世楞.半圆形防波堤的设计和研究进展[J].中国工程科学,2000,2(11):35-39.

[42] 谢世楞.淹没情况下半圆形导堤上的波浪力[J].港工技术,1998(2):1-5.

[43] 郭科,李梅英.半圆形防波堤试验研究[J].中国港湾建设,2000(6):27-30.

[44] 刘明,张宁川.半圆形防波堤抗滑移稳定浅析[J].中国海洋平台,2004,19(3):34-37.

[45] 饶永红,俞聿修,张宁川.淹没状态下半圆形防波堤的水利特性研究[J].海洋学报 2001,23(2):124-131.

[46] 佟德胜,郭科,曲淑媛.长江口半圆形沉箱导堤试验研究[J].中国港湾建设,

2006,142(2):40-43.

[47] 王美茹,谢善文,贾东华,等.半圆形防波堤的设计和应用[J].港工技术,1999(3):1-8.

[48] 袁德奎,陶建华.半圆形防波堤波浪力的计算方法[J].中国港湾建设,2002(2):11-15.

[49] 袁德奎.半圆形防波堤水动力学特性数值模拟的理论、方法和应用[D].天津:天津大学,2004.

[50] 赵晓岚,李元音,吴进,等.半圆形海堤的断面设计[J].港工技术,2005(2):19-22.

[51] 李元音,贾东华. Optimization for semi-circular Breakerwater and Similar Structures [A].第一届亚洲及太平洋沿岸工程会议论文集,2001.

[52] 李元音,谢善文,王玉红,等.基床式基础防波堤的动力软化判别标准的研究[J].港工技术,2009,46(1):48-52.

[53] 范期锦,李乃扬.长江口二期工程北导堤局部破坏的原因及对策[J].中国港湾建设,2004,129(2):1-8.

[54] 闫澍旺,杨昌民,范期锦,等.波浪荷载作用下防波堤地基软化特性的试验研究[J].港工技术,2005(2):44-47.

[55] 闫澍旺,贾宵,孙立强.波浪荷载作用下软土强度软化的加固处理[J].地震工程学报,2014,36(3):452-456.

[56] Oumeraci H.,Kortenhaus A.. Analysis of the dynamic response of caisson breakwater [J]. Coastal Engineering,1994,22(1,2):159-183.

[57] Klammer P.,Kortenhaus A.,Oumeraci H.. Wave impact loading of vertical face structures for dynamic stability analysis prediction formulae[A]. Proceedings of the 25th International Conference on Coastal Engineering[C]. Orlando,Sept. 2-6,1996,2534-2547.

[58] Takahashi S.,Tanimoto K.,Shimosako K.. Dynamic responses and sliding of breakwater caisson against impulsive breaking wave forces[C]. Proc of Intl Workshop on Wave Barrieers in Deepwaters. Japan:Port and Harbor Research Institute,1994,362:401.

[59] Tung,C. C.. Beheavior of a cassion subjected to a horizontal breaking wave force [J]. Journal of Engineering Mechanics,2007,113(12):1302-1310.

[60] Goda Y.. Dynamic response of upright breakwaters to impulsive breaking wave forces[J]. Coastal Engineering,1994,22(1):135-158.

[61] Yoshimi Goda. A Reliability Design Method of Caisson Breakerwater with Optimal Wave Heights[J]. Coastal Engineering,2000,42(4):357-387.

[62] M. J. Walkden, D. J. Wbod, T. Burce, D. H. Peregrine. Impulsive seward loads inducedby wave overtopping on caisson breakwaters[J]. Coastal Engineering, 2001:257-276.

[63] Martinelli L,Voortman H G,Lamberti A,et al. Hazard analysis of dynamic loaded caisson breakwaters[J]. Coastal Engineering,2000:1636-1649.

[64] 程永舟,周援衡,王永学.波浪作用下抛石基床直立堤沙质底床中孔隙水压力响应[J].长沙理工大学学报(自然科学版),2005,2(4):28-33.

[65] Wang Y Z. Motion and stability of caisson breakwater under breaking wave impact [J]. Canadian Journal of Civil Engineering,2001,28(6):960-968.

[66] Bie,S. A.,Li W.,Li Z. Z.,et al. Experimental study on stability of breakwaters with penetrating box foundations[J]. China Ocean Engineering,2002,17(1): 71-82.

[67] De Groot M. B.,Kudella M.,Oumeraci H.. Liquefaction phenomena underneath marine gravity structures subjected to wave loads[J]. Journal of Waterway,Port, Coastal,and Ocean Engineer,2006,132(4):325-335.

[68] Bea R. G.. Pile capacity for axial cyclic loading[J]. Journal of Geotechnical Engineering,1992,118(1):34-50.

[69] Mostafa A. M.,Mizutani N.,Iwata K.. Nonlinear wave,composite breakwater,and seabed dynamic interaction[J]. Journal of Waterway,Port,Coastal,and Ocean Engineering,1999,125(2):88-97.

[70] 徐光明,高长胜,张凌,等.软土地基上堤防稳定性研究[J].岩石力学与工程学报,2005,24(13):2315-2321.

[71] 王建华,杨海明.软土中桶型基础水平循环承载力的模型试验[J].岩土力学,2008,29(10):2606-2612.

[72] 杜政.大型沉箱码头地基液化变形分析及加固措施研究[D].长沙:长沙理工大学,2013.

[73] 刘振纹,秦崇仁,王建华.软黏土地基上循环承载力的计算模型研究[J].岩土力学,2004,25(增):405-408.

[74] 范庆来,栾茂田,邓建俊,等.循环波压力下软基上大圆筒防波堤数值分析[J].华中科技大学学报(自然科学版),2008,36(11):120-123.

[75] 范庆来,栾茂田,杨庆,等.考虑循环软化效应的软基上深埋大圆筒结构承载

力分析[J]. 大连理工大学学报,2006,46(5):702-706.
[76] 肖忠. 软土地基上新型防波堤结构的稳定性分析[D]. 天津:天津大学,2009.
[77] 张馨竹. 循环荷载作用下考虑软基弱化效应时防波堤的稳定性分析[D]. 天津:天津大学,2013.
[78] 封晓伟. 波浪循环荷载作用下防波堤—地基稳定性研究[D]. 天津:天津大学,2009.
[79] 王元战,张宏志,周枝荣. 直立式沉箱防波堤静力与动力稳定性设计体型分析[J]. 海洋工程,2005,23(2):66-70.
[80] 王元战,华蕾娜,祝振宇. 软土地基条件下大型圆筒海岸结构稳定性计算方法[J]. 岩土力学,2005,26(1):41-45.
[81] 王元战,肖忠,迟丽华,等. 筒型基础防波堤稳定性简化计算方法[J]. 岩土力学,2009,30(5):1367-1372.
[82] 王元战,张馨竹. 半圆形防波堤地基承载特性的有限元数值分析[J]. 水道港口,2013,34(3):254-261.
[83] 惠遇甲,王桂仙. 河工模型试验[M]. 北京:中国水利水电出版社,1999,1-60.
[84] 柳淑学,吴斌,李木国,等. 无反射不规则波造波机系统的研究[J]. 水动力学研究与进展,2003,18(5):532-539.
[85] 刘翰琪. 考虑软黏土循环弱化效应的重力式防波堤地基承载力分析[D]. 天津:天津大学,2014.
[86] 肖忠. 软土地基上新型防波堤结构的稳定性分析[D]. 天津:天津大学,2009.
[87] 闫澍旺,封晓伟,田俊峰. 循环荷载下滨海软黏土孔压发展规律及强度弱化特性[J]. 中国港湾建设,2010,169:86-89.
[88] 封晓伟. 波浪循环荷载作用下防波堤—地基稳定性研究[D]. 天津:天津大学,2009.
[89] 焉振,王元战,肖忠,等. 循环荷载下软黏土不排水强度弱化分析的动力有限元 ABAQUS 实现[J]. 岩土力学,2016,37,(2):735-744.
[90] 王元战,杨攀博,孙熙平,等. 循环荷载下软黏土强度弱化研究及其动力计算应用[J]. 岩土工程学报,2015,(5):823-828.
[91] 范期锦,李乃扬. 长江口二期北导堤局部破坏的原因及对策[J]. 中国港湾建设,2004,(2):1-8.
[92] 孙百顺,王元战,孙熙平,等. 软土地基沉箱防波堤失稳模式及稳定性分析方法[J]. 海洋工程,2016,(3):72-78.